금강경여시해

김 호 귀 번역

생각의 바른 길잡이
TOPAMIN

금 강 경 여 시 해

(金剛經如是解)

김호귀 번역

〈 차례 〉

　『금강경』은 5세기 초에 중국에 도래한 구마라집(鳩摩羅
什)이 처음 한역한 이래로 다시 5회의 한역이 연속되어
총 6회의 한역이 이루어졌다. 나집의 한역 이후로 경문에
대하여 수많은 주석서가 끊임없이 출현하였다. 그 가운데
본 『금강경여시해』는 명대 말기 및 청대 초기에 걸쳐 살았
던 무시도인 장탄(無是道人 張坦)이 주석한 것이다.[1] 『금
강경여시해』는 제명에 보이듯이 경문의 전체적인 내용을
‘여시(如是)’라는 두 글자에 담아서 주해한 것에 해당한다.
　무시도인은 『금강경여시해』에 붙인 「자서(自序)」에서,
“여(如)이지만 그것을 돌이키면 무여(無如)이고, 시(是)이
지만 그것을 돌이키면 무시(無是)이며, 해(解)이지만 그것
을 돌이키면 무해(無解)이다.”고 말하고 있다. 이것은 무시
도인이 제명에다 부득이하게 ‘여시해’라는 말을 붙였지만,
그것은 딱히 ‘여시해’라고 붙일만한 것도 못 된다는 것을
일러준다. 이처럼 A이지만 A가 아니라는 논리의 구조야말
로 ‘여시’가 진정 『금강경』의 경문에서 설명하고 있는 공의
실천적인 의미로서 무집착에 부합한 것임을 보여주고 있
는 근거이다.

---

1) 無是道人 張坦에 대해서 자세한 행장은 알려져 있지 않다. 말미에 수
록된 北海老人의 「발문」에 의하면, 한림원 및 추밀원 등을 지낸 사람
으로 내시들의 무고를 받아 숱한 풍파를 겪었고, 도가의 사상에 심취
하였으며, 불교사상에 해박하여 유자들의 이론과 문장을 자세하게
해석하여 매우 뛰어났다고 한다. 『金剛經如是解』「跋」, (卍新續藏25,
p.262中-下) ‘여시’라는 용어는 경문에 출현하는 41회를 포함하여 『
금강경여시해』에는 총 203번이 출현한다.

또한 홍례(弘禮)[2]가 붙인 「서문」에 의하면, "경전 전체의 미묘한 종지에 대하여 '여시'의 두 글자를 가지고 한마디로 다 말해버렸다. 기타 품의 차제나 문구가 비록 수천마디일지라도 '여시'라는 두 글자의 훈고에 불과하다."고 말한다. 여기에서 홍례도 '여시'라는 말로 경전의 대의를 대신하고 있음을 피력한 것이다.

1. 『금강경여시해』의 구성

『금강경여시해』는 석경산의 하북에 우거하고 있는 무시도인이 주해하고, 반야법회에 속해 있는 북해 손승택(北海 孫承澤), 행옥 설소온(行屋 薛所蘊), 천석 장약린(天石 張若麒) 등이 함께 교열한 글이다.

무시도인의『금강경여시해』는 구마라집의 한역본에 근거하고, 소명태자가 분과한 32분을 바탕으로 주석을 가하고 있다. 따라서 전체의 구성은 32분인데, 내용에 따라서 경문을 67단락으로 나누고, 중간에 24회에 걸쳐 '주해(註解)'라는 명칭을 붙여서 경문에 대한 무시도인 자신의 견해를 피력하고 있다. 무시도인의 '주해'는 32분과의 명칭과 독립적으로 순수하게 무시도인의 견해를 보여준 내용으로, 『금강경여시해』의 내용과 특징을 이해하는 중요한 단서이기도 하다. 우선 『금강경여시해』의 구성은 다음의 표와 같다.

---

2) 靈隱道人 弘禮는 남악의 문하 제35세로서 『高峰原妙禪師語錄』, (卍新續藏70) 및 『淨土全書』 2卷, (卍新續藏62)에도 「서문」을 붙였다. 그 행장은 『新續高僧傳』 卷57, (大藏經補編27) pp.416中-417中에 「淸杭州靈隱寺沙門釋弘禮傳」으로 수록되어 있다.

구분	제목	기타, 저자	구분	제목	기타, 저자
서문	① 자술	無是道人 張坦翁	주해	⑲ 법계통화분	주해18
	② 서	貞默 檗談3)		⑳ 이색이상분	
	③ 서	靈隱道人 弘禮		㉑ 비설소설분	주해19
주해	제명의 해석			㉒ 무법가득분	주해20
	① 법회인유분	주해1		㉓ 정심행선분	
	② 선현기청분	주해2		㉔ 복지무비분	주해21
	③ 대승정종분	주해3		㉕ 화무소화분	주해22
	④ 묘행무주분	주해4		㉖ 법신비상분	
	⑤ 여리실견분	주해5		㉗ 무단무멸분	주해23
	⑥ 정신희유분	주해6		㉘ 불수불탐분	
	⑦ 무득무설분			㉙ 위의적정분	
	⑧ 의법출생분	주해7		㉚ 일합이상분	
	⑨ 일상무상분	주해8		㉛ 지견불생분	
	⑩ 장엄정토분	주해9		㉜ 응화비진분	주해24
	⑪ 무위복승분	주해10	발문	① 偈	李化熙
	⑫ 존중정교분			② 頌讚	一齋和尚
	⑬ 여법수지분	주해11		③ 頌	蓮菴道人 金之俊
	⑭ 이상적멸분	주해12 / 주해13		④ 偈	蓮菴道人 金之俊
	⑮ 지경공덕분	주해14		⑤ 跋語	性琮
	⑯ 능업정장분	주해15		⑥ 序	王鐸
	⑰ 구경무아분	주해16		⑦ 跋	北海老人
	⑱ 일체동관분	주해17			

---

3) 福徵(攜李)의 道一居士 譚貞默 檗談(1590-1665)은 명의 崇禎 연간에 국자감 쵀주를 맡았는데, 埽庵髳道人이라고도 불렸다. 『金剛經筆記』(卍新續藏25), 『般若心經大意』(卍新續藏26), 『笑隱大訢禪師語錄』4卷(卍新續藏69), 『無見先睹禪師語錄』 2卷(卍新續藏70), 『准提焚修悉地懺悔玄文』(卍新續藏74), 『萬如禪師語錄』 10卷(嘉興藏26), 『浮石禪師語錄』 10卷(嘉興藏26), 『林野奇禪師語錄』 8卷(嘉興藏26), 『大休珠禪師語錄』 12卷(嘉興藏27), 『昭覺丈雪醉禪師語錄』 10卷(嘉興藏27), 『鴛湖用禪師語錄』2卷(嘉興藏27), 『古瓶山牧道者究心錄』(嘉興藏27), 『季總徹禪師語錄』 4卷(嘉興藏28), 『一初元禪師語錄』 2卷(嘉興藏29), 『天界覺浪盛禪師全錄』 34卷(嘉興藏34), 『天界覺浪盛禪

여기에서 24회에 걸쳐 붙여둔 [주해]의 대목에는 무시
도인 자신이 해당 경문의 내용을 어떻게 이해하고 또한 어
떻게 요약하고 있는지 그 안목이 드러나 있다. 이를 통해
서 무시도인이 파악하고 있는 경문내용의 요점은 다음과
같다.

[주해1]에서는 '시법(是法)은 평등한 까닭에 부처님이
가사를 수하고 내지 공양을 마친 행위가 남들과 다르지 않
다'는 의미를 서술한 것이라고 말한다.
[주해2]에서는 '희유(希有)라는 두 글자를 보자면 또한
그대로 불법이다'고 말한다.
[주해3]에서는 '보살에 대하여 직지의 여시심을 일으키
고, 아울러 모든 중생을 다 항복으로 돌이키라고 설한 것
이다'고 말한다.
[주해4]에서는 '법시는 무주인데, 곧 초발심보살을 제도
한 것이다. 먼저 여시항복기심(如是降伏其心)을 천명하고,
다음으로 응여시주(應如是住)를 천명한다. 이 순서는 집착
의 마음을 다스리면 곧 유주에 떨어지는 것을 염려한 까닭
이다'고 말한다.
[주해5]에서는 '유신상이 진상이 아니라면 여래를 어디
에서 상견할 것인가에 대하여 묻는다'고 말한다.
[주해6]에서는 '이것은 중생을 제도한 것이다'고 말한다.
[주해7]에서는 '여기에서 어떤 사람이라고 가설한 것은
보살과 중생이 함께 존재하는데, 각각 복덕을 통해서 견법

師嘉禾語錄』(嘉興藏34), 『雪嶠信禪師語錄』 第7卷-第10卷(乾隆藏
154) 등에 「서문」을 붙이거나, 내지 편찬하는 일에 관여하였다.

하기 때문이다'고 말한다.

[주해8]에서는 '사과는 모두 무념이다'고 말한다.

[주해9]에서는 '스승의 법설을 따르는 것도 또한 여시이다'고 말한다.

[주해10]에서는 '안전(眼前)에서 하사(河沙)의 비유를 든 것이다. 제11분은 제8분의 지의(旨意)와 온전히 동일하다. 그래서 이 제11분은 제12분과 원래 동일한 분이 아닐까 하는 의문이 든다'고 말한다.

[주해11]에서는 '이 분은 총언이다. 그 때문에 경의 제목을 말한다. 지경공부하여 전경(全經)을 일관하게 되면 자신이 일부[하나의 경전]가 된다. 그러므로 어구가 전후에 중복된다'고 말한다.

[주해12]에서는 '홀연히 여시의 뜻을 듣고 또한 도도(度到)하여 후세의 중생을 위해 설법한다'고 말한다.

[주해13]에서는 '인행을 통하여 후생을 설한 까닭에 설명이 전세까지 이르렀다. 이것은 모두 그대로 법이고 그대로 불이다'고 말한다.

[주해14]에서는 '제11분과 의미가 동일하다. 다만 제견의 비유와 제상의 비유가 더욱 정교하다'고 말한다.

[주해15]에서는 '현재와 과거와 미래'라고 말한다.

[주해16]에서는 '또 주심과 항심의 요체는 모두 무아·무법으로 돌아간다는 것을 제기한다'고 말한다.

[주해17]에서는 '불안의 경지에 도달하면 모두가 그대로 무심이다'고 말한다.

[주해18]에서는 '제8분과 온전히 동일하다. 이것은 인연이라는 두 글자에 대하여 염출한 것이다'고 말한다.

[주해19]에서는 '제7분에서 이미 무법가설이라고 말했다. 이 대목도 또한 그것을 읊은 것으로 제7분과 명합된다'고 말한다.

[주해20]에서는 '제7분에서는 그것을 반언(反言)한 것인데, 이 분에서는 그것을 정언(正言)한 것이다'고 말한다.

[주해21]에서는 '제11분 및 제15분의 의미와 동일하다. 제11분 및 제15분에서는 하사(河沙)로써, 그리고 여기에서는 산세(山勢)로써 각각 그 현현을 비유한 것이다'고 말한다.

[주해22]에서는 '제3분에서 진실로 무중생득멸도임을 이미 말했다. 여기에서는 위에서 했던 작념(作念)을 거듭 내놓은 것이다'고 말한다.

[주해23]에서는 '제26분과 제27분은 제20분과 가장 관계가 깊다'고 말한다.

[주해24]에서는 '이 일구만 연설하면 그것을 다한다'고 말한다.

이와 같은 형식의 구조를 통하여 『금강경여시해』의 전체적인 내용구성의 특징은 다음과 같이 파악해볼 수가 있다. 곧 『금강경여시해』에서 무시도인은 경문의 32분과를 무념(無念)과 무주(無住)와 무심(無心)의 개념을 중심으로 구조를 이해하고 있다. 무념과 무주와 무심은 각각 분별념(分別念)이 없음[無念]과 집착(執着)이 없음[無住]과 분별상(分別相)이 없음[無心]을 의미한다.[4] 이를테면 제9 일

---

4) 이들 三無는 『금강경여시해』에서 각각 無念은 제9 일상무상분, 無住는 제4 묘행무주분, 無心은 제18 일체동관분을 중심으로 논의되고 있다.

상무상분에서 설하는 사과를 무념(無念)으로 파악하고, 제4 묘행무주분에서 초발심보살을 제도하는 법시를 무주(無住)로 이해하며, 제18 일체동관분에서 불안(佛眼)의 경지에 도달하는 것을 무심(無心)의 경지로 간주하고 있다.

나아가서 전체적으로 공관(空觀)을 천명하고 있는『금강경』에서 직접 공(空)이라는 용어를 회피하고, 그 대신 염(念)과 주(住)와 심(心)을 등장시켜 각각 그것을 초월해 있는 개념으로써 무념과 무주와 무심으로 대치시켜 놓은 것으로 수거수소(隨擧隨掃)5)의 즉비논리(卽非論理)의 수사법을 교묘하게 구사하고 있는 무시도인의 안목이 엿보인다.

특히『금강경여시해』에서는 삼무(三無)를 논하는 가운데 무상(無相)을 무심(無心)으로 대치하고 있는 점이 이채롭다. 이에 대하여 제18 「일체동관분」의 대목에서 무시도인은 단계적으로 설정된 다섯 가지의 안목에 대하여, 궁극에 불안의 경지에 도달하면 모두가 그대로 무심이기 때문이라고 말한다. 이로써『금강경여시해』에 보이는 무념과 무주와 무심은 각각 정념(正念)과 묘주(妙住)와 진심(眞心)으로 승화되어 있음이 확인된다.

   2. '여시'의 다양한 의미

서두의 「자술」 대목에서 여시도인 장탄은 '여시'라는 용어에 대하여 그 의미를 "생각해보면 육조혜능(六祖慧能:

_____

5) 隨擧隨掃는 일단 어떤 사실을 긍정적으로 거론해놓고 이후에 다시 그것을 바로 부정하는 논법이다.

638-713)이 말한 한마디를 빌리자면 '법에 유무가 없는 것을 여(如)라고 말하고, 모든 것이 불법이라는 것을 시(是)라고 말한다.'는 것이다. 그 때문에 그 종지를 헤아리자면 '여시'한 마음으로 '여시'한 경문을 연설하여 '여시'한 부처를 성취한다는 것에 불과하다."고 말한다.

'여시'에 대한 이와 같은 해석은 홍련(洪蓮)이 이문회(李文會)의 말을 인용하여 "여는 중생의 자성으로 천차만별이다. 그래서 동과 정에 동일하지 않아 비교할 만한 대상이 없고, 그것에 짝할 것이 없다. 바로 이것이 중생의 자성이다. 그 자성을 벗어나서 다시 다른 법이 없다. 법에 유무가 없는 것을 여(如)라고 말하고, 모든 것이 그대로 불법인 것을 시(是)라고 말한다."는 의미와 통한다. 무시도인이 피력한 여시의 의미는 단적으로 유무의 분별이 없는 제법이야말로 모두가 깨달음[佛法]이라는 의미로 설정되어 있음을 알 수가 있다.

한편 '여래를 감당한다'는 것은 곧 '여시'한 사람으로서 여래와 다른 사람이 아닌 여시한 중생을 말하고, '세존을 찬탄한다'는 것은 곧 '여시'한 세존으로서 중생과 다른 존재가 아니며, '감격하여 눈물을 흘린다'는 것은 곧 '여시'한 경문을 듣는다는 것으로 '여시'하게 관찰한다는 것이다. 그래서 영은도인 홍례(靈隱道人 弘禮)는 그의 「서」에서 "경전 전체의 미묘한 종지에 대하여 여시(如是)의 두 글자를 가지고 한마디로 다 말해버렸다. 기타 품의 차제나 문구가 비록 수천 마디일지라도 여시라는 두 글자의 훈고에 불과하다."고 말한다.

나아가서 홍례는 또한 "이에 무릇 세존은 여시(如是)하게 설법했고, 무시도인(無是道人) 장공(張公)은 여시(如是)하게 이해하였으며, 나는 여시(如是)하게 「서문」을 붙였다고 말할 뿐이다. 단지 이처럼 세 가지 경우의 여시(如是)는 마치 도독고(塗毒鼓, 들어도 죽는다는 북의 이름)의 소리[響]와 같아서 접할 수가 없고, 태아검(太阿劍, 중국 고대에 의장에 쓰던 칼의 이름)의 봉(鋒)과 같아서 다가설 수가 없다. 또한 구름 끝에서 날아가는 학의 울음소리와 같고, 돌구멍에서 새어 나오는 바람의 소리와 같아서, 가히 이치로 통할 수가 없을 뿐만 아니라 뜻으로도 이해할 수가 없다."고도 말한다.

이처럼 『금강경여시해』는 설법의 주체로서 여시한 세존과 설법의 대상으로서 여시한 중생과 설법의 내용으로서 여시한 경문으로 파악하여 전체를 전개하고 있다.

그러나 무시도인은 이러한 의미에 그치지 않고 '여시'에 대하여 더욱더 다양한 의미로 이해하고 있다. 여기에서는 이제 '여시'를 심성(心性)의 다양한 면모로 접근하여 성체(性體)와 성량(性量)과 성구(性具)[6]의 세 가지 측면으로 설명하고 있다.

1) 여시는 심성의 근원[性體]

『금강경여시해』에서 무시도인은 '여시'의 의미를 성체의 개념으로 이해하고 있다. 여기에서 성체는 청정무염(清淨無染)으로서 생멸이 없이 상주불변하는 개념이다. 무시도인은 여시의 의미를 심성의 근원으로 보아 본체적인 측면

---

6) 『淨土生無生論』, (大正藏47, p.381中) "云何具無量德 舉要言之 謂性體 性量 性具"참조.

에서는 "'여시'는 성체(性體)로서 불변(不變)이고 불이(不異)이다. 그러니 어찌 이해하는 것이 가능할 수가 있겠고, 어찌 이해하지 못하는 것이 가능하겠는가."고 이해하였다.

경문의 "그때 수보리가 이 경전 설하는 것을 듣고 깊이 그 뜻을 알아차리고는 눈물을 흘리면서 슬피 울었다."는 대목에 대하여 무시도인은 "수보리의 깨달음은 여기에 이르러서 청정심을 가지고 고스란히 드러내어 여시(如是)의 본체를 직지하였다."고 말한다. 여기에서 수보리가 감읍한 것은 까닭이 있었다. 수보리가 부처님의 설법을 파악함에 있어 이전에는 공의 도리를 해오하였는데, 그것은 유(有) 가운데서 보았던 공으로 인공을 터득하는 데 그쳤다. 그러나 지금 '반야바라밀은 반야바라밀이 아니다. 그것을 반야바라밀이라고 말한다.'는 말을 듣고는 아울러 법공까지 터득한 것이다. 그 때문에 그 뜻을 깊이 알아차리고는 감격에 겨워 눈물을 떨구는 것이다.

여기에서 수보리가 파악한 부처님의 설법은 바로 아(我)를 다스린 혜안이었기 때문에 여시(如是)하게 이해한 것이었다. 이 경우에 여시라는 두 글자는 바로 진제(眞諦)였다. 그래서 여시(如是)의 자성 가운데는 여래의 법신이 갖추어져 있기 때문에 곧 그것이 실상일 수가 있었다. 그 실상이 바로 인법구공(人法俱空)으로 선·악의 제상이 자연히 적멸하기 때문에 수보리에게는 실상이란 곧 실상이 아닌 것으로 다가왔던 것이다. 여기에서 수보리가 파악한 여시는 실상의 근원 바로 그것이었다.

그러나 주목해야 하는 점은 일체에 즉한 가운데서도 보시라는 말을 끄집어냄으로써 보살이 일체중생에게 이익을 주는 까닭에 응당 여시(如是)의 마음으로 보시하되 상에 주해서는 안 된다는 점이다. 만약 여시(如是)하게 보시하지 않은즉 그것은 중생을 속여서 색과 일체의 유상에 집착하도록 하고 도리어 중생을 거기에 빠뜨리는 것이 되고 말기 때문이다. 바로 이런 경우에 대하여 무시도인은 여시의 의미에 대하여 부처님이 설법한 뜻이 불가사의한 것은 여시(如是)한 경전이기 때문이고, 경전의 과보가 불가사의한 것은 복덕도 또한 여시(如是)하다는 것이기 때문에 가능하다고 간주한 것이었다.

이에 무시도인은 "아뇩다라삼먁삼보리심을 일으킨 사람은 마땅히 여시(如是)의 마음을 일으켜야 하는데, 그것은 바로 여여에 즉한 부동의 마음과 불법에 즉한 무이(無二)의 마음이다. 여시(如是)의 마음을 일으키면 바로 그것이 법이다. 이 또한 '실로 법에는 아뇩다라삼먁삼보리심을 일으켰다는 것은 있을 수 없다.'고 말한 것은 무엇인가. 무릇 마땅히 여시(如是)의 마음을 일으켜야 한다는 것은 주함이 없이 일으키는 것이다. 만약 일으켰다는 마음이 있다면 그것은 곧 여시(如是)의 마음이 아니다. 그 때문에 여시(如是)의 마음도 또한 응당 없애야 한다."고 말한다.

이것은 여시(如是)의 마음을 일으켜야 한다는 것에 대한 경계이다. 그래서 보살도 또한 여시(如是)해야 한다는 것을 보여준 것이다. 이에 무시도인이 강조했던 근원의 본체로서 여시의 의미는 바로 법성의 본여가 불변이고 불이로서 수연에 걸림이 없고, 불성의 본여(本如)가 불변이고 불이로서 수연에 걸림이 없는 그것도 또한 여시(如是)를 벗어나 있는 것이 아님을 일러주려는 것이었다.

그것에 대하여 무시도인은 "여시(如是)의 본체는 육도의 중심에 있어도 또한 감소하지 않고, 제불의 중심에 있어도 또한 증가하지 않는데, 그것을 평등이라고 말한다."고 말한다. 이것은 바로 여시를 심성의 근원적인 본체로 파악한 것으로, 일찍이 실유불성(悉有佛性)[7]의 개념 가운데 첫째의 의미에 해당하는 법신편만(法身遍滿)과 둘째의 의미인 진여평등(眞如平等)을 다르지 않게 간주하는 것과 상통하는 말이기도 하다.

2) 여시는 심성의 편재[心量]

그리고 여시의 의미를 심성의 편재로 보아 실존의 측면에서는 우주에 편만한 것으로 파악하였다. 무시도인은 심성의 편재에 대하여 시간으로는 무량겁에 통하여 걸림이 없는 면모이고, 공간으로는 무량한 세계를 비추어 가려진 곳이 없는 공능을 지닌 속성으로 간주하여 이것을 여시의 의미라고 설명해주고 있다.

> 여래란 진실한 자성[眞性]을 여(如)라 한다. 밝기로는[明] 곧 무량한 세계를 비추어 가려진 곳이 없고, 지혜로는[慧] 곧 무량겁에 통하여 걸림이 없어서 일체중생을 위하여 변현하는데, 불가능한 것이 없는데, 이것이 곧 자여(自如)한 사람이다. 자여(自如)는 곧 거래가 없지만 그것을 래(來)라고 말한 것은, 무릇 여기에 응현하기 때문에 그것을 가리켜 래(來)라고 말한 것이다.[8]

---

7) 小川一乘, 『佛性思想』, 東京: 文榮堂書店. 1982. pp.31-41.
8) 『金剛經如是解』, (卍新續藏25, p.187下).

여기에서 무시도인은 여시의 편재라는 측면을 자여(自如)라고 말한다. 자여는 본래부터 여여한 속성을 가리키는 용어로서 이것을 여래의 속성에 대비시켜주고 있다. 이와 같은 편재의 속성은 일체중생에 본래부터 지니고 있는 본래성불(本來成佛)의 청정한 측면 및 무시이래로 번뇌에 물들어 중생의 모습으로 살아가는 측면의 두 가지에 해당하는 마음에 대해서도 작용시키고 있다.

그래서 무시도인은 보살이 청정한 마음을 유지하려는 마음[應云何住]와 번뇌심을 다스리려는 마음[云何降伏其心]의 두 가지 측면에 대해서도 "'여시(如是)'라는 두 글자는 여여하게 움직임이 없다[如如不動]는 뜻이다. 말하자면 선호념하고 선부촉하려는 마음에서 일어난 것이지 원래(原來)부터 다른 법이 아니다. 그러한 마음에 계합한 여시야말로 바로 시(是)의 주(住)이고 시(是)의 항복(降伏)이다. 이 밖에 달리 안주의 법과 항복의 법이란 없다."고 말한다. 이것은 다음과 같은 설명에서도 확인할 수가 있다.

위에서 중생의 멸도에는 상이 없어야 한다고 말했다. 이것은 곧 보시에 집착이 없이 보시를 행하되 공견에 떨어지지 말라는 것이다. 보시에 집착이 없고 또한 유견에도 떨어지지 않는다는 것이다. 이와 같은즉 곧 보시가 바로 그대로 반야이다. 그 때문에 '반드시 여시(如是)하게 보시해야 한다.'고 말한다. 이와 같은 즉 복덕도 또한 그대로 반야이다. 그 때문에 '복덕도 또한 여시(如是)하다.'고 말한다. 총체적으로 어떻게 응주(應住)해야 하는가에 대하여 구체적으로 그것을 말하자면 여시(如是)의 속성에 대하여 설명한 것이다. 여시(如是)한 보시와 보시의 효과는 반드시 여시(如是)하지 않음이 없다는 것이다.[9]

심성의 보편적인 속성으로서 청정성은 상이 없어야 한다는 것이고, 공견에 떨어져서는 안 된다는 것이며, 유견에도 떨어져서는 안 된다는 점을 보여주고 있다. 그런 경우에는 바로 집착하지 않는 보시가 실현되고, 집착이 없는 보시는 복덕이 드러나며, 그 복덕은 궁극에 반야로 드러나는 점을 언급해주고 있다.

나아가서 무시도인은 여시가 지니고 있는 심성의 편재에 대하여 상(相)에 대한 개념을 인용하여 그것을 실상의 면모로 파악하고 있다. 부처의 삼신인 법신 · 보신 · 화신은 모두 여래자성의 진여에 관계되어 있다. 그러나 사대의 색신은 모두 망념을 말미암아 발생한 것이다. 그러므로 무시도인은 만약 신상에 집착하여 여래의 진성을 보려고 해서는 안 된다는 점을 감안하여 다음과 같이 말한다.

생각해보면 '제상을 실상이 아니라고 보면 곧 여래를 본다.'는 것은 모두 제상을 없애지 못한 경우이다. 제상을 본다는 것은 병통으로서 유에 집착하는 것이다. 제상을 없앤다는 것은 병으로서 공에 집착하는 것이다. 오직 제상이 실상이 아니라고 보아야만 이에 중도가 된다. 무릇 허망이 곧 진실인 줄 아는 것은 허망 밖에 진실이 있다는 것과 별개이다. 그 때문에 환상(幻相)에 나아가서도 실상(實相)을 본다. 곧 사상도 상(相)이고 법상도 또한 상(相)이며 비법상도 또한 상(相)이다.[10]

이 대목은 여래가 우주법계에 편만해도 그 실상을 제대

---

9) 『金剛經如是解』, (卍新續藏25, p.189上-中)
10) 『金剛經如是解』, (卍新續藏25, p.189下)

로 보지 못하고 형상에 사로잡혀 번뇌를 일으키는 집착을 보여주고 있다. 실제로는 여래가 편재할지라도 그 편재를 형상으로만 파악하려는 까닭에 허망을 벗어나지 못하고 또 다른 망상을 발생시킨다는 것이다. 이로써 상에 집착하는 마음으로는 결코 중도에 도달하지 못하고 상에 떨어지고 마는 것은 혜안이 갖추어지지 못한 것이라고 말한다. 그래서 여시의 안목을 통하여 진제(眞諦)를 파악하지 못하면 끝내 공을 파악할 수 없다고 말한다.

> 만약 부처님의 은혜를 통하여 아(我)를 다스린 혜안이 아니었다면 어찌 여시(如是)라는 두 글자가 곧 진제라는 것을 들을 수 있었겠는가. 이처럼 여시(如是)의 자성 가운데는 여래의 법신이 갖추어져 있기 때문에 곧 그것이 실상이다. 인법구공(人法俱空)으로 선·악의 제상이 자연히 적멸하기 때문에 '실상이란 곧 실상이 아니다.'고 말한다. '발생[生]'이란 그 사람이 신해하는 것이 발생[生]이다. 그러나 실상은 필경에 무생(無生)일 뿐이다.11)

여기에서 무시도인은 여시를 진제와 동일한 개념으로 설명하고 있다. 여시는 단순한 여시가 아니라 실상을 담보해주는 여시로서 여래의 편재일 뿐만 아니라 실상의 구현과 관련되어 있다. 그것은 다름이 아니라 중생이 믿고 이해하며 받고 지닐 수가 있으면 사상은 실상이 아닌 줄 제대로 이해하여 곧 반야에 계합되고, 그 실상과 동일해지면 그것은 무상(無相)과 동일해지는 까닭에 그렇다는 것이다. 그리하여 깨치면 곧 그대로 부처이고, 미혹하면 곧 그대로

---

11) 『金剛經如是解』, (卍新續藏25, p.194中)

중생이지만, 부처와 중생의 자성에는 여시의 차원에서는 어떤 차이도 없음을 보여주고 있다. 이에 경문에서는 '일체의 제상(諸相)을 여읜다'는 말로 보여주었는데, 이것은 바로 형상을 제대로 본다면 그것은 곧 즉상(卽相)으로 공상(空相)이 되고, 그 공상은 망상이 제거된 상[除相]으로 즉공(卽空)이 된다는 것이다. 이처럼 여시는 심성의 편재로서도 부각되어 있다.

3) 여시는 심성의 작용[性具]

한편 무시도인은 여시의 의미를 심성의 작용으로 파악하여 수행의 측면으로 파악하였다. 심성은 본래의 그 모습 그대로라면 아무런 의미가 없다는 것이다. 따라서 심성이 수행의 행위로 작용하는 것이야말로 여시의 진정한 면모라고 이해하였다. 이에 경문에서 수보리가 총론적으로 질문한 것으로 '여시'하게 주(住)하는 방법[應云何住]과 '여시'하게 마음을 다스리는 방법[云何降伏其心]과 세존이 수보리의 질문에 답하여 총론적으로 '여시'하게 알고[知] '여시'하게 보며[見] '여시'하게 신해(信解)한다고 설한 대목이 이에 해당하는 것으로 보았다. 수보리의 질문과 관련해서 무시도인은 다음과 같이 말한다.

초발심의 경우에는 먼저 안심을 추구하기 때문에 이 질문을 한 것이다. 인·천은 유(有)에 주하고, 성문·연각은 공(空)에 주하기 때문에 응당 어떻게 주해야 하는가를 물었다. '항(降)'은 역(逆)을 길들여서 순(順)을 따르게 하는 것으로 번뇌가 곧 보리에 해당하고, '복(伏)'은 망심을 억누르는 것으로 분별식을 돌이켜 지혜를 성취하는 것에 해당한다. 십주 가운데 첫째가

발심주이므로 먼저 주(住)에 대하여 물었고, 나중에 항복(降伏)에 대하여 물었다. '주(住)'는 곧 진수(進修)하여 발을 붙이는 도리이고, '항복(降伏)'이라는 두 글자는 무릇 여래의 지위에 도달하는 것으로 바야흐로 요진(了盡)하는 것이다.[12]

또한 무시도인은 세존의 답변과 관련해서 다음과 같이 말한다.

'여시'라는 두 글자는 법신의 실제(實際)를 직지한 것이다. 이로써 소견(所見)의 망상(妄相)이 이미 공인 즉 능견(能見)의 망견(妄見)도 또한 없다. 그리하여 알고 보며 믿고 이해하는 모든 것이 여시와 상응한다. 바로 그것이 진실한 반야이고 구경의 극칙이므로 결코 별도로 법상을 추구해서는 안 된다. 그리하여 처음 입도(入道)할 때부터 법상에 의지하지 않는 까닭에 들어갈 여지가 없다. 이미 견성을 마치고 나서도 또한 반드시 그에 대한 상을 떠나 있어야 한다.[13]

이것은 심성의 작용이 여시하게 성취되어야 함을 구체적으로 설한 것이다. 곧 물고기를 잡고 나면 통발을 잊어야 한다는 것이고, 언덕에 도달하면 배가 필요 없다는 설과 같다. 그 때문에 최후에 그대들의 버려야 할 것을 위하여 말해둔 것이 '곧 법상이 아닌데 그것을 법상이라고 말한다.'는 것이다. 그러므로 불교를 수행하는 사람이라면 비단 형상에 집착해서는 안 될 뿐만 아니라 법상에도 또한 집착해서는 안 된다는 것이다.

또한 무시도인은 경문에서 "그러므로 수보리야, 모든 보

---

12) 『金剛經如是解』, (卍新續藏25, p.188上)
13) 『金剛經如是解』, (卍新續藏25, p.204中-下)

살마하살은 마땅히 이와 같이 청정심을 내며, 마땅히 색에 주(住)하여 마음을 내어서는 안 되고, 마땅히 성·향·미·촉·법에 주하여 마음을 내어서도 안 된다. 마땅히 주함이 없이 그 마음을 내어야 한다."는 대목에 대해서도 심성의 작용이 여시해야 함을 말한 대목으로 파악하고 있다.

> 마음은 여시(如是)하게 자연히 청정하기 때문에 꼭 다시 청정을 추구할 필요가 없다. 그 때문에 '마땅히 이와 같이 청정심을 내야 한다.'고 말했다. 무릇 '색·성·향·미·촉·법에 주(住)하여 마음을 내는 것'이란 모두 청정심이 아니다. 오직 '주함이 없이 그 마음을 낸다.'는 것만이 곧 청정심이다. 주한 바가 없는 마음은 곧 불생이고, 여시(如是)하게 청정심을 내는 것은 곧 불멸이다. 무생의 생이 어찌 생에 장애가 되겠는가. 불멸이 곧 생인 줄 알게 되면 반드시 생상(生相)을 다시 추구할 필요는 없다.[14]

여기에서 '여시'하게 청정심을 발생시켜야 한다는 말은 그것은 보시를 말한 것이고, 또한 반드시 보시해야 한다는 말은 그것은 과보를 말한 것으로 이해하고 있다. 이처럼 무시도인은 여시의 의미를 '여시지, 여시견, 여시신해' 뿐만 아니라 '여시생청정심(如是生淸淨心)'으로 보아 그것을 일상의 색·성·향·미·촉·법에서 집착이 없이 청정한 마음을 일으키는 것이 바로 여시한 심성의 작용으로 간주하고 있다.

3. 경문이해의 특징

---

14) 『金剛經如是解』, (卍新續藏25, p.192中)

『금강경여시해』에 보이는 경문에 대한 이해에는 몇 가지 특징이 엿보인다. 첫째는 총론적인 질문과 답변의 이해, 둘째는 사상의 개념에 대한 이해, 셋째는 즉비의 논리구조에 대한 이해의 방식, 넷째는 무아법(無我法)에 대한 해석의 방법 등이다.

첫째로, 총론적인 질문과 답변의 이해에 대한 것이다. 구마라집 한역본 『금강경』에서 수보리의 총론적인 질문은 응운하주와 운하항복기심의 두 가지이다. 경문에서 세존은 후자에 대한 답변을 먼저 하고 전자에 대한 답변을 나중에 한다. 후자에 대한 총론적인 답변의 대목은 제3 대승정종분이다. 그래서 [주해3]에서 무시도인은 "보살에 대하여 직지의 여시심을 일으키고, 아울러 제중생을 다 항복으로 돌이키라고 설한 것이다"고 말했다. 또한 전자에 대한 총론적인 답변의 대목은 제4 묘행무주분이다.

둘째로, 경문에서 가장 빈번하게 언급되고 있는 사상(四相)의 개념에 대한 무시도인의 이해방식에 대한 것이다. 경문에서 말하는 사상은 본래 범본에서 설해진 개념으로서, 영원히 변하지 않는 자아를 아상(ātman-saṃjñā)이라 하고, 영원히 변하지 않는 개아를 인상(pudgala-saṃjñā)이라 하며, 영원히 변하지 않는 중생을 중생상(sattva-saṃjñā)이라 하고, 영원히 변하지 않는 영혼을 수자상(jīva-saṃjñā)이라고 한다. 그런데 무시도인은 "사상 가운데 하나인 아자(我字)는 매우 중요한 출발점이다. 아가 있으면 자신은 높이고 남은 낮추는데, 그로 인하여 인상이 있어서 남을 제도하려고 한다. 또한 모든 것에서 남보다 앞서려고 하는데, 그로 인하여 중생상이 있다. 중생을 모두 제도하려는 것이 도리어 아(我)를 내세우게 되어 수자상이 성취된다."고 말한다. 곧 무시도인은 사상의 의미에 대하여 아상은 아를 단순히 자기자신이라는 의미로 파악하고, 인상은 나에 상대한 타인이라고 이해하며, 중생상은 남보다 자신을 앞세우는 것이고, 수자상은 내가 중생을 제도하려는 집착이라고 보고 있다. 사상의 개념에 대한 이와 같은 이해방식은 한역의 역사가 오랜 까닭에 본래 번역된 원전에 대한 이해의 부족 내지 불교가 전래된 인도를 오랑캐로 간주하는 중국의 문화 등이 복합적으로 작용한 것에서 연유한다. 불법에 대한 이러한 이해는 명대와 청대에 공통되는 하나의 흐름이기도 하였다.15) 무시도인은 순전히 한자가 지니고 있는 의미에만 주목하여 경문을 이해하는 모습도 아울러 보여주고 있다.

셋째로, 즉비의 논리구조에 대한 이해의 방식이다. 경문에 자주 등장하는 논리방식으로서 소위 'A는 A가 아니다. 그러므로 A라고 말한다.'는 즉비(卽非)의 논리 내지 초월(超越)의 논리와 관련된 이해에 대해서도 무시도인의 견해가 엿보인다. 가령 제10 장엄정토분의 대목인 "불토를 장엄한다는 것은 곧 장엄한 것이 아니기 때문입니다. 이것을 바로 장엄한다고 말하는 것입니다."에 대하여 무시도인은 "여기에 삼구가 있다. 제일구인 '불국토를 장엄한다.'는 것

---

15) 일례로 『般若心經註解』, (卍新續藏26, p.964下)에서는 '揭諦揭諦'에 대하여, "앞의 揭諦는 인공이고 뒤의 揭諦는 법공이다. 아공과 법공의 두 가지 공마저 완전히 잊은 것이다. 揭諦者人空又揭諦者法空人法俱空二空全忘也"고 말한다. 이와 같은 이해의 방식은 당시에 하나의 상식으로 되어 있었다.

은 곧 가관으로서 속제인데 상종(相宗)에 속한다. 제이구인 '곧 장엄하는 것이 아니다.'는 것은 곧 공관으로서 진제인데 공종(空宗)에 속한다. 제삼구인 '장엄이라고 말한다.'는 것은 곧 공관과 가관이 모두 융합되어 진제와 속제가 걸림이 없는 중도관으로서 중도제인데 성종(性宗)에 속한다."고 천태교학을 원용하여 이해하고 있는 점이 독특하다.

넷째로, 제17 구경무아분에 보이는 '무아법(無我法)'에 대한 해석의 방법이다. 경문에 보이는 "수보리야, 만약 보살로서 아상과 법상이 없음에 통달한 자라면 여래는 '참으로 그는 보살이라고 말한다.'고 설한다."는 대목에 대하여, 무시도인은 "만약 보살로서 아상과 법상이 없음에 통달한 자라면 여래는 '참으로 그는 보살이라고 말한다.'고 설한다."고 해석한다. 이것은 무아법(無我法)에 대하여 무아와 무법의 구조로 나누어 이해하고 있기 때문이다. 무시도인이 이와 같이 해석하는 이유는 『금강경』이 대승법임을 감안하여 아공과 법공의 의미로 해석하고 있기 때문이다.

이처럼 무시도인의 『금강경여시해』에는 『금강경』에 대한 수많은 주석서 가운데 나름대로 독특한 주석방식이 엿보인다. 경문에서 무념(無念)과 무주(無住)와 무심(無心)의 개념을 각각 정념(正念)과 묘주(妙住)와 진심(眞心)으로 보았다. 그리고 '여시'의 개념에 대해서 첫째는 심성의 근원으로 성체(性體)이고, 둘째는 심성의 편재로서 심량(心量)이며, 셋째는 심성의 작용으로서 성구(性具)로 각각 파악하고 있는데, 이 점에서 '여시'라는 개념이 경문의 전체를 관통하고 있는 근거가 되어 있다.

제1장

金剛經如是解自述

金剛者。性喩也。性無形似。落言即非。天竺先生不得已而有
言。於是名之以般若。名之以阿耨多羅三藐三菩提。猶謂文字
日繁。本來不多。故於經首。拈出如是兩字。如是者。性體
也。不變不異。何容解。何容不解。遇慧命人如須菩提者。深
機相觸。秘義盡宣。曰。如是住。如是降伏。又曰。如是生清
淨心。其言布施也。曰。應如是布施。其言果報也。曰。福德
亦復如是。其需解人也。曰。如是知. 如是見. 如是信解。是
以深明佛法。擔荷如來。則曰。如是人等。無異人也。讚嘆世
尊。則曰。如是世尊。無異物也。其感極涕零。則曰。得聞如
是之經。無異法也。

1. 「금강경여시해자술」 － 무시도인(無是道人) 장탄옹
(張坦翁)16)

　‘금강’이란 자성을 비유한 것이다. 그 자성에는 형체[形]
가 없고 닮은 것[似]도 없어서 언설로 규정해버리면 곧 어
그러지고 만다. 그래도 천축의 선생들은 부득이하게 그것
에다 언설을 붙여서 ‘반야’라고 부르고, ‘아뇩다라삼먁삼보

---

16) 無是道人 張坦翁에 대해서는 자세하게 알려진 전기가 없다. 다만 말
　미에 수록된 北海老人의 「발문」에 의하면, 한림원 및 추밀원 등을 지
　낸 사람으로 내시들의 무고를 받아 숱한 풍파를 겪었고, 도가의 사상
　에 심취하였으며, 불교사상에 해박하여 유자들의 이론과 문장을 자세
　하게 해석하여 매우 뛰어났다고 한다. 『金剛經如是解』「跋」, (卍新續
　藏25, p.262中-下) 無是道人에서 道人이라는 표현은 남녀를 불문하고
　재간인으로서 수행에 힘쓰는 사람을 일컫는 말로 송대부터 보편적으로
　사용되었는데, 居士와 같은 의미이다. 무시도인 장탄옹에 대해서는 이
　하 「발문」 참조.

리'라고 불렀다. 문자로 보면 일상의 생활처럼 번거롭고 무성하지만, 본래는 전혀 복잡다단하지 않다. 그 때문에 경전의 첫머리에다 '여시(如是)'라는 두 글자를 끄집어 내놓았다.

'여시'는 성체(性體)[17]로서 불변(不變)이고 불이(不異)이다. 그러니 어찌 이해하는 것이 가능할 수가 있겠고, 어찌 이해하지 못하는 것이 가능하겠는가. 대고중(對告衆)[18]으로서 혜명이라는 사람으로 등장한 저 수보리는 깊은 이해를 지닌 사람[深機]으로서 부처님의 의도를 잘 파악하였고, 부처님이 설법한 의미[秘義]에 대해서도 설하고자 하는 뜻을 다 드러내었다. 그 때문에 '여시'하게 주(住)하는 것에 대하여 물었고, '여시'하게 마음을 다스리는 것에 대하여 물었다. 또한 '여시'하게 청정심을 발생시켜야 한다는 말은 그것은 보시를 말한 것이고, 또한 반드시 '여시'하게 보시해야 한다는 말은 그것은 과보를 말한 것이며, 또한 '복덕도 또한 여시하다'고 말한 그것은 사람들이 그와 같이 이해할 것을 바라는 것이고, '여시'하게 알고[知] '여시'하게 보며[見] '여시'하게 신해(信解)한다는 것은 그것으로써 불법을 깊이 해명한 것이다.

'여래를 감당한다'는 것은 곧 '여시'한 사람들로서 여래와 다른 사람이 아니라는 것을 말하고, '세존을 찬탄한다'는 것은 곧 '여시'한 세존으로서 다른 중생이 아니며, '감격하여 눈물을 흘린다'는 것은 곧 '여시'한 경문을 듣는다

---

17) 心性을 性體와 性量과 性具의 세 가지 측면으로 설명한 것은 明代에 傳燈의 『淨土生無生論』, (大正藏47, pp.381上-383下)에도 보인다.
18) 對告衆은 부처님의 설법에서 교화하는 대상으로서 대중을 대표하여 문답하는 사람을 가리킨다. 『금강경』의 경우 수보리가 이에 해당한다.

는 것이지 다른 경문이 아니라는 말이다.

三十二分實相妙智。不可思議者。語盡忘言。兀坐說偈。不過
曰。作如是觀而已。故知金剛本體。古佛聖賢如是。歌利凡夫
亦如是。祇舍王城恒沙塔廟如是。五百世以前. 五百世以後。
阿僧祇世界亦無不如是。自黃梅首宣經旨。解者八百餘家。然
親切道者。惟六祖一言了之。曰。法非有無謂如。皆是佛法謂
是。揆其旨。不過以如是心。演如是經。成如是佛耳。

  32분의 내용은 실상의 묘지로서 불가사의하다는 것인데,
언어가 다하여 말씀을 잊는 것과 반듯하게 앉아서 설한 게
송도 '여시'하게 관찰할 뿐이라는 말을 능가하지 않는다.
그 때문에 알아야 한다. 곧 금강의 본체는 고불 및 성현도
'여시'이고, 가리왕과 범부도 또한 '여시'이며, 기원정사가
있는 사위국의 왕성과 항하 모래수 만큼의 탑묘도 '여시'이
고, 오백세 이전과 오백세 이후 및 아승지세계도 또한 '여
시' 아님이 없다.
  황매의 홍인(弘忍 : 601-674)조사가 처음 경문의 종지
를 널리 연설한 것으로부터 800여 명의 주해자가 그토록
친절하게 말해준 것도, 생각해보면 육조혜능(六祖慧能 :
638-713)이 말한 한마디를 빌리자면 '법에 유무가 없는
것을 여(如)라고 말하고, 모든 것이 불법이라는 것을 시
(是)라고 말한다.'는 것이다. 그 때문에 그 종지를 헤아리
자면 '여시'한 마음으로 '여시'한 경문을 연설하여 '여시'한
부처를 성취한다는 것에 불과하다.

余持此經二十年。口頭薄業。苦無證入。迨遭劫灰。桎梏刀鋸。投荒沉獄。一袂隨身。夢寐護念。迄于生還。寓京師者又五年。乃取誦本。與素所與。默疑和尚閉關九年商量語。及黃蘗<蘗?>山中所得西影禪師遺偈。入都來間於長春寺聽御生說法。復入西山叩一齋。識其漫談。皆若得若失。乃掩卷靜對覺。經上白文。如如本體。躍躍紙上。特為向來業識迷覆不見耳。信手隨錄。久逖成帙。雖與如是本體未必脗合。然八百家解者不如是。而我欲盡歸之如是。此亦如如本性。活活在我身中。不能自異於如來與凡夫者。寧我作如是解哉。名以般若。名以阿耨多羅三藐三菩提。佛說已多。而況無住無相無得無說之法。以如是覓如是。以如是解如是乎。故如而還之無如。是而還之無是。解而還之無解。余以此自悔自懺。因號無是道人焉。寓跡石鏡山中　無是道人　自記

나[無是道人]는 이 『금강경』을 20년 동안 수지하였지만 말주변도 모자라고 안타깝게도 깨치지도 못하고서 오랜 세월 동안 질곡에 얽매이면서 거친 사바세계에 나왔는데, 그나마 옷 한 벌을 몸에 걸치고 무지몽매 속에서도 불보살에 호념되어 이 세상에 생환하였다. 그리고 경사에 우거한 지가 또 5년이었다. 그동안 독송본을 얻었는데 그것은 내가 지니고 있었던 것과 동일한 것이었고, 다시 묵의화상(默疑和尚)이 무문관(無門關)19)을 걸어 잠그고 9년 동안 상량한 법어, 그리고 황벽산에서 얻은 서영선사(西影禪師)20)의

---

19) 無門關에서 無門은 출입하는 문이 없다, 내지 無라는 門을 의미한다. 또한 우주법계를 불성의 현성이라고 간주할 경우에는 출입이 자재하여 일체가 門이라는 의미이다. 따라서 無門關은 법계가 이미 불성의 구현인 줄을 자각하는 개인의 수행처를 말한다.

유게(遺偈) 등을 가지고 서울에 들어가 있는 동안에 장춘사(長春寺)에서 감히[御生] 설법을 들었고, 다시 서산에 들어가 일재(一齋)를 두드려서[叩] 그 다양한 뜻을 알게 되었는데, 그것들은 모두 득(得)과 실(失)이 있었다.[21]

이에 경전을 덮고 조용히 부처님을 마주하니, 경문의 문장의 그대로 여여한 본체가 되어 책자에서 뛰어 넘쳤다. 더욱 특별한 것은 이전의 업식에 덮여 있던 것들이 더 이상 보이지 않게 되었다는 점이다. 이에 손이 가는 대로 기록하여 오랜만에 마침내 책자를 만들게 되었다. 그러나 비록 '여시'의 본체에 비추어보면 꼭 들어맞는 것은 아니었다. 그러나 800여 명의 주해도 '여시'하지 못하였듯이, 나도 힘껏 '여시'로 돌아가려고 애썼을 뿐이다.

그 때문에 이것 또한 여여한 본성으로서 내 몸에 활발하게 살아있어서 여래와 범부가 본래부터 다른 존재가 아닌데, 어찌 내 자신이 『여시해(如是解)』를 지었다고 하겠는가. 반야로써 명칭을 삼고, 아뇩다라삼먁삼보리로써 명칭을 삼은 부처님의 설법은 많이 있었다. 하물며 무주(無住)와 무상(無相)과 무득(無得)과 무설(無說)의 설법에서 여시로써 여시를 찾고, 또 여시로써 여시를 해석하는 것이겠는가. 그 때문에 '여(如)'이지만 그것을 돌이키면 무여(無如)이고, '시(是)'이지만 그것을 돌이키면 무시(無是)이며, '해(解)'이지만 그것을 돌이키면 무해(無解)이다. 나[無是道人]는 이로써 자회(自悔)하고 자참(自懺)하였는데, 그로

---

20) 西影은 無念禪師 深有의 별호이다.
21) 默疑和尚이 9년 동안 상량한 법어, 황벽산에서 얻은 西影禪師의 遺偈, 長春寺에서 감히 들었던 설법, 서산에 들어가 一齋를 두드려 이해한 의미 등에는 옳고 그름이 있었다는 것을 가리킨다.

인하여 호를 무시도인(無是道人)이라고 한 것이다.

석경산22)에 몸을 의탁하고 있는 무시도인이 직접 기록
한다.

金剛經如是解序

初祖達摩西來。特稱楞伽四卷可以印心。究不若金剛一卷。常
爲心印。是以黃梅五祖。首行倡導。宣其經旨。從而作解者。
八百餘家。曹溪六祖。初旣因文悟入。後復以之啟口。作壇
經。更了以一言曰。法非有無謂如。皆是佛法謂是。應知此
經。佛與須菩提一句一棒。一字一喝。語言文字劃盡無餘。的
的教外別傳。西來第一義。爲佛祖慧命所統。于群經中尊勝稱
王。信也。

2.「금강경여시해서」 - 정묵 담반담

중국 선종의 초조 보리달마(菩提達磨 : 5-6세기)가 서
래하였다. 특히 4권『능가경』23)을 찬탄하였는데, 혜가(慧
可 : 487-593)에게도『능가경』을 가지고을 마음을 인가
해주었다. 그러나 구극에는『금강경』1권으로 항상 심인을
삼은 것만은 못하였다. 황매의 홍인(弘忍 : 601-674)은
『금강경』을 가지고 수행의 으뜸으로 삼아서 널리 창도하였
고, 또『금강경』의 종지를 널리 폈다. 그로부터 주해를 지

---

22) 石鏡山의 석경은 거울 같은 바위라는 뜻이다. 梁(502-577)의 궁정화
가 張僧繇의 「潯陽記」에 다음과 같은 말이 있다. "석경산 동쪽에 둥
근 바위 하나가 절벽에 붙어 있는데, 밝고 깨끗하여 사람을 비추면 미
세한 것도 살펴볼 수 있다. 石鏡山東一圓石懸崖 明淨照人 微細必察"
23)『楞伽經』의 漢譯은 3회 이루어졌다. ① 求那跋陀羅 譯, 4권『楞伽阿
跋陀羅寶經』(443) ② 菩提留支 譯, 10권『入楞伽經』(513) ③ 實叉難
陀 譯, 7권『大乘入楞伽經』(700-704)

은 사람이 800여 명이었다. 조계의 육조혜능(六祖慧能 : 638-713)도 처음에 『금강경』의 경문을 통해서 오입하였다.[24]

후에 다시 『금강경』의 경문으로 입을 열어서 『단경』을 지었다. 그것을 다시 한마디로 설명하자면, 법에는 유무가 없다는 것을 '여(如)'라고 말하고, 모든 것이 불법이라는 것을 '시(是)'라고 말하였다. 그러므로 반드시 알아야 한다. 곧 『금강경』은 부처님과 수보리가 주고받은 일구(一句)·일방(一棒)·일자(一字)·일할(一喝) 등 언어와 문자가 모두 남김없이 적적(的的)의 교외별전(敎外別傳)이고 서래제일의(西來第一義)로서 불조혜명의 큰 줄기가 되었다. 이로써 『금강경』은 모든 경전 가운데도 존승(尊勝)되어 왕(王)이라고 불린다는 것은 사실이다.

其文藏有三譯。元魏留支. 陳天竺眞諦二譯。要不如姚秦鳩摩羅什所譯。辭特簡明。義無脫誤。是以震旦誦習。日月爭光。而註釋多門。意見差別。

『금강경』 경문[文藏]에는 3종의 번역이 있다.[25] 원위

---

24) 혜능의 경우 應無所住而生其心의 경문에 의거하여 발심했고, 또 깨쳤음을 말한다. 『六祖大師法寶壇經』, (大正藏48, p.348上) "惠能一聞經語 , 心即開悟" ; (p.349上) "爲說金剛經。至應無所住而生其心 , 惠能言下大悟 , 一切萬法 , 不離自性" 참조.

25) 여기에서는 『금강경』의 번역에 대하여 3종의 번역이라고 말하고 있지만, 실제로 중국에서 『금강경』의 漢譯은 5세기 초반에 구마라집의 번역이 출현한 이래로 다시 다섯 차례가 이루어져 총 6회의 번역이 이루어졌다. ①『金剛般若波羅蜜經』1권 姚秦 鳩摩羅什 역 402년. ②『金剛般若波羅蜜經』元魏 菩提流支 역 509년. ③『金剛般若波羅蜜經』1권 陳 眞諦 역 562년. ④『金剛斷割般若波羅蜜經』1권 隋 達摩笈

(元魏) 보리유지(菩提留支 : ?-527)의 번역 및 진(陳) 천축삼장(天竺三藏) 진제(真諦 : 499-569)의 번역의 2종이 있지만, 요컨대 요진(姚秦) 구마라집(鳩摩羅什 : 344 - 413) 번역이 언사(言辭)가 특히 간명하고 뜻[義]에 탈오(脫誤)가 없는 것만 못하다. 이로써 진단(震旦)에서는 나집본이 송습(誦習)되었는데, 일월(日月)이 빛을 다투었고 수많은 주석이 다양하게 출현하여 의견에 차별이 드러났다.

愚自弱冠志學。即知三教會通。丙辰歲。以梁生奇緣。皈依憨山大師。于東遊之日。得受金剛決疑。以為指歸。其大意謂。佛說法三十年。上首弟子猶是懷疑。此經隨空生所疑處。即便逐破。所謂疑悔永已盡。安住實智中。憨師現示肉身于曹溪。稱七祖。與六祖覿面。是能不隨分演說。真契佛祖心印。并契宣尼一貫無言之大旨者。即南嶽之得金剛無礙智。中峰之能用世語入佛知見。不過是也。越今四十餘載。其間所聞演說。所見著述。描抹此經面目者。不知幾何。而乃得見坦公先生如是解。是直以鏡照鏡。諸相不立。以光接光。眾塵消隕。只提如是我聞四字。便攝全經。并攝全藏。若水入乳。若芥投針。梵語華言。拈來即合。引申觸類。無境不融。以至孔孟精微。和盤托出。老莊玄妙。徹底掀翻。頭頭盡獲家珍。無假揉和窠臼。自非降大任而投險囏出自困衡動忍。安能與箕疇岐易。同放光明。更非宗教全彰。福慧兩足。從入泥入水中。履道坦坦。安得具金剛眼。得金剛心。代佛口宣無上甚深妙。諦現長

多 역 590. ⑤『能斷金剛般若波羅蜜多經』1권 唐 玄奘 역 660-663년. ⑥『能斷金剛般若波羅蜜多經』1권 唐 義淨 역 703년. 참조.

者宰官身而為說法。具眼者。謂是無垢再來。覆按時節因緣。
當益信也。

　　나(貞默槃談)는 약관(15세) 및 지학(20세) 무렵의 나이
에 곧 삼교(三敎: 불교·도교·유교)를 알아 회통하였다. 병
진세(1616)에 양생(梁生)의 기이한 인연26)을 말미암아
감산대사한테 귀의하였다. 동쪽으로 유행하던 어느 날『금
강경』을 받고 의심을 해결하여 그것으로써 지귀(指歸)를
삼았다. 그 대의에 대하여 말하자면, 부처님의 30년 설법
에 대해서는 상수제자도 회의를 하였다. 이『금강경』은 공
생이 의심한 것을 따라서 그때그때마다 의심을 타파해준즉
소위 의회(疑悔)가 영원히 다하고 실지(實智)에 안주(安
住)하는 가운데서 스승(감산대사)이 조계에 육신을 현신하
여 제7조라 칭하고 제6조를 친견한 것을 감응하였다. 이것

---

26) 梁生奇緣은 감산대사의 문인 不遷 梁生을 가리킨다.『憨山老人夢遊
集』卷39「不遷字說」, (卍新續藏73, p.750下)"門人梁四相。稽首作
禮。乞表其字。余字之曰不遷。意取肇公論旨也。余少讀肇論。至旋嵐
偃岳而常靜。江河競注而不流。野馬飄鼓而不動。日月麗天而不周。茫
然莫知所指。萬曆甲戌行脚至河中。與道友妙峰結冬於山陰道院。因校
刻此論。恍然有所悟入。及揭簾。覩風吹樹葉。飄颺滿空。乃自證之
曰。肇公真不吾欺也。每以舉似於人。咸曰。遷中有不遷者。余笑曰。
若然則為理不遷。非肇公所謂物不遷也。然既曰。即物不遷。豈捨物以
求理。釋動以求靜哉。梁生諱四相。然萬物靡不為此四相所遷。而不遷
之物。非常情所可測識。獨肇公洞見肺肝。今梁生歸心法門。其有志於
此乎。苟得不遷之妙。則日用現前。種種動靜閒忙。逆順苦樂。得失勞
逸。利衰毀譽。以至富貴貧賤。大而禍患死生。則了不見有纖毫去來相
也。即釋迦之分身。觀音之隨應。普賢之萬行莊嚴。乃至世出世法。一
口吸盡。又奚止於現宰官身而說法者乎。由是觀之。堯舜以之垂拱。伊
呂以之教民。顏子以之簞瓢。孔子所以無入而不自得也。子在川上曰。
逝者如斯夫。不捨晝夜。嗟乎。夫子此語。真長夜夢中木鐸也。肇公引
而伸之。老人以此字梁生。能無負此語。可稱聖門的骨子。況法門乎"
참조.

이야말로 곧 수분연설(隨分演說)이 아니라 진실로 불조의 심인에 계합된 것이었고, 또한 선니(宣尼)27)가 일관했던 무언의 대지(大旨)와 계합하는데, 그것은 곧 남악혜사(南嶽慧思: 515-577 천태종의 제2조)가 터득한 금강의 무애지였고, 중봉명본(中峰明本: 1263-1323)이 세간의 언설을 능수능란하게 활용하여 불지견에 들어간 것도 이것을 벗어나지 않았다.28)

　지금까지 40여 년이 지났는데 그간에 들어왔던 연설과 소견을 저술하여 이 『금강경』의 면목으로 만들어낸 것에 대하여 어찌 알겠는가. 이에 장탄공선생(張坦公先生, 無是道人)의 『여시해』를 살펴보니, 이것이야말로 거울로써 거울을 비추듯이 제상이 설 수가 없었고, 빛으로써 빛을 접하듯이 모든 티끌이 소멸되어버렸다. 단지 '여시아문'이라는 네 글자만 가지고도 곧 『금강경』 전체를 섭수하였고, 모든 경전을 섭수하였다. 그것은 마치 물과 우유가 섞이듯 하였고, 겨자씨가 바늘에 꽂힌 것과 같아서 범어와 한어가 잡으면 곧 합치되고 끌어들이면 곧 나란하여 어떤 경계에도 융화하지 못할 것이 없었다. 이로써 공(孔)·맹(孟)의 정미함을 화반탁출(和盤托出)29)하였고, 노(老)·장(莊)의 현묘함을 철저하게 흔들고 뒤집었다. 그러니 모든 대목이 죄다 가보를 획득한 것과 같아서 이미 빚어놓은 상투적인 격식을 빌릴 것조차 없었다.

---

27) 宣尼는 漢 平帝 때 褒成宣尼公으로 追諡된 孔子를 가리킨다.
28) 中峰明本, 『天目中峰廣錄』 卷15 「金剛般若略義」, (大藏經補編25, pp.864中-873上)
29) 和盤托出은 손님을 대접할 경우 음식의 쟁반을 통째로 내놓는다는 것인데, 모든 것을 감추지 않고 있는 그대로 다 보여준다는 의미이다.

이에 스스로 처음부터 큰 임무를 맡아서 험난한 길에 들어가서 스스로 어려움을 벗어나려고 동인(動忍)30)하는 모습이 아니라면 『기주(箕疇)』31)와 『기역(岐易, 周易)』이 모두 광명을 내는 것과 어찌 어울릴 수 있겠는가. 또한 종지와 교학[宗教]을 온전히 밝혀내고[全彰] 복덕과 지혜를 구족하여 진흙에 빠지고 물속에 빠졌다가 거기에서 벗어나 밝고 탄탄한 길로 걸어가는 것이 아니라면, 금강안을 구비하고 금강심을 터득하여 부처님의 입으로 널리 연설한 무상심심한 묘법을 어찌 대신할 수 있겠는가.

장자(長者) 및 재관(宰官)의 몸을 분명하게 나타내는 것을 설법으로 삼았는데, 안목을 구비한 사람은 그것을 무구거사(無垢居士, 維摩居士)가 다시 도래한 것이라고 말한다. 그러므로 다시 시절인연을 살펴보면 반드시 신심이 솟구칠 것이다.

此解早已壽梓于吳門鎮海古刹。茲重梓藏冊。流通于楞嚴經坊。將紫栢憨山兩尊者。同向寂光首肯。真歷劫勝因也。古德有云。見聞為種。八難超十地之塔。解行在躬。一生圓曠劫之果。則以無是翁作如是解。即謂如如六如悉歸剩義。如之一字。亦不喜聞可也。是萬法俱來。絲毫不掛之第一義也。順治丁酉 臘八日 攜李의 道一居士 譚貞默 槃談 謹撰

---

30) 動忍은 動心忍性의 준말로 항상 마음속에 두려움을 가져서 조심하고 성품을 강인하게 만든다는 뜻이다.
31) 箕疇는 箕子가 지었다는 『書經』의 洪範九疇로서 堯·舜·禹 이래의 정치사상을 집대성한 것이다. 武王이 殷을 정복한 후에 箕子를 찾아가서 天道에 대하여 묻자, 거기에 답변한 것이라고 한다.

이 『여시해』는 일찍이 오문(吳門) 진해(鎭海)의 고찰(古刹)에서 간행되었지만, 여기에서 거듭 수장용의 책자로 간행하게 되어 능엄경방에서 유통되었다. 이로써 자백진가(紫栢眞可: 1543-1603) 및 감산덕청(憨山德淸: 1546-1623)의 두 대사께서 모두 상적광토를 향한 것이라고 수긍하였듯이, 진실로 역겁의 뛰어난 인연이라고 할 수가 있겠다. 고덕은 "보고 듣는 것이 씨앗이 되면 팔난[32]도 십지단계에서 초월한다. 이해와 실천도 모두 나한테 있으니 일생에 광겁의 과를 원만케 한다."[33]고 말했다. 곧 무시도인이 『여시해』를 지음으로써 곧 소위 여여(如如)한 육여(六如)마저도 모두 쓸데없는 뜻이 되어버렸다. 그래서 '여'라는 한 글자조차 또한 기쁘게 들을 수 있는 것이 아니다. 이것은 만법이 모두 도래한다고 할지라도 털끝만치도 걸어둘 수가 없는 제일의(第一義)일 뿐이다.

순치 정유년(1657) 섣달 초파일에 휴리(攜李, 福徵)의 도일거사(道一居士) 담정묵(譚貞默) 반담(槃談)[34]이 삼가

---

32) 八難은 八風이라고도 한다. 마음을 어지럽게 뒤흔드는 것으로 : 利, 衰, 毁, 譽, 稱, 譏, 苦, 樂의 여덟 가지 번뇌이다.
33) 『大方廣佛華嚴經疏』卷1, (大正藏35, p.503中)
34) 福徵(攜李)의 道一居士 貞默 譚槃談(1590-1665)은 명의 崇禎 연간에 국자감 좨주를 맡았는데, 埽庵髯道人이라고도 불렸다. 『金剛經筆記』(卍新續藏25), 『般若心經大意』(卍新續藏26), 『笑隱大訢禪師語錄』 4卷(卍新續藏69), 『無見先睹禪師語錄』 2卷(卍新續藏70), 『准提焚修悉地懺悔玄文』(卍新續藏74), 『萬如禪師語錄』 10卷(嘉興藏26), 『浮石禪師語錄』 10卷(嘉興藏26), 『林野奇禪師語錄』 8卷(嘉興藏26), 『大休珠禪師語錄』 12卷(嘉興藏27), 『昭覺丈雪醉禪師語錄』 10卷(嘉興藏27), 『鴛湖用禪師語錄』 2卷(嘉興藏27), 『古瓶山牧道者究心錄』 (嘉興藏27, 『季總徹禪師語錄』 4卷(嘉興藏28), 『一初元禪師語錄』 2卷(嘉興藏29), 『天界覺浪盛禪師全錄』 34卷(嘉興藏34), 『天界覺浪盛禪師嘉禾語錄』(嘉興藏34), 『雪嶠信禪師語錄』 第7卷-第10卷(乾隆藏154) 등에 「서문」을 붙이거나 내지 편찬하는 일에 관여하였다.

찬술을 붙인다.

金剛如是解序
神功不可以碑記。溟渤不可以蠡測。無上妙道。不可詮註。唯
其詮註不及也。雖終日言而無言。終日跡而無跡。故迦文曰。
我四十九年。不曾說著一字。又曰。但有言說。都無實義。譬
之彈者意在雀。獲雀而彈斯委。餌者意在魚。得魚而餌自棄。
若夫執餌彈為魚雀。非作者咎。乃時人自昧耳。

3. 「금강여시해서」 - 영은도인 홍례

신묘한 공능은 비문에도 기록할 수가 없고, 동해의 큰바
다는 조개껍데기로 헤아릴 수가 없으며, 무상(無上)의 묘
도는 언설로 설명할 수가 없다. 생각해보면 그것에 대하여
언설의 설명으로 미칠 수가 없다는 것은 비록 종일토록 말
을 해도 말이 없고, 종일토록 걸어도 걸은 발자국이 없는
것과 같다. 그 때문에 석가모니는 "나는 49년 동안 일찍이
일자(一字)도 말한 적이 없다."35)고 말했고, 또 "무릇 언
설이 있다면 그것은 모두 진실한 뜻[實義]이 아니다."36)고
말했다.

그것을 비유하면, 활을 쏘는 사람은 그 마음이 참새에게
집중되어 있는데, 참새를 잡고 나면 활은 내려놓는다. 낚
싯밥을 꿰는 사람은 그 마음이 물고기에 있는데, 물고기를
잡고 나면 그 낚싯밥은 버린다. 그런데도 낚싯밥과 활에
집착하는 것은 물고기와 참새를 위한 것이므로 그것은 작

---

35) 『建中靖國續燈錄』 卷8, (卍新續藏78, p.691中)
36) 『首楞嚴經』 卷3, (大正藏19, p.117下)

자의 허물이 아님에도 불구하고 이에 당시 사람들이 스스
로 우매할 뿐이다.

無是張公。究心金剛有得。不肯獨擅其妙。欲以公之天下。于
致君澤民之餘。鈎索深賾而箋釋之。命曰。如是解。歲在丁
酉。以方伯涖武林。出全秩屬序焉。余披讀已。顧謂二三子
曰。全經妙旨。為如是二字。一口道盡矣。他如品第文句。雖
有數千餘言。不過二字之訓詁耳。後來循行下註者。華竺亡
慮。千人要之。如析空立界。各封己私。雖空性非離。而用力
勞矣。惟天親. 無著立義明宗。破疑斷執。差達佛意。然猶不
能離句絕非。直指第一義諦。斯解也。得之于心。不借舌於玄
旨。形之于辭。匪寄意于私緣。冥中著彩。水面雕紋。有是
事。無是理。隨人所得而見之。其裨補于拘學也。厥功大哉。

　무시도인 장공은 마음공부를 해오며 『금강경』에서 터득
한 것이 있었는데, 독단적으로 그 묘(妙)를 긍정한 것은
아니라 공적(公的)으로 천하를 위하고자 함이었다. 그것은
임금이 백성을 보살피는 것 이상이었다. 깊이 탐색하여 그
것을 주해하고는 『여시해』라고 명명하였는데, 정유년
(1657)에 관찰사[方伯] 이무림(涖武林)이 전질(全秩)을
출간해주면서 거기에 「서문」을 붙였다. 나 홍례(弘禮)가
그것을 열람해보고 그 제자들을 돌아보며 "경전 전체의 미
묘한 종지에 대하여 여시(如是)의 두 글자를 가지고 한마
디로 다 말해버렸다. 기타 품의 차제나 문구가 비록 수천
마디일지라도 여시라는 두 글자의 훈고에 불과하다."고 말
했다.

　후대[後來]에 줄을 이어서 주석을 붙인 사람들로서 인도와 중국을 통하여 무려 천여 명이었는데, 그것을 요약하자면 공(空)을 분석하여 계(界)를 세워서 각자 자기를 자랑하는 것과 같았다. 그것은 비록 공성을 벗어나지는 않았을지라도 애써 힘만 썼을 뿐이다. 생각해보면 천친(天親, 世親 : 316-396)과 무착(無著 : 300-390)이 근본적인 뜻을 내세우고[立義] 종지를 해명하여[明宗] 의심을 타파하고 집착을 단제하였지만, 그것은 부처님의 의도와 어긋난 것이었다. 그러나 이사구(離四句)하고 절백비(絶百非)37)하지는 못해도 제일의제를 직지한 것은 바로 이 『여시해』였다.

　그것을 마음에서 터득하면 혀를 빌리지 않고도 현지(玄旨)가 되지만, 그것을 언사(言辭)로 형상을 드러내면 마음에 떠올리지 않아도 사사로운 반연이 되고 만다. 어둠 가운데서도 색채가 뚜렷하고 수면에서도 문양이 드러난다면, 그런 현상은 있겠지만 그런 도리는 없다. 다만 사람들이 터득한 것을 따라서 그것을 보는 것인데, 그것이 학문의 얽매임에서 벗어나는 데 도움이 된다면 그 공(功)이야말로 위대한 것이다.

---

37) 離四句絶百非는 사구를 벗어나고 백비를 단절한다는 의미이다. 사구는 일체의 분별이고, 백비는 일체의 부정이다. 사구 및 백비와 같은 판단과 논의를 초월하여 벗어나는 것이 불교의 진정한 입장이다. 사구는 有句·無句·亦有亦無句·非有非無句이다. 백비는 有句·無句·亦有亦無句·非有非無句의 근본사구에 각각 사구가 있어 16가지가 되고, 다시 각각 과거·현재·미래가 있어 48가지가 되며, 다시 각각 苦와 樂이 있어 96가지가 되는데, 여기에 처음의 근본사구인 有句·無句·亦有亦無句·非有非無句를 합하여 100가지가 된다.

山野不能文。抑亦法不換機。以致鋪錦之贊。但曰。世尊如是
說。無是公如是解。山野如是序。只此三箇如是。猶塗毒鼓響
不容接。似太阿劍鋒不可攖。又如雲端鶴唳。石竅風鳴。既未
可以理通。亦不許以意解。讀是經者。便如是將去。直與說者
解者。同一金剛體性。同一無住三昧。詎必數盡行墨名言。始
信無我人眾生壽者相哉。雖然認餌彈為魚雀者。固謬矣。苟得
一魚一雀。遂欲使天下人盡棄餌彈而勿用。吾知斯人亦不足以
語道也。前哲不云乎。實際理地。不受一塵。佛事門中。不捨
一法。夫然則雖家喻此經。戶傳此解。正金剛種子之光明顯發
處也。庸何傷山野恁麼序引。是真實語。是不誑不妄語。其眼
者薦取。靈隱道人 弘禮 題

산야(山野, 靈隱道人 弘禮)는 글을 지을 줄 모를 뿐만
아니라 또한 불법에도 밝지 못한 사람인데도 불구하고 옥
고[鋪錦]에다 찬(贊)을 붙이게 되었다. 이에 무릇 세존은
여시(如是)하게 설했고, 무시도인(無是道人) 장공(張公)은
여시(如是)하게 이해하였으며, 나 산야(山野, 영은도인 홍
례)는 여시(如是)하게 「서문」을 붙였다고 말할 뿐이다. 단
지 이처럼 세 가지 경우의 여시(如是)는 마치 도독고(塗毒
鼓)38)의 소리[響]와 같아서 접할 수가 없고, 태아검(太阿
劍)39)의 봉(鋒)과 같아서 다가설 수가 없다. 또한 구름 끝
에서 날아가는 학의 울음소리와 같고, 돌구멍에서 새어 나
오는 바람의 소리와 같아서, 가히 이치로 통할 수가 없을

---

38) 塗毒鼓는 독을 발라놓은 북으로, 그 북소리를 들으면 모두 죽는다는
   의미이다. 올바른 불법을 들으면 일체의 번뇌가 소멸된다는 의미로 활
   용된다.
39) 太阿劍은 중국 고대에 의장에 쓰던 칼의 이름이다.

뿐만 아니라 뜻으로도 이해할 수가 없다.

　이 경전을 읽는 사람이 곧 여시(如是)하게 읽어만 간다면 바로 설자(說者)와 해자(解者)가 더불어 동일한 금강의 체성과 동일한 무주삼매를 터득할 수가 있는 것인데, 어찌 반드시 반복해서 모든 책과 글을 읽어야만 비로소 무아상 · 무인상 · 무중생상 · 무수자상을 믿을 수 있다는 말인가. 비록 그렇다고 할지라도 낚싯밥과 탄알을 그대로 물고기와 참새로 인식하는 것은 본디 오류일 뿐이다. 진실로 한 번에 물고기를 잡고 한 번에 참새를 잡아서 천하의 사람들로 하여금 모두 낚싯밥과 탄알을 버리고 활용하지 않게끔 하려는 것에 대하여, 나 홍례는 그런 사람도 또한 더불어 도를 논할 수 없다는 줄을 안다.

　예전에 철인(慈覺宗賾 : 1009-1092)은 '실제의 이지(理地)에서는 일진(一塵)도 받아들이지 않고, 불사(佛事)의 문중에서는 일법도 버리지 않는다.'40)고 말하지 않았던가. 그런즉 이 경전을 비유하는 집이나 이 주해서를 전승하는 집이라면 바로 어디든지 금강종자의 광명이 현발하는 곳이다. 이에 산야(山野, 弘禮)가 이처럼 「서문」을 붙인들 무슨 상관이 있겠는가. 이 『금강경여시해』야말로 진실어이고 불광어이며 불망어임을 안목을 갖춘 사람이라면 알아차릴 것이다.

　영은도인 홍례41)가 기록하다.

---

40) 『金光明經』 卷1, (大正藏16, p.335上) "妙行難思 , 諸緣普現 , 則實際理地雖不受於一毫 , 而事相門中不捨於一法" ; 『潭州潙山靈祐禪師語錄』, (大正藏47, p.577上) "以要言之。則實際理地。不受一塵。萬行門中。不捨一法" ; 『緇門警訓』 卷2, (大正藏48, p.1053上) "實際理地不受一塵。佛事門中不捨一法" 참조.
41) 靈隱道人 弘禮는 南嶽下 제35세로서 『高峰原妙禪師語錄』, (卍新續藏

70) 및 『淨土全書』 2卷, (卍新續藏62)에도 「서문」을 붙였다. 그 행장
은 『新續高僧傳』 卷57, (大藏經補編27) pp.416中-417中에 「淸杭州靈
隱寺沙門釋弘禮傳」으로 수록되어 있다.

제2장

金剛經如是解[42]
寓石經山河北　無是道人　註解
般若會中　都門孫北海承澤　河陽薛行屋所蘊　膠州張天石若麒
仝閱

『금강경여시해』
석경산의 하북에 우거하고 있는 무시도인이 주해하고,
반야법회의 일원인 도문(都門)의 북해(北海) 손승택(孫承
澤), 하양(河陽)의 행옥(行屋) 설소온(薛所蘊), 교주(膠
州)의 천석(天石) 장약기(張若麒) 등이 함께 교열하다.

金剛般若波羅蜜經
五金皆謂之金。金剛者。如刀劍之有剛鐵。剛在金中。百鍊不
消。取其堅利。能斷萬物。有如智慧能絶貪嗔癡一切顚倒之
見。般若梵語。唐言智慧。波羅蜜梵語。唐言到彼岸。欲到彼
岸。須憑般若。經者徑也。載最上乘。上菩提路。大鑑禪師金
剛序云。金在山中。山不知是寶。寶亦不知是山。由無性故。
人則有性。取其寶用。得見金師破山取礦。用火烹鍊。得成精
金。四大身中性亦云爾。世界中有人我山。人我山中有煩惱
礦。煩惱礦中有佛性寶。佛性寶中有智慧匠。用覺悟火烹鍊。
見自性金剛。了然明淨。是故以金剛為喩也。圓覺經曰。譬如

---

42) 본 번역의 저본은 『金剛經如是解』, (卍新續藏25, pp.185下-206下)이
다.

銷金鑛。金非銷故有。雖復本來金。終以銷成就。可知金剛不
落空虛。煆煉原有功用。

1.『금강반야바라밀경』의 제명 해석

　다섯 가지의 금속인 금 · 은 · 구리 · 철 · 주석을 모두
'금(金)'이라고 부른다.
　'금강(金剛)'은 저 도검(刀劍)에 들어있는 강철(剛鐵)과
같다. '강(剛)'은 금속 가운데 속하는데 백번을 제련해도
녹지 않는데, 그 견리(堅利)를 취하여 만물을 단절할 수가
있다. 이것은 마치 저 지혜로써 탐 · 진 · 치 등 일체의 전
도된 견해를 단절하는 것과 같다.
　'반야(般若)'는 범어인데 한자로는 지혜(智慧)이다.
　'바라밀(波羅蜜)'은 범어인데 한자로는 도피안(到彼岸)이
다. 피안에 도달하려면 반드시 반야에 의지해야 하기 때문
이다.
　'경(經)'은 길[徑]인데, 최상승에다 싣고서 보리의 길에
오른다.
　대감선사(大鑑禪師, 曹溪慧能 : 638-713)는 『금강경해
의』의 서문에서 다음과 같이 말한다.
"금이 산중에 있어도 산은 그 보배를 모르고 보배도 또한
그 산을 모르는데, 그것은 불성이 없기 때문이다. 그러나
사람에게는 불성이 있어서 그 보배의 작용을 취한다. 곧
연금술사를 불러다가 산을 파서 광석을 취한다. 그것을 불
을 활용하여 녹여서 정련된 금을 얻는다. 사대로 이루어진
우리네 몸 가운데의 불성도 또한 그렇다고 말할 수가 있

다. 세계 가운데는 인상과 아상의 산이 있다. 인상과 아상의 산 가운데 번뇌라는 광석이 있다. 번뇌의 광석 가운데는 불성이라는 보배가 있다. 불성의 보배 가운데는 지혜의 장인이 있어서 각오라는 불을 활용하여 정련한다. 그러면 자성이라는 금강을 볼 수가 있는데, 그것은 요연하고 명정하다. 이런 까닭에 금강으로써 비유를 삼은 것이다."[43]

『원각경』에서는 다음과 같이 말한다.

"비유하면 광석 녹인다고 해서
없었던 금이 생기지는 않는다
비록 본래부터 있던 금이건만
광석을 정련하는 수행을 통해
이에 진금의 정체가 성취된다"[44]

이로써 금강은 공허하지 않아서 단련해보면 원래부터 공용이 있었다는 것을 알 수가 있다.

此經亦名小般若。乃大部六百卷中。第五百七十七卷。名小般若者。謂一卷能涵大部之義。非般若有大小也。此經盛行於世。自黃梅五祖始。

이 『금강경』 또한 『소반야경』이라고도 제명하는데, 이에

---

43) 『金剛經解義』, (卍新續藏24, p.517中) "金在山中。山不知是寶。寶亦不知是山。何以故。為無性故。人則有性。取其寶用。得遇金師。鑿鑿山破。取鑛烹鍊。遂成精金。隨意使用。得免貧苦。四大身中。佛性亦爾。身喻世界。人我喻山。煩惱喻鑛。佛性喻金。智慧喻工匠。精進猛勇喻鑿鑿。身世界中有人我山。人我山中有煩惱鑛。煩惱鑛中有佛性寶。佛性寶中有智慧工匠。用智慧工匠。鑿破人我山。見煩惱鑛。以覺悟火烹鍊。見自金剛佛性。了然明淨。是故以金剛為喻。因為之名也" 참조.
44) 『大方廣圓覺修多羅了義經』, (大正藏17, p.916上)

대부 육백 권 가운데 제577권이다. 『소반야경』이라 제명한
것은 소위 1권에 대부의 뜻이 들어있기 때문이지, 반야에
대·소의 구별이 있다는 것은 아니다. 이 『금강경』은 세간에
유행한 것은 황매의 오조홍인으로부터 시작되었다.

王世貞宛委餘編載。秦穆公時。扶風獲一石佛。公不識。棄汚
穢中。後染疾。夢天譴責。問由余。對曰。周穆王時。有化人
來。云。是佛。神王爲造中天臺。公乃命由余視之。曰。眞佛
神也。公以三牲祀之。由余曰。佛法淸淨。所有供養。燒香而
已。譯經圖記云。明帝感異夢。敕郎中蔡愔等。迎摩騰法蘭。
用白馬馱經。此後來事。謂佛法至漢。始入中國。非也。

　　명대 왕세정(王世貞)의 『완위여편(宛委餘編)』에 다음과
같은 이야기가 수록되어 있다.
"진목공(秦穆公) 시대에 부풍(扶風)이 석불 하나를 얻었
다. 그러나 진목공은 그것이 무엇인지 몰랐기 때문에 시궁
창에다 버렸다. 후에 염질(染疾)에 걸렸는데, 꿈속에서 하
늘로부터 꾸지람을 들었다. 이에 유곡(由余)에게 물으니,
다음과 같이 대답하였다. '주(周)의 목왕(穆王) 시대에 어
떤 화인(化人)이 도래하여 말했다. <그것은 부처인데 신
왕(神王)으로서 중천대(中天臺)에서 만들어진 것입니다.>'
이에 진목공이 유여(由余)에게 명하여 그 석불을 살펴보고
는 말했다. '진실로 부처로서 신왕(神王)이로다.' 진목공은
동물 세 마리를 잡아서 석불에 제사를 지내려고 하였다.
그러자 유여(由余)가 말했다. '불법은 청정합니다. 모든 공
양은 향을 사를 뿐입니다.'"

　『역경도기(譯經圖記)』에서 말한 "명제가 기이한 꿈을 꾸었다. 이에 낭중(郎中)과 채음(蔡愔) 등에게 조서를 내려서 가섭마등(迦葉摩騰) 및 축법란(竺法蘭) 등을 맞이하였다. 백마를 활용하여 경전을 싣고 왔다."[45]는 것은 후래의 이야기이다. 소위 불법이 한나라에 이르러 처음으로 중국에 들어온 것은 아니다.

---

45)『佛祖統紀』卷53, (大正藏49, p.462上) "室利房。秦始皇時自西域齎佛經來化。帝以異俗囚之(云云) 摩騰竺法蘭。漢明帝時。以白馬馱經自天竺來(後人有經來白馬寺之句)" 참조.

○法會因由分第一

[解1]46)

如是我聞。一時。佛在舍衛國祇樹給孤獨園。與大比丘衆千二
百五十人俱。爾時。世尊食時。著衣持鉢。入舍衛大城乞食。
於其城中。次第乞已。還至本處。飯食訖。收衣鉢。洗足已。
敷座而坐。

2. 제일 법회인유분

[주해1 : 시법(是法)은 평등한 까닭에 부처님이 가사를 수
하고 내지 공양을 마친 행위가 남들과 다르지 않다는 의미
를 서술한 것이다]

【경문】 1.

　이와 같이 나는 들었다. 한때 부처님께서 사위국의 기수
급고독원에 계셨는데, 대비구중 1250명도 함께 있었다. 그
때 세존께서는 공양 시간이 되어 가사를 수하고 발우를 들
고 사위대성에 들어가서 음식을 구걸하셨다. 그 성의 안을
차례로 구걸하고 나서 돌아와서 본래 자리에 이르러 공양
을 마치고 옷과 발우를 거두셨다. 그리고 발을 씻고는 자
리를 펴고 앉으셨다.

如是我聞者。如來涅槃時示阿難。一切經首。皆安如是我聞。
佛言覺也。自覺覺他。覺圓滿故。舍衛國。波斯匿王所居。祇
樹者。祇陀太子所施。給孤獨園者。給孤獨長者之園。即布金

---

46) 是法平等故敘佛衣食了不異人意

滿地處。比丘梵語。華言乞士。上乞法於諸佛。下乞食於人間
也。千二百五十人。三迦葉目犍連舍利弗五人弟子。共合此
數。

'여시아문'이란 여래가 열반할 때 아난에게 일체경의 첫
머리에는 모두 '여시아문'이라는 말을 붙이라고 제시하였
다.

'불(佛)'은 각(覺)인데 자각하고 각타하여 각이 원만하기
때문이다.

'사위국'은 파사익왕이 거처하는 곳이다.

'기수'는 기다태자가 보시한 것이다.

'급고독원'은 급고독장자의 동산인데, 금으로 땅을 뒤덮
은 곳이다.

'비구'는 범어인데 번역하면 걸사이다. 위로는 제불에게
법을 구하고, 아래로는 인간에게 음식을 구한다.

'천이백오십인'은 가섭 삼형제,(일천 명) 목건련,(백 명)
사리불(백 명) 등 다섯 사람의 제자를 합하면 모두 이 숫
자가 된다.

如是二字。即為全經之髓。六祖云。法非有無謂之如。皆是佛
法謂之是。故住曰如是住。降伏曰如是降伏。布施曰如是布
施。福德曰福德亦復如是。清淨曰如是生清淨心。又曰。如是
知. 如是見. 如是信解。又曰。如如不動。又曰。作如是觀。
每每機鋒相投。則曰如是如是。孔曰。一言終身其恕乎。恕
者。如心也。故曾悟一貫。亦曰忠恕。子思之未發。孟軻之不
動。總無二義。故經云諸法如義。

'여시'의 두 글자는 곧 『금강경』 전체의 골수이다.

육조혜능은 "법은 유·무가 아니므로 여(如)라 일컫고, 모든 것이 불법이므로 시(是)라고 일컫는다."고 말한다. 그 때문에 주(住)는 여시주라고 말하고, 항복(降伏)은 여시항복이라고 말하며, 보시는 여시보시라고 말하고, 복덕도 또한 마찬가지로 여시복덕이라고 말하며, 청정은 여시청정심이라고 말한다.

또한 여시지·여시견·여시신해라고 말한다. 또한 여여부동이라고 말한다. 또한 작여시관이라고 말한다. 매번 기(機)·봉(鋒)이 서로 의기투합하는 것을 곧 여시여시라고 말한다.

공자는 "종신토록 지녀야 하는 한마디는 바로 그 서(恕)이다."고 말한다. 여기에서 서(恕)는 곧 여(如)의 심(心)이기도 하다. 그 때문에 일찍이 그것을 깨달아 일관되게 하면 또한 충서(忠恕)가 된다. 자사(子思)의 미발(未發)과 맹가(孟軻)의 부동(不動)도 모두 서(恕)와 다른 뜻이 아니다. 그 때문에 『금강경』에서는 '제법여의'라고 말한다.

我聞者。固聞之於佛。亦聞之於我也。阿難現身聞相。何所聞。何所不聞。夫子之文章可得聞也。

'아문'이란 본래 부처님으로부터 들은 것이고, 또한 자신이 직접 들은 것으로 아난이 몸을 나타내어 들은 모습이다. 들은 것은 무엇이고 듣지 못한 것은 무엇인가. 공자의 문장은 들을 수 있는 것에 해당한다.

一時者。在衛之時。爾時者。入城之時。時長老須菩提。乃問
法說法之時。佛法隨時示現。即所謂聖之時者。不拘一時也。
一切時中。無時不在。道也者。不可須臾離也。

  '일시'란 사위국에 계실 때의 時이다.
  '그때'는 사위성에 들어간 때이다.
  '그때 장로 수보리'는 이에 법을 붇고 법을 설한 때이다.
불법은 수시로 시현한다. 그래서 소위 성인의 시(時)는 일
시(一時)에 국한되지 않는다. 일체시 가운데 시(時) 아닌
경우가 없다. 도(道)라는 것은 수유지간(須臾之間)도 벗어
나 있는 경우가 없다.

舉舍衛國祇樹園。以見微塵剎土。草木樓觀。頭頭皆是真如。
不獨我有。諸大比丘眾。一切人天。并及異類。俱是共有。孔
云。吾無行而不與二三子者。是丘也。故千二百五十人俱此
性。俱此般若。即俱此佛體。世尊傳心諭眾。相諭不言。政在
穿衣吃飯處。討箇下落。故著衣乞食。了不異於人。折我憍
心。生彼施福也。

  '사위국기수원'을 가지고 보자면 미진찰토의 초목·누관
등 두두물물이 다 진여 아님이 없다. 유독 자기 혼자만이
아니라 모든 대비구중과 일체의 인·천 그리고 이류에 이르
기까지 함께 공유하는 곳이다.
  공자는 "내가 실천하는 데 있어서 그대들과 더불어 하지
않은 것이 없다. 그것이 바로 나[丘]이다."고 말했다. 그

때문에 1250인이 함께 하였다는 것은 이런 성격이다. 이 반야를 갖춘다는 것은 곧 이 불체(佛體)를 갖춘다는 것이다. 세존은 때때로 전심(傳心)의 방식으로 대중을 이끌어 주었는데, 자세한 깨우침은 말로 표현하지 않았다. 낡은 옷을 걸치고 구걸하는 방식으로 살아가는 법을 정하여 함부로 취락에 들어가는 것을 금지하였다. 그 때문에 옷을 걸치고 걸식하는 것이 끝내 다른 사람들과 다르다는 것이 아니라 아만심과 교만심을 꺾어서 사람들이 보시하는 복덕을 발생토록 하려는 것이었다.

還至本處。乃影借語。本地可還。即我之本來亦可還也。飯食已畢。收衣鉢者。所以狀佛之脫粘染而歸於無也。洗足者。亦以狀空塵也。敷座而坐。寧靜登禪。入於化矣。蓋菩提實性。無出入相。無往復相。祇舍王城。不即不離。次第乞內與。還至本處。原無二見。到敷座而坐。則住心降心。俱在此中。爲第二分。預示機關。須在解人自悟。

　'본래의 처소로 돌아온다'는 것은 곧 다른 말로 표현하면 본래의 자리로 돌아온다는 것이다. 이것은 자신의 본래자리에 계합한다는 것이고, 또한 돌아와야 한다는 것이다.
　'공양을 마치고나서 의발을 정제한다'는 것은 부처님이 더러움에 오염되는 것을 벗어나는 모습이기 때문에 번뇌가 없는 상태로 돌아가는 것을 나타낸다.
　'발을 씻는다'는 것은 또한 번뇌가 공하다는 모습을 나타낸다.
　'자리를 펴고 앉는다'는 것은 고요하게 선정에 들어감으로써 중생의 교화에 나서는 것을 나타낸다. 무릇 보리의 실성에는 출입의 모습이 없고 왕복의 모습이 없어서 기원정사와 사위국의 왕성은 붙어[卽] 있는 것도 아니고 떨어져[離] 있는 것도 아니다. 그 때문에 차제로 성안에서 걸식하는 것과 본래의 처소로 돌아오는 것은 원래 이견(二見)이 없다. 그러나 도착하여 자리를 펴고 앉는다는 것은 곧 청정심에 주하는 마음[住心]과 번뇌심을 다스리는[降心] 것이 모두 그 가운데 있으면서도 짐짓 둘로 나눈 것으로 미리 내보인 기관(機關, 장치)이다. 그럼으로써 모름지기 여기에는 남을 이해시키고 자신도 깨치는 것이 나타나 있다.

有僧參忠國師。師問蘊何事業。曰。講金剛經。師曰。最初兩字是甚麼。曰。如是。師曰。是甚麼。僧無對。師曰。咄哉。將甚麼講經。

어떤 승이 남악혜충(南陽慧忠 : ?-775) 국사를 참문하자, 국사가 물었다.
"어떤 수행을 해왔던가."
승이 말했다.
"『금강경』을 강의하였습니다."
국사가 물었다.
"최초의 두 글자 그것은 무엇이던가."
승이 말했다.
"여시(如是)입니다."
국사가 물었다.

"그것은 무엇이던가."

승이 대답하지 못하자, 국사가 말했다.

"예끼 이놈아. 그런 주제에 어찌 『금강경』을 강의한단 말인가."[47]

僧問趙州。乞指示。州曰。吃粥了也未。僧云。吃粥了。州云。洗鉢盂去。僧大悟。六祖曰。心念不起。是爲坐故。收鉢洗足敷座。要向這裏參始得。

한 승이 조주종심(趙州從諗 : 778-897)에게 참문하여 가르침을 묻자, 조주가 물었다.

"죽은 먹었는가."

승이 말했다.

"죽을 먹었습니다."

조주가 말했다.

"그럼 발우나 씻어라."

이에 그 승이 대오하였다.[48]

육조는 "망념을 일으키지 않으면 그것이 바로 좌(坐)이다."고 말했다.[49]

의발을 정제하고 발을 씻으며 자리에 앉는 것은 요컨대 육조가 말한 그러한 가운데서 참구해야 할 것이다.

按是經。以無相爲宗。前人以無我相四句。當四句偈。此分首章曰。我聞。是我相也。乞食城中。是人相也。大比丘衆。是

---

47) 『楞嚴經宗通』, (卍新續藏16, p.751中)
48) 『宗範』卷上, (卍新續藏65, p.314下)
49) 『六祖大師法寶壇經』, (大正藏48, p.353中)

眾生相也。曰佛。曰世尊。是壽者相也。不應執著如此。余曰。此種種諸相。俱在還至本處。後掃之。不擧其地其人。則落斷見。擧而不掃。則落常見。

　이 『금강경』을 살펴보면 무상으로써 종지를 삼는다. 예전 사람들은 무아상·무인상·무중생상·무수자상의 사구로써 사구게를 삼았다. 이것을 경문의 첫 단락에다 나누어 배대하면, 아문은 아상이고, 성중에서 걸식하는 것은 인상이며, 대비구중은 중생상이고, 불과 세존은 수자상으로서 반드시 이와 같은 것에 대하여 집착하지 말라는 것이다.

　그러나 나[無是道人]는 다음과 같이 말한다. '여기에서 말하는 갖가지 제상은 모두 본래의 처소로 돌아온다[還至本處]는 것에 들어있다. 이후에 제상을 소제(掃除)하여 그 지역[其地]과 그 사람[其人]을 언급하지 않는 것은 곧 단견에 떨어진 것이고, 그 지역[其地]과 그 사람[其人]을 언급하여 소제하지 않는 것은 곧 상견에 떨어진 것이다.'

余常序林任先參詳註云。無我相者。非無我也。無人相者。非無人也。無眾生相. 壽者相者。非無眾生與壽者也。不可以身相得見如來者。非無身也。不住相布施者。非無布施也。無定法可說者。非無法也。過去未來見在心不可得者。非無心也。無所住者。非無住也。皆從有說到無。葢不著有。便是無了。達摩曰。廓然無聖。梁武不省。乃曰。對朕者誰。若了此義。則三十二相。俱消化于敷座而坐中矣。

나[無是道人]는 일찍이 『임임선참상주(林任先參詳註)』의 서문에서 다음과 같이 말했다.
"무아상은 무아가 아니고, 무인상은 무인이 아니며, 무중생상과 무수자상은 무중생과 무수자가 아니며, 신상을 통해서 여래를 볼 수가 없다는 것은 무신(無身)이 아니고, 부주상보시는 무보시가 아니며, 정법이라고 설할 법이 없다는 것은 무법이 아니고, 과거심·미래심·현재심이 없다는 것은 무심이 아니며, 무소주는 무주가 아니다. 모두 유설로부터 무(無)에 도달한 것이다. 무릇 유에 집착하지 말라는 의미에서 곧 무를 말한 것이다. 달마가 말했다. '확연하여 성제도 없습니다.' 양 무제가 이해하지 못하고 이에 물었다. '짐을 마주하고 있는 그대는 누구입니까.'[50] 만약 이 뜻을 이해한다면 32상이 모두 소멸되어 자리를 펴고 거기에 앉을 수가 있다."

---

50) 『宏智禪師廣錄』卷2, (大正藏48, p.18下) "擧梁武帝問達磨大師。如何是聖諦第一義。磨云。廓然無聖。帝云。對朕者唯。磨云不識。帝不契。遂渡江至少林。面壁九年" 참조.

○善現起請分第二
[解2]51)
時。長老須菩提 在大眾中 即從座起。偏袒右肩。右膝著地。
合掌恭敬而白佛言。希有。世尊。如來善護念諸菩薩。善付囑
諸菩薩。

3. 제이 선현기청분

[주해2 : 희유(希有)라는 두 글자를 보자면 또한 그대로
불법(佛法)이다]

【경문】 2.
　그때 장로 수보리가 대중 가운데 있었다. (수보리는) 곧
자리에서 일어나 오른쪽 어깨를 드러내어 오른쪽 무릎을
땅에 대고 공경하게 합장하여 부처님께 여쭈었다.
"희유하십니다. 세존이시여, 여래께서는 모든 보살을 잘 호
념하시고 모든 보살을 잘 부촉하십니다.

梵語須菩提。此言善吉。善現。空生。尊者。雲庵僧了性曰。
須菩提人人有之。若人頓悟空寂之性。故名解空。全空之性。
真是菩提。故名須菩提。空性生出萬法。故名空生。空性隨緣
應現。利人利物。亦名善現。萬行吉祥。亦名善吉。

　범어 수보리는 번역하면 선길(善吉) · 선현(善現) · 공
생존자(空生尊者)이다. 운암의 승려 了性은 말한다.

"수보리는 사람마다 모두 지니고 있다. 어떤 사람이 공적의 자성을 돈오하면 그것을 해공이라고 말한다. 완전한 공의 자성이 되면 그것은 진실로 보리이기 때문에 수보리라고 말한다. 공성에서 만법이 발생하기 때문에 공생이라고 말한다. 공성이 수연으로 응현하면서 이인(利人)하고 이물(利物)하는 것을 또한 선현이라고 말하고, 만행이 길상이기 때문에 또한 선길이라고 말한다."52)

言偏袒者。此土謝過請罪。則肉袒。西土興敬禮儀。則偏袒。言右肩者。作用取便。言右膝者。佛法尚右。世尊。佛號也。空生開言便歎希有。作何見解。葢金輪王子。一旦舍王屋入雪山。此事甚爲希有。弟子雲從。隨緣乞食。了不動情。此道更爲希有。如來者。真性謂之如。明則照無量世界。而無所蔽。慧則通無量劫。而無所礙。能變現爲一切眾生。而無所不可。是能自如者也。自如則無去來。而謂之來者。葢以應現於此。而謂之來也。然則言如者。乃真性之本體。言來者。乃真性之應用。如來二字。兼佛之體. 用而言之矣。

　‘편단(偏袒)’이라는 말은 중국에서는 허물을 뉘우치고 죄를 청하는 것으로 곧 육단(肉袒)에 해당한다. 그러나 인도에서는 경례의 모습을 일으키는 것이 곧 편단(偏袒)이다.

　‘우견(右肩)’이라는 말은 편단의 작용을 취한 것을 가리킨다.

---

52)『金剛經註解』卷1, (卍新續藏24, p.763上)“僧了性曰。須菩提。人人有之。若人頓悟空寂之性。故名解空。全空之性。真是菩提。故名須菩提。空性出生萬法。故名空生尊者。空性隨緣。應現利人利物。亦名善現。萬行吉祥。亦名善吉尊者。隨德應現。強名五種”참조.

'우슬(右膝)'이라는 말은 불법에서는 오른쪽[右]을 숭상하기 때문이다.

세존은 부처님 명호이다.

공생[수보리]이 입을 떼어 곧 '희유하십니다.'라고 찬탄한 것은 어떤 견해를 지은 것인가. 무릇 금륜왕자(金輪王子)가 일단 왕옥(王屋)을 버리고 설산에 들어갔는데, 그것이 대단히 '희유'하다는 것이다. 제자인 운종(雲從)은 항상 따르면서 걸식하였으나 부처님의 동정을 이해할 수가 없었는데, 부처님의 그 도가 또한 '희유'하다는 것이다.

여래란 진실한 자성[眞性]을 여(如)라 한다. 밝기로는[明] 곧 무량한 세계를 비추어 가려진 곳이 없고, 지혜로는[慧] 곧 무량겁에 통하여 걸림이 없어서 일체중생을 위하여 변현하는데, 불가능한 것이 없는데, 이것이 곧 자여(自如)한 사람이다. 자여(自如)는 곧 거래가 없지만 그것을 래(來)라고 말한 것은, 무릇 여기에 응현하기 때문에 그것을 가리켜 래(來)라고 말한 것이다. 그런즉 여(如)라는 말은 이에 진성의 본체이고, 래(來)라는 말은 이에 진성의 응용이다. 이처럼 여(如)·래(來)라는 두 글자는 불(佛)의 체와 용을 아울러 말한 것이다.

菩薩者梵語。本云菩提薩埵。此云覺有情。有情則眾生也。一切眾生具佛性者。皆有生而有情。惟菩薩在有情之中。而能覺者。故謂之覺有情也。菩薩未能盡絕情想。惟修至佛地。則絕情矣。護者護持。念者憶念。俾不退轉也。付者付託。囑者訂囑。俾不斷絕也。諸菩薩指大眾而言。

보살은 범어로서 본래의 말은 보리살타이고 번역하면 각유정(覺有情)이다. 유정은 곧 중생이다. 일체중생은 불성을 갖추고 있는 존재로서 모두 유생이고 유정이다. 그러나 오직 보살만이 유장 가운데서도 깨칠 수가 있는 존재이기 때문에 그것을 각유정(覺有情)이라고 말한다. 그러나 보살은 아직 정상(情想)을 모두 단절한 것은 아니다. 오직 수행을 통하여 불지에 이르러야만 곧 정(情)이 단절된다.

'호(護)'란 호지(護持)의 뜻이고, '염(念)'이란 억념(憶念)의 뜻으로서 중생의 이익을 위해 물러나지 않는 것을 가리킨다.

'부(付)'란 부탁(付託)의 뜻이고, '촉(囑)'이란 정촉(訂囑)의 뜻으로서 중생의 이익을 위해 단절하지 않는 것이다.

'제보살(諸菩薩)'이란 대중을 가리켜서 한 말이다.

世尊。善男子. 善女人。發阿耨多羅三藐三菩提心。云何應住。云何降伏其心。

【경문】 3.
세존이시여, 선남자 선여인이 아뇩다라삼먁삼보리의 마음을 일으켜서는 마땅히 어떻게 머물러야 하고 어떻게 그 마음을 다스려야 합니까."

善男子者。正定心也。善女人者。正慧心也。菩薩是善因成熟者。男女是善因初發者。梵語阿。此云無。梵語耨多羅。此云上。梵語三。此云正。梵語藐。此云等。梵語菩提。此云覺。

阿耨多羅三藐三菩提。乃無上正等正覺也。謂眞性也。眞性即
佛也。略言之則謂之覺。詳言之則謂之無上正等正覺也。眞性
無得而上之。故云無上。然佛不獨上。衆生不獨下。正相平
等。故云正等。佛不獨悟。衆生不獨迷。其覺公普。故云正覺
也。

　'선남자'는 정정심(正定心)이고 '선여인'은 정혜심(正慧
心)이다. 보살은 선인이 성숙한 경지에 있는 사람이고, 남·
녀는 선인이 초발심의 경지에 있는 사람이다. 범어 아(阿)
는 번역하면 무(無)이고, 범어 누다라(耨多羅)는 번역하면
상(上)이며, 범어 삼(三)은 번역하면 정(正)이고, 범어 먁
(藐)은 번역하면 등(等)이며, 범어 보리(菩提)는 번역하면
각(覺)이다. 그래서 아뇩다라삼먁삼보리(阿耨多羅三藐三菩
提)는 이에 무상정등정각으로서 말하자면 진성(眞性)인데
진성은 곧 불(佛)이다. 간략하게 그것을 말하면 그것은 각
(覺)이 되고, 자세하게 말하면 그것은 무상정등정각이 된
다. 진성의 경우 그보다 높은 것이 없기 때문에 무상(無
上)이라고 말한다. 그러나 부처님은 홀로 높은 것이 아니
고 중생은 홀로 낮은 것이 아니라 바른 모습이고 평등하므
로 정등(正等)이라고 말한다. 그리고 부처님은 홀로 깨친
것이 아니고 중생은 홀로 미혹한 것이 아니라 그 각(覺)이
남김없이 널리 미치기 때문에 정각(正覺)이라고 말한다.

初發心時。先求安心。故有此問。人天住有。二乘住空。故曰
如何應住。降者化逆從順。煩惱即菩提也。伏者遏抑妄心。轉
識成智也。十住中第一發心住。先言住。後言降伏者。住是進

修著脚之處。降伏二字。只到如來地位。方了盡也。

　초발심의 경우에는 먼저 안심을 추구하기 때문에 이 질
문을 한 것이다. 인·천은 유(有)에 주하고, 성문·연각은 공
(空)에 주하기 때문에 응당 어떻게 주해야 하는가를 물었
다.
　'항(降)'은 역(逆)을 길들여서 순(順)을 따르게 하는 것
으로 번뇌가 곧 보리에 해당하고, '복(伏)'은 망심을 억누
르는 것으로 분별식을 돌이켜 지혜를 성취하는 것에 해당
한다. 십주 가운데 첫째가 발심주이므로 먼저 주(住)에 대
하여 물었고, 나중에 항복(降伏)에 대하여 물었다. '주
(住)'는 곧 진수(進修)하여 발을 붙이는 도리이고, '항복
(降伏)'이라는 두 글자는 무릇 여래의 지위에 도달하는 것
으로 바야흐로 요진(了盡)하는 것이다.

佛言。善哉。善哉。須菩提。如汝所說。如來善護念諸菩薩。
善付囑諸菩薩。汝今諦聽。當為汝說。善男子. 善女人。發阿
耨多羅三藐三菩提心。應如是住。如是降伏其心。唯然。世
尊。願樂欲聞。

【경문】4.
　부처님께서 말씀하셨다.
"잘 물었다. 진실로 잘 물어보았다. 수보리야, 그대가 말한
바와 같이 여래는 모든 보살을 잘 호념하고 모든 보살을
잘 부촉한다. 그대는 이제 분명하게 듣거라. 진실로 그대
를 위하여 설해 주리라. 선남자 선여인이 아뇩다라삼먁삼

보리의 마음을 일으켜서는 마땅히 다음과 같이 머무르고
다음과 같이 그 마음을 다스려야 한다."
"예 그러겠습니다. 세존이시여"
　그리고 기꺼이 듣고자 하였다.

諦審也。唯者諾其言。然者是其言。佛因須菩提所問最契於
心。故首肯曰。善哉。善哉。仍牒其言而約之曰。發菩提心
者。即當如是住。如是降伏其心。如是者即開首。如是二字。
如如不動之意也。謂所發欲善護念善付囑之心。原無別法。即
此心如是。便已是住。是降伏矣。此外非更有安住降伏之法
也。黃藥云。凡夫多被境礙心. 事礙理。不知乃是心礙境. 理
礙事。但令心空。境自空。理寂。事自寂。勿倒用心也。可知
如是即是住。如是即是降伏。

　'체(諦)'는 살피는 것이고, '유(唯)'는 그 말에 긍정한다
는 것이다. 부처님은 수보리의 질문에 대하여 마음에 매우
흡족하였기 때문에 먼저 그 말에 긍정하여 '잘했다. 참 잘
했다.'고 말한다. 이에 그 말에 이어서 질문에 계합된 답변
으로 '발보리심자'에 대해서는 곧 '반드시 다음과 같이 주
해야 한다, 다음과 같이 그 마음을 다스려야 한다.'고 말한
다. 여기에서 '다음과 같이'에 해당하는 여시(如是)는 곧
처음 대목을 여는 것에 해당한다.
　'여시(如是)'라는 두 글자는 여여부동(如如不動)하다는
뜻이다. 말하자면 선호념하고 선부촉하려는 마음에서 일어
난 것이지 원래(原來)부터 다른 법이 아니다. 그러한 마음
에 계합한 여시야말로 바로 시(是)의 주(住)이고 시(是)의

항복(降伏)이다. 이 밖에 달리 안주의 법과 항복의 법이란 없다.

황벽희운(黃檗希運 : ?-850)은 "범부는 대부분 경(境)이 심(心)에 장애가 되고 사(事)가 이(理)에 장애가 되어 있어서, 곧 심(心)이 경(境)에 장애가 되고 이(理)가 사(事)에 장애가 되는 줄을 모른다. <그래서 항상 경(境)을 벗어나는 것으로써 심(心)을 안정시키려고 하고, 사(事)를 감추는 것으로써 이(理)를 삼으려고 한다.> 이에 심(心)이 경(境)에 장애가 되고 이(理)가 사(事)에 장애가 되는 줄은 모르고서, 무릇 심(心)만 공이 되면 경(境)은 저절로 공이 되고, 이(理)를 고요하게 하면 사(事)가 저절로 고요하게 된다고 말한다. 그러므로 범부처럼 잘못 용심해서는 안 된다."[53]고 말한다.

이로써 여시는 곧 그대로 주[是住]이고 그대로 항복[是降伏]인 줄을 알 것이다.

孔子曰。吾道一以貫之。曾子曰。唯。及門弟子。皆所不解。世尊曰。如是住。如是降伏其心。須菩提曰。唯然。亦非千二百五十人所解。解之云何。亦曰。中心如。心中心。即如心。如如不動而已。

공자가 "나의 가르침은 하나로 모든 것을 꿰뚫고 있다."고 말하자, 증자가 "예."라고 답했다. 그러나 다른 제자들은 모두 그 말을 이해하지 못했다.

---

53) 『金剛經五十三家註解』卷1, (卍新續藏24, p.764中) "黃檗禪師曰 凡夫多被境礙心 事礙理 常欲逃境以安心 屏事以有理 不知乃是心礙境 理礙事 但令心空境自空 理寂事自寂 勿倒用心也" 참조.

세존이 "이와 같이 주하고 이와 같이 그 마음을 다스려야 한다."고 말하자, 수보리가 "예."라고 답했다. 이 또한 1250인의 비구가 이해할 바가 아니었다. 그러면 그것을 어떻게 이해해야 할까. 말하자면, 중심의 여(如)이고 심중의 심(心)으로서 곧 여(如)·심(心)이므로 여여부동(如如不動)할 따름이다.

○大乘正宗分第三

[解3]54)

佛告須菩提。諸菩薩摩訶薩應如是降伏其心。所有一切衆生之
類。若卵生. 若胎生. 若濕生. 若化生。若有色. 若無色。若
有想. 若無想. 若非有想。若非無想。

4. 제삼 대승정종분

[주해3 : 보살에 대하여 직지의 여시심을 일으키고, 아울
러 제중생을 다 항복으로 돌이키라고 설한 것이다]

【경문】5.
　부처님께서 수보리에게 말씀하셨다.
"모든 보살마하살은 마땅히 이와 같이 그 마음을 다스려야
한다. 존재하는 일체중생의 부류 곧 난생 · 태생 · 습생 ·
화생 · 유색 · 무색 · 유상 · 무상 · 비유상 · 비무상 등을

空生問佛。先言應住。佛告空生。先言降伏其心。以降伏者。
進修之極則。而無住者。降伏之要旨。如是降伏。即如是便是
降伏了。直指秘密。更無別義。到底無四相。無滅度。總要降
伏。此有我度衆生之心而已。

　공생[수보리]이 부처님께 질문하였는데, 먼저 '응주(應
住)'에 대한 말이었다. 그러자 부처님이 공생에게 답변했는
데, 그것은 '항복기심'이라는 말이었다. 여기에서는 항복으

---

54) 就菩薩說起直指如是心竝諸生盡歸降伏

로써 진수(進修)의 극칙을 삼은 것인데, 무주란 항복의 요
지이다. 곧 이와 같이 항복은 곧 여시이다. 여시에 즉한
것이야말로 그대로 항복의 완료로서 비밀을 직지한 것이지
다시 별도의 뜻이 없다. 그 경지에 도달해서는 사상이 없
고 멸도가 없는데, 모두 항복이 필요하다. 이것이야말로
'내[보살]가 중생을 멸도시켰다는 마음이 남아 있는 것'에
대한 것이다.

上言善男信女。此言菩薩摩訶薩。可見佛與眾生。總如是心。
總如是降伏也。摩訶言大。心量廣大不可測量。卵生者。貪著
無明。迷暗包裹也。胎生者。食色輪迴。煩惱成聚也。濕生
者。愛水浸淫。貪嗔癡因此而得也。化生者。一切煩惱。本自
無根。起妄想心。忽然而有也。起心著相。妄見是非。名為有
色。執著空相。不修福慧。名為無色。窮智極慧。思之思之。
鬼神通之。名為有想。頑空坐禪。不學慈悲。猶如木石。無有
作用。名為無想。不著偏見。亦不了中道。有如象罔。故名若
非有想。求理心在。故名若非無想。

　위에서 말한 선남(善男)·시녀(信女)는 번역하면 보살
마하살로서 부처님을 친견할 수가 있고 또 중생도 볼 수가
있는데, 그것은 모두 여시의 마음 때문이고 모두 여시의
항복 때문이다.
　'마하'라는 말은 대(大)인데, 심량이 광대하여 헤아릴 수
가 없는 것을 말한다.
　'난생'은 탐욕과 집착의 무명으로서 미혹의 어둠에 휩싸
여 있는 상태이다.

'태생'은 음식의 색으로 윤회하는 번뇌의 덩어리이다.

'습생'은 애욕의 물로서 음욕에 잠긴 것이다. 이처럼 난·태·습생은 탐·진·치의 인으로 그것을 얻은 것이다.

'화생'은 일체의 번뇌는 본래 뿌리가 없지만 망상심을 일으켜서 홀연히 존재하는 것이다.

마음에 집착의 모습을 일으켜서 망녕스럽게도 시비를 보는 것을 '유색'이라고 말한다.

공상에 집착하여 복혜를 닦지 않는 것을 '무색'이라고 말한다.

지(智)를 궁극하고 혜(慧)를 궁극하여 그것을 생각하고 또 생각하여 귀신에 통하는 것을 '유상'이라고 말한다.

완공의 좌선만 하고 자비를 익히지 못하여 목석과 같이 작용이 없는 것을 '무상'이라고 말한다.

편견에 집착은 없지만, 또한 중도를 완성하지 못하여 망상(象罔, 형상도 없고 눈도 없는 사람)과 같기 때문에 '약비유상(若非有想)'이라고 말한다.

(편견에 집착은 없지만) 불법의 도리를 추구하는 마음이 남아 있는 까닭에 '약비무상(若非無想)'이라고 말한다.

我皆令入無餘涅槃而滅度之。如是滅度無量無數無邊衆生。實無衆生得滅度者。

【경문】 6.

내가 다 무여열반에 들게끔 하여 그들을 멸도하였다. 이와 같이 무수·무량·무변한 중생을 멸도했만 실로 중생으로서 멸도된 자는 없다.

涅槃者。即不生滅也。涅而不生。槃而不滅。即脫生死也。無
餘涅槃者。大涅槃也。謂此涅槃之外。更無其餘。故名無餘涅
槃。蓋盡諸世界所有九類眾生。皆化之成佛也。一切眾生。皆
自業緣中現。若為人之業緣。則生而為人。修天上之業緣。則
生於天上。作畜生之業緣。則生為畜生。造地獄之業緣。則生
於地獄。九類眾生無非是業緣而生者。是本來無此眾生也。菩
薩既已覺悟。無邊煩惱轉為妙用。又豈更有一眾生得滅度處。
若見眾生可度。即是生滅。即是我相。而四相熾然矣。良由一
切眾生。本來是佛。何生可度。故曰。平等真法界。佛不度眾
生。眾生自性自度。我何功哉。壇經云。自性自度。名為真
度。淨名經云。一切眾生。本性常滅。不復更滅。又佛告清淨
慧菩薩言。於實相中。實無菩薩及諸眾生。菩薩眾生。皆是幻
化。幻化滅故。無取證者。凡經內所云。眾生非眾生。凡夫非
凡夫等語。皆是無佛無眾生之義。

　‘열반’이란 곧 생멸이 없는 것이다. ‘열(涅)’은 불생이고,
‘반(槃)’은 불멸로서 곧 생사를 벗어난 것이다.
　‘무여열반’이란 대열반이다. 이를테면 이 열반 이외에 다
시는 그 여생이 없는 까닭에 무여열반이라고 말한다. 무릇
모든 세계에 존재하는 구류중생이 다할 때까지 다 교화하
여 성불시키는 것이다. 일체중생은 모두 자업의 인연 가운
데 현현하는데, 만약 사람의 업연이 되면 곧 태어나 사람
이 되고, 천상의 업연을 닦은즉 천상에 태어나며, 축생의
업연을 지은즉 태어나 축생이 되고, 지옥의 업연을 지은즉
지옥에 태어난다.

구류중생은 이 업연으로 태어나지 않는 자가 없는데 이
것은 본래 그러한 중생이 없다는 것이다. 보살이 이미 무
변한 중생의 번뇌를 굴려서 묘용으로 삼을 것을 각오하였
다. 그런데 또한 어찌 일체중생을 멸도한다는 도리가 있겠
는가. 만약 제도할 중생이 있음을 본다면 그것은 곧 생멸
이고 곧 아상으로서 사상이 치연한 것이다. 진실로 일체중
생이 본래부처인데 어찌 제도할 중생이 있겠는가. 그러므
로 다음과 같이 말한다.

"평등한 진여의 법계이므로 부처님은 중생제도 않는다."55)

중생은 자성이 스스로 제도하는데 내가 무슨 공을 들일
것인가.

"『단경』에서는 '자성이 스스로 제도하는 것을 진정한 제도
라고 말한다.'고 말했다. 그리고 정명경에서는 '일체중생의
본성은 상멸(常滅)이므로 다시는 멸(滅)이 없다.'고 말한
다."56)

또한 부처님이 청정혜보살에게 고하였다.

"실상 자체에는 실로 보살도 없고 모든 중생도 없기 때문
이다.57) 왜냐하면 보살과 중생은 모두 허깨비 모습이기 때

---

55) 天親,『金剛般若波羅蜜經論』卷3, (大正藏25, p.794中)
56)『金剛經註解』卷之一, (卍新續藏24, p.766上)
57) 원각의 자성에는 보살이라는 분별도 없고 중생이라는 분별도 없으며
  원각이라는 명칭도 없다. 평등한 자성이므로 분별수행을 통해서 터득
  할 수 있는 것도 아니다. 다만 원각의 실상이 본래적인 것임을 자각할
  뿐 자각하는 주체가 있는 것도 아니다. 終南山草堂寺沙門 宗密 述,『
  大方廣圓覺經大疏』中卷之一, (卍新續藏9, p.385上) "善男子 圓覺自
  性 非性性有 循諸性起 無取無證 於實相中 實無菩薩 及諸眾生 解曰
  非性者 指圓覺自性 非前五性 及輪廻性 性有者 前差別性 皆有圓覺 循
  者隨也 圓覺不守自性隨緣成 諸差別之性 諸性起時 全覺性起 故法身經
  云 法身流轉五道 名曰眾生 無取證者 非當情之境 無菩薩眾生者 即下
  自徵釋 所以云二徵釋所以" 참조.

문이다. 허깨비 모습은 소멸하므로 취하거나 깨치는 주체
가 없다."58)

　무릇 『금강경』의 경문에서 말하고 있는 중생과 비중생
그리고 범부와 비범부 등의 말은 모두 부처도 없고 중생도
없다는 뜻이다.

何以故。須菩提。若菩薩有我相. 人相. 眾生相. 壽者相。即
非菩薩。

【경문】7.
　왜냐하면 수보리야 만약 보살에게 아상·인상·중생상
·수자상이 있으면 보살이 아니기 때문이다.

四相者。貪嗔癡愛所影現而成。貪則自私。自私是我相。嗔則
分別爾汝。是人相。癡則頑傲不靈。是眾生相。愛則希覬長
年。是壽者相。如來不以度眾生為功。而了無所得。以其四相
盡化也。圓覺經云。未除四種相。不得成菩提。設若有一於
此。則必起能度眾生之心。便是眾生之見。非菩薩矣。

　사상이란 탐·진·치·애로 인하여 환영처럼 드러나서
성취된다. 탐은 곧 자기 자신인데, 자기 자신은 이것은 아
상이다. 진은 곧 분별하는 바로 너인데 이것은 인상이다.
치는 곧 완오(頑傲)하여 신령하지 못한 것인데 이것은 중
생상이다. 애는 곧 영생을 바라는 것인데 이것은 수자상이
다.

---

58)『大方廣圓覺修多羅了義經』, (大正藏17, p.917上)

여래는 중생의 제도를 공(功)으로 간주하지 않고 끝내 무소득이었는데 그것은 그 사상이 전혀 없는 교화였기 때문이다. 『원각경』에서는 다음과 같이 말한다.

"사상의 집착 단제하지 못하면

끝끝내 보리 성취하지 못한다."[59]

설령 여기에 한 중생이라도 남아 있다면 곧 중생을 제도한다는 마음이 반드시 일어나는데, 그것은 곧 중생견으로서 보살이 아니다.

四相中。一我字是緊要的窟穴。有我則尊我卑人。因有人相。欲度人。又欲盡乎人。因有眾生相。盡滅度之力。還而證我成壽者相。遂妄認壽者為涅槃。而牢不可化矣。故我相是四相病根也。佛每言眾生者。非言眾生。而實言眾生之我也。無我則無眾生。亦無壽者矣。

사상 가운데 하나인 아자(我字)는 매우 중요한 출발점이다. 아가 있으면 자신은 높이고 남은 낮추는데, 그로 인하여 인상이 있어서 남을 제도하려고 한다. 또한 모든 것에서 남보다 앞서려고 하는데, 그로 인하여 중생상이 있다. 중생을 모두 제도하려는 것이 도리어 아(我)를 내세우게 되어 수자상이 성취된다. 그리하여 마침내 망령되게도 수자상을 열반이라고 인정하는데, 그것이 더욱더 굳어져서 교화할 수가 없게 된다. 그 때문에 아상은 사상병의 근본이다.

부처님이 항상 말하는 중생이란 중생이라고 말하는 것이

---

59)『大方廣圓覺修多羅了義經』, (大正藏17, p.920上)

아니라 실로 중생의 아(我)를 말한 것이다. 그 때문에 아가 없은즉 중생이 없고 또한 수자도 없다.

朱晦翁曰。所謂降伏者。非謂遏伏此心。謂盡降伏眾生之心。入無餘涅槃中。教他都無心了。方是。

　주자[朱晦翁]는 말한다.
"소위 항복이란 그 마음을 그치게 하는 것을 말하는 것이 아니라 중생심을 완전히 항복시키는 것을 말한다. 곧 무여열반 가운데 들어가서 그들을 모두 무심의 경지가 되도록 가르치는 것이 바로 그것이다."

脉望曰。鬼神有性無命。草木有命無性。禽獸性少命多。惟人能全之。可知四生六道之義。

　책벌레[脉望][60]는 말한다.
"귀신은 자성은 있지만 명(命)이 없다. 초목은 명(命)은 있지만 자성이 없다. 금수는 자성이 적고 명이 많다. 오직 사람만이 자성과 명이 완전하여 사생과 육도의 뜻을 알 수가 있다."

---

60) 脉望은 여기에서 無是道人 자신을 가리킨다.

○妙行無住分第四

[解4]61)

復次須菩提。菩薩於法。應無所住。行於布施。所謂不住色布施。不住聲香味觸法布施。須菩提。菩薩應如是布施。不住於相。何以故。若菩薩不住相布施。其福德不可思量。須菩提。於意云何。東方虛空可思量不。不也。世尊。須菩提。南西北方四維上下虛空可思量不。不也。世尊。須菩提。菩薩無住相布施。福德亦復如是不可思量。須菩提。菩薩但應如所教住。

5. 제사 묘행무주분

[주해4 : 법시(法施)는 무주(無住)로서 곧 보살을 제도한 것이다. 먼저 여시항복기심(如是降伏其心)을 천명하고, 다음으로 응여시주(應如是住)를 천명한다. 이것은 집착의 마음으로 항복하면 곧 유주(有住)에 떨어지는 것을 염려한 것이다]

【경문】 8.

또한 수보리야, 보살은 법에 마땅히 주(住)하는 바 없이 보시해야 한다. 이른바 색에 주하지 않고 보시하며, 성·향·미·촉·법에 주하지 않고 보시해야 한다.

수보리야, 보살은 마땅히 이와 같이 보시하되 상(相)에 주하지 않아야 한다. 왜냐하면 만약 보살이 상에 주하지 않고 보시하면 그 복덕은 불가사량하기 때문이다.

---

61) 法施無住是度菩薩先闡如是降伏其心次闡應如是住恐著意降伏便落有住耳

수보리야, 어떻게 생각하느냐. 동방의 허공을 가히 생각으로 헤아릴 수 있겠느냐.”

“그렇지 않습니다, 세존이시여”

“수보리야, 남방 · 서방 · 북방 · 네 간방 · 상방 · 하방을 가히 생각으로 헤아릴 수 있겠느냐.”

“그렇지 않습니다, 세존이시여.”

“수보리야, 보살이 상에 주하지 않고 보시하는 복덕도 그와 또한 같이 불가사량하다.

수보리야, 보살은 마땅히 이와 같은 가르침에 주해야 한다.

上言度生無相。此即言布施無住。行於布施。不落空見。布施無住。亦不落有見。如此。則布施即是般若。故曰。應如是布施。如此。則福德亦是般若。故曰。福德亦復如是。總就如何應住。而詳言之。以明如是之性。其布施. 其效應無不如是也。

위에서 중생의 멸도에는 상이 없어야 한다고 말했다. 이 것은 곧 보시에 집착이 없이 보시를 행하되 공견에 떨어지지 말라는 것이다. 보시에 집착이 없고 또한 유견에도 떨어지지 않는다는 것이다. 이와 같은즉 곧 보시가 바로 그대로 반야이다. 그 때문에 ‘반드시 여시(如是)하게 보시해야 한다.’고 말한다. 이와 같은즉 복덕도 또한 그대로 반야이다. 그 때문에 ‘복덕도 또한 여시(如是)하다.’고 말한다.

총체적으로 어떻게 응주(應住)해야 하는가에 대하여 구체적으로 그것을 말하자면 여시(如是)의 속성에 대하여 설

명한 것이다. 여시(如是)한 보시와 보시의 효과는 반드시
여시(如是)하지 않음이 없다는 것이다.

色聲香味觸法六者。謂之六塵。眼貪色。耳貪聲。鼻貪香。舌
貪味。身境相接謂觸。意事相拘謂法。人性清淨。本無六根六
塵。又向何處安頓。東西南北及四維上下總謂之十方。

　색·성·향·미·촉·법의 여섯 가지는 소위 육진이
다. 눈으로 색을 탐하고, 귀로 소리를 탐하며, 코로 향기를
탐하고, 혀로 맛을 탐하며, 몸의 경계가 서로 접촉하는 것
을 촉이라고 말하고, 생각[意事]이 서로 구속하는 것을 법
이라고 말한다. 그러나 인성은 청정하여 본래 육근과 육진
이 없다. 그런데 또한 어느 곳을 향하여 적절하게 배치하
겠는가.
　동·서·남·북 및 사유·상하는 총체적으로 그것을
시방이라고 말한다.

菩薩不住相布施。是能施之體空也。一切諸相即是非相。是所
施之法。其體空也。又說一切眾生即非眾生。即所施之人。其
體空也。玄奘譯經云。不住於色。不住非色。是故無空可取。
無有可捨。空有同如。一體平等。施心廣大。猶若空虛。所獲
功德。亦復如是。楞嚴云。汝觀世間可作之法。誰為不壞。然
終不聞爛壞虛空。此云。不可思量。以廣大言。而無盡無壞。
其意皆備。如來教菩薩法。不過住無所住。菩薩受如來教。但
當如其所教者以為住。不住有故。入塵勞而不落生死。不住無
故。居涅槃而不屬斷滅。如如不動而已。

　'보살은 부주상보시를 해야 한다.'는 것은 능시의 체가 공하다는 것을 말한다. 이것은 일체의 제상은 곧 그대로 실상이 아니고[非相] 보시가 되는 법도 그 체가 공한 것을 말한다.

　또한 '일체중생은 곧 중생이 아니다.'는 설명은 곧 보시를 받는 사람의 그 체가 공한 것을 말한다.

　현장 번역본에서는 "색에도 주하지 말라. 비색에도 주하지 말라."[62]고 말한다. 이런 까닭에 공(空)으로서 취할 것이 없고 유(有)로서 버릴 것이 없다. 공(空)과 유(有)에 일여[同如]하여 일체가 평등해야 보시하는 마음이 광대하여 마치 허공과 같고 획득되는 공덕도 또한 여시(如是)하다. 『능엄경』에서는 말한다.

"아난아, 그대가 지금 세간의 조작된 법을 살펴보건대, 파괴되지 않는 어떤 것이 있더냐. 그러나 끝내 허공이 파괴되었다는 것은 들어보지 못했다."[63]

　여기에서 말한 불가사량은 광대하다고 말할 수 있는데, 다함이 없고 파괴되지 않는다는 그런 뜻이 모두 들어있다. 여래가 가르친 보살법은 바로 주하지만 주함이 없어야 한다는 것을 벗어나지 않는데, 보살이라면 여래의 가르침을 받아들여야 한다는 것이다. 무릇 반드시 알아야 할 것은 곧 여래의 가르침대로 주해야 한다는 것이다. 유(有)에 부주(不住)하기 때문에 진로(塵勞)에 들어가서도 생사에 떨어지지 않고, 무(無)에 부주(不住)하기 때문에 열반에 거

---

62) 『大般若波羅蜜多經』 卷577, (大正藏7, p.981下) "不住於色應生其心 不住非色應生其心" 참조.
63) 『首楞嚴經』 卷4, (大正藏19, p.122)

(居)하면서도 단멸에 속하지 않고 여여하게 부동할 뿐이다.

如所教住。明乎有住者在。大學曰。有所好樂。則不得其正。心不在焉故也。故無在則無不在。無住則無不住。

　'가르침을 받은 대로 주해야 한다.'는 것은 유주(有住)하는 사람이 있음을 설명한 것이다. 『대학』에서 말한 "좋아하고 즐기는 것이 있으면 거기에 빠져서 올바르게 될 수가 없다."는 것은 마음이 거기에 부재하기 때문이다. 그러므로 무재(無在)인즉 무주(不在)가 없고, 무주(無住)인즉 부주(不住)도 없다.

○如理實見分第五
[解5]⁶⁴⁾

須菩提。於意云何。可以身相見如來不。不也。世尊。不可以
身相得見如來。何以故。如來所說身相。即非身相。佛告須菩
提。凡所有相。皆是虛妄。若見諸相非相。即見如來。

6. 제오 여리실견분

[주해5 : 유신상이 진상이 아니라면 여래를 어디에서 상견
할 것인가를 청문한다]

【경문】9.

수보리야, 어떻게 생각하느냐. 신상으로 여래를 볼 수가
있겠느냐."

"아닙니다, 세존이시여. 신상(身相)으로 여래를 볼 수는 없
습니다. 왜냐하면 여래께서 설하신 신상(身相)은 곧 신상
(身相)이라고 말할 수 없기 때문입니다."

부처님께서 수보리에게 말씀하셨다.

"무릇 형상이 있는 것은 다 허망한 것이다. 만약 제상은
실상이 아니라고 안다면 곧 여래를 볼 수가 있다."

此如來乃謂真性之佛。與下身相之如來異。自布施說到法身。
言之愈切。自法身說到諸相。言之愈廣。皆以明無相之旨。

여기에서 언급하고 있는 여래는 이에 진성불(眞性佛)을

---

64) 身相非相請問如來與何處相見

말하는 것으로 이하 신상의 여래와는 다르다. 보시로부터 법신에 도달한다고 설하는 것은 그것을 가리켜서 더욱더 간절하다[愈切]고 말하고, 법신으로부터 제상에 도달한다고 설하는 것은 그것을 가리켜서 더욱더 넓어진다[愈廣]고 말하는데 그것은 모두 무상(無相)의 뜻을 설명한 것이다.

佛有三身。法身. 報身. 化身也。如來係自性眞如。豈有身相。四大色身。皆由妄念而生。若執著身相。而欲見如來之性。譬如認賊爲子。終無是處。惟見諸相非相。則見如來者。非盡除諸相也。見諸相者。病爲執有。除諸相者。病爲執空。惟就諸相見非相。乃爲中道。蓋了妄卽眞。非別於妄外有眞耳。故能就幻相以見實相。則四相者相也。法相者亦相也。非法相者亦相也。楞嚴<伽?>經云。不取一切法相。則得聖智究竟相也。

부처에는 삼신이 있는데, 법신·보신·화신이다. 여래는 자성의 진여에 관계되어 있는데, 어찌 신상이 있겠는가. 사대의 색신은 모두 망념을 말미암아 발생한 것이다. 만약 신상에 집착하여 여래의 진성을 보려고 한다면 비유컨대 도적을 자식으로 인식하는 것과 같은데 끝내 그런 도리는 없다.

생각해보면 '제상을 실상이 아니라고 보면 곧 여래를 본다.'는 것은 모두 제상을 없애지 못한 경우이다. 제상을 본다는 것은 병통으로서 유에 집착하는 것이다. 제상을 없앤다는 것은 병으로서 공에 집착하는 것이다. 오직 제상이 실상이 아니라고 보아야만 이에 중도가 된다. 무릇 허망이

곧 진실인 줄 아는 것은 허망 밖에 진실이 있다는 것과 별
개이다. 그 때문에 환상(幻相)에 나아가서도 실상(實相)을
본다. 곧 사상도 상(相)이고 법상도 또한 상(相)이며 비법
상도 또한 상(相)이다. 『능가경』에서는 "일체의 법상을 취
하지 않으면(집착하지 않으면) 곧 성지(聖智)의 구경상(究
竟相)을 터득한다."[65]고 말한다.

俱胝和尙凡有所問。只竪一指。博山曰。人人一箇指頭。他因
甚這等會用。人人有箇身相。如來偏恁會用。凡夫爭盡氣力。
落得肉臭軀殼。

　　금화구지(金華俱胝) 화상은 어떤 질문을 받으면 단지 하
나의 손가락을 치켜세웠을 뿐이다. 박산무이(博山無異:
1575−1630)가 말했다.
"모든 사람들은 하나의 손가락을 지니고 있다. 그런데 그
들은 무엇을 인유하여 손가락을 활용하고 있는가. 모든 사
람도 신상을 지니고 있다. 그런데 어찌 여래만 그것을 활
용하고 범부는 어째서 기력을 다해도 고기처럼 냄새나는
허우대인 껍데기만 얻는 것인가."

---

65) 『楞伽阿跋多羅寶經』 卷1, (大正藏16, p.485上) "自覺聖智究竟相者
　　一切法相無所計著 得如幻三昧身 諸佛地處進趣行生"참조.

○正信希有分第六
[解6]66)
須菩提白佛言。世尊。頗有眾生。得聞如是言說章句。生實信
不。佛告須菩提。莫作是說。如來滅後。後五百歲。有持戒修
福者。於此章句能生信心。以此為實。當知是人不於一佛二佛
三四五佛而種善根。已於無量千萬佛所種諸善根。聞是章句。
乃至一念生淨信者。須菩提。如來悉知悉見。是諸眾生得如是
無量福德。

7. 제육 정신희유분

[주해6 : 이것은 중생을 제도한 것이다]

【경문】 10.
　수보리가 부처님에게 아뢰어 말했다.
"세존이시여, 많은 중생이 이와 같은 언설장구를 듣고 진
실한 믿음을 내겠습니까."
　부처님께서 수보리에게 말씀하셨다.
"그렇게 말하지 말라. 여래가 입멸한 이후 후오백세에도
계를 지니고 복을 닦는 사람이라면 이 장구(章句)에서 신
심을 내는데 그것은 진실이다. 마땅히 알아라. 이 사람은
한 부처님 두 부처님 셋·넷·다섯 부처님께만 선근을 심
은 것이 아니라 이미 무량한 천만억 부처님 처소에서 모든
선근을 심었기 때문에 이 장구(章句)를 들으면 내지 일념
(一念)에 청정한 믿음을 일으킨다.

---

66) 是度眾生

수보리야, 여래는 이러한 모든 중생이 이와 같이 무량한 복덕 얻는 것을 다 알고 다 본다.

上言若見諸相非相。即見如來。恐人謂得見如來爲希有之法。狐疑轉生。故問生實信否。不知此實信一念。可以立千百年而不渝。可以統千萬佛而同根。不獨我能見如來。而如來亦悉知悉見我之一念。必如是而後爲能生實信。法輪預記云。初五百歲。解脫居多。二五百歲。禪定居多。三五百歲。或務多聞。四五百歲。或營塔寺。五五百歲。多聞鬪諍。葢天道五百年一大變。君子之澤。久而愈斬。屬望後人。自爾如是。

위에서 말한 '제상을 실상이 아니라고 보면 곧 여래를 본다.'는 것에 대하여 사람들은 여래를 보는 것은 희유한 법으로서 점점 더 의심을 내지 않을까 염려한 것이었다. 그 때문에 '진실한 믿음을 내겠는가.'라고 물었다. 이 진실한 믿음을 일념 동안만이라도 알지 못하고서는 가히 천백(千百) 년이 지나더라도 상황이 달라질 것은 없다.

그러나 (이 진실한 믿음이 일념 동안만이라도 된다면) 가히 천만(千萬)의 부처를 통합하여 같은 뿌리로 만들 수가 있다. 그뿐만 아니라 내가 여래를 볼 수가 있고, 여래도 또한 나의 일념을 다 알고 다 본다. 반드시 여시(如是)한 이후에야 진실한 믿음을 낼 수가 있다.

『법륜예기(法輪預記)』에서는 말한다.

"초오백세는 해탈의 경지에 사는 사람이 많다. 제이오백세는 선정의 경지에 사는 사람이 많다. 제삼오백세는 다문(多聞)에 힘쓴다. 제사오백세는 탑사를 짓는다. 제오오백세는 다문으로 투쟁(鬪諍)한다."67)

무릇 천도(天道)의 경우에도 오백 년마다 일대 변혁이
일어나서 군자의 혜택도 오래가면 점점 줄어든다. 그 때문
에 후인을 기다리는 것도 그처럼 여시(如是)하다.

持戒者。不著諸相。即是持戒。持戒即是修福。善根者。萬善
從生。為眾善之根本也。生淨信上有乃至二字。當從生信心以
此為實來。上二句。是全體之信。而乃至以下。則頓悟之信
也。一念者。心空境寂。萬慮消亡。不作有為見。不作無為
解。出四相。越三空。是名一念淨信。便與如來心心相印。故
曰。悉知悉見。淨信心便是如是心。如是心便是最上第一希有
之法。十方無盡之虛空。皆在如是福德中矣。

'지계'란 제상에 집착하지 않는 그것이 곧 지계이고, 지
계는 곧 그것이 수복이다.
'선근'이란 온갖 선이 그로부터 발생하는 것으로 모든 선
의 근본이다.
'청정한 믿음을 낸다'의 앞에 있는 '내지(乃至)'라는 두
글자는 '마땅히 그로부터 신심이 발생할 것인데 그것은 진
실함에서 온다.'고 말할 수가 있다. 앞의 두 구절(種諸善根
및 聞是章句)은 곧 전체적인 믿음이고, '내지' 이하는 곧
돈오의 믿음이다.
'일념'이란 마음이 공(空)하고 경계가 적(寂)하여 온갖

<hr>

67) 『金剛經心印疏』 卷上, (卍新續藏25, pp.824下-825上) "五百歲者。
法輪預記云。正法像法。各一千年。末法萬年。初五百歲。解脫堅固。
二五百歲。禪定堅固。三五百歲。多聞堅固。四五百歲。塔寺堅固。五
五百歲。鬪諍堅固。今言後者。第五五百歲也" 참조.

분별사려가 사라져 유위견(有爲見)도 내지 않고 무위해(無爲解)도 내지 않아서 사상을 벗어나고 삼공을 초월하는 것이다. 이것을 '일념정신'이라고 말하는데, 여래와 더불어 심심상인(心心相印)하는 것이다. 그러므로 '다 알고 다 본다'고 말했다.

청정한 신심은 곧 여시심이다. 여시심은 곧 최상·제일·희유한 법이다. 시방의 끝이 없는 허공도 모두 여시의 복덕 가운데 들어있다.

何以故。是諸眾生無復我相. 人相. 眾生相. 壽者相。無法相。亦無非法相。何以故。是諸眾生若心取相。則為著我人眾生壽者。若取法相。即著我人眾生壽者。何以故。若取非法相。即著我人眾生壽者。是故不應取法。不應取非法。以是義故。如來常說。汝等比丘。知我說法。如筏喻者。法尚應捨。何況非法。

【경문】11.
왜냐하면 이러한 모든 중생은 다시는 아상·인상·중생상·수자상이 없으며, 법상도 없고 또한 비법상도 없기 때문이다. 왜냐하면 이러한 모든 중생이 만약 마음에 상을 취하면 곧 아·인·중생·수자에 집착하는 것이 되며, 만약 (마음에) 법상을 취해도 곧 아·인·중생·수자에 집착하는 것이 되기 때문이다. 왜냐하면 만약 (마음에) 비법상만 취해도 곧 아·인·중생·수자에 집착하는 것이 되기 때문이다.
이런 까닭에 마땅히 법도 취하지 말고 비법도 취하지 말아야 한다. 이런 뜻으로 인하여 여래는 항상 그대 비구들에게 '내 설법은 뗏목의 비유와 같은 줄 알아야 한다. 법마저 버려야 하거늘 하물며 비법이겠는가.'라고 설한다.

實信之心。至於淸淨。豈復有四相可見哉。旣無四相。又豈有法相可見哉。又豈有非法相可見哉。無四相。是人空也。無法相．無非法相。是法空也。如是所生淨信。豈曰容易。故將若心取相。次第深言。而歸之於法空。曰。不應取法。不應取非法。皆以明法空也。至於不取非法。不但證法空。亦脫法空之障矣。

　진실한 믿음의 마음이란 청정 곧 완성에 도달했다는 것인데 어째서 다시 사상이 남아 있어서 그것을 본다는 것인가. 이미 사상이 없는데 또 어찌 법상이 남아 있어서 그것을 본다는 것인가. 또 어찌 비법상이 남아 있어서 그것을 본다는 것인가.
　사상이 없는 것은 곧 인공이고, 법상이 없고 비법상이 없는 것은 곧 법공이다. 그런데 如是에서 발생하는 청정한 믿음[淨信]을 어찌 '용이하다'고 말하겠는가. 그 때문에 장차 어떤 마음이 상에 집착하면, 그것을 차제로 깊게 말하여 끝내 법공에까지 돌아가서 '반드시 비법에도 집착해서는 안 된다.'고 말하는데, 이것은 모두 법공을 설명한 것이다. 그리고 '비법에도 집착해서는 안 된다'는 곳에 이르러서는 무릇 법공을 증득할 뿐만 아니라 또한 법공의 장애까지도 벗어나야 한다는 것이다.

以四相為相者。乃心取相也。知四相之非相而離之。即是法相。知離相之亦非。而復離之。即是非法相。甚矣取之病根深矣。

사상으로써 상을 삼는 것은 이에 마음이 상에 집착하는 것이다. 그래서 사상이 진상이 아닌 줄을 알면 그 사상을 벗어나는 것인데 곧 그것이 법상이다. 그리고 사상을 여읜 그것도 또한 진상이 아닌 줄을 알아서 다시 그 법상까지도 여의면 그것이 곧 비법상이다. 심하도다. 상에 집착하는 병의 뿌리는 깊고 깊구나.

如筏喻者。筏所以渡河也。既渡則不須用筏矣。何必言筏非筏。法所以破相也。既破則不須用法矣。何必言法非法。此法不住此岸。不住彼岸。不住中流。以不應取故。

'뗏목의 비유와 같다'는 것은 뗏목으로써 강을 건너간다. 이미 강을 건넜으면 반드시 쓸모 있는 뗏목이 아니다. 그런데 어째서 뗏목은 더 이상 뗏목이어서는 안 된다고 말하는 것인가. 법으로써 상을 타파한 것이다. 이미 타파했으면 반드시 쓸모 있는 법이 아니다. 그런데 어째서 법은 더 이상 법이어서는 안 된다고 말하는 것인가. 이 법은 차안에 머물러서도 안 되고, 피안에 머물러서도 안 되며, 중류에도 머물러서도 안 된다는 것이다. 왜냐하면 결코 집착해서는 안 되기 때문이다.

楞嚴經云。不取無非幻。非幻尚不生。幻法云何立。即此分文意。

『능엄경』에서 말한 "취하지 않으면 허깨비 아님도 없다. 허깨비 아님도 외려 생기지 않는데, 허깨비법이 어찌하여 성립되겠는가"68)라는 이 부분이 경문이 뜻에 계합된다.

維摩詰問文殊師利。如何是不二法門。殊云。於一切法。無說無言。無示無識。離諸問答。是為入不二法門。文殊復問維摩。仁者如何說。維摩默然。若再加一語。是落第二義。

유마힐이 문수사리에게 물었다.
"불이법문이란 무엇입니까."
문수가 말했다.
"일체법에 대하여 설(說)도 없고 언(言)도 없으며 시(示)도 없고 식(識)도 없으며 모든 문답을 떠나는 그것이 불이법문에 들어가는 것입니다."
문수가 다시 유마에게 물었다.
"그대는 어떻게 설하겠습니까."
유마가 침묵하였다.69)
여기에서 만약 다시 한마디라도 첨가하였다면 그것은 제이의에 떨어지고 말았을 것이다.

老子曰。善行無轍迹。善言無瑕讁。是以聖人善救人無棄人。善救物無棄物。如來說法。為救人救物而設。其轍迹瑕讁。如

---

68)『首楞嚴經』卷5,（大正藏19, p.124下）
69)『維摩詰所說經』卷2,（大正藏14, p.555下）

何可尋。

　노자가 말했다.
"선행(善行)에는 흔적[轍迹]이 없고, 선언(善言)에는 티
[瑕讁]를 남기지 않는다. … 이것은 성인이 잘 사람을 구
하고 사람을 버리지 않는 것이고, 잘 사물을 구하고 사물
을 버리지 않는 것이다."
　여래의 설법은 사람을 구하고 중생을 구하기 위하여 시
설된 것이다. 그런데 그 흔적과 티[轍迹·瑕讁]를 어찌 찾
겠는가.

○無得無說分第七

須菩提。於意云何。如來得阿耨多羅三藐三菩提耶。如來有所
說法耶。須菩提言。如我解佛所說義。無有定法名阿耨多羅三
藐三菩提。亦無有定法。如來可說。何以故。如來所說法。皆
不可取. 不可說. 非法. 非非法。所以者何。一切賢聖。皆以
無為法而有差別70)。

8. 제칠 무득무설분

【경문】12.

　수보리야, 어떻게 생각하느냐. 여래가 아뇩다라삼먁삼보
리를 얻었느냐. 여래가 설한 법이 있느냐."

　수보리가 대답했다.

"제가 알기로는 부처님께서 설하신 뜻은 일정한 법이 없는
것을 아뇩다라삼먁삼보리라 합니다. 또한 일정한 법이 없
는 것을 여래께서 설하셨습니다. 왜냐하면 여래께서 설하
신 법은 모두 취할 수도 없고 설할 수도 없는 것으로 법도

---

70) ‘而有差別’에서 差의 음가는 ‘차’ 이외에 ‘자’로도 읽힌다. 본 한글번
　역에서는 두 가지에 모두 통하는 것으로 이해한다.『金剛經註講』卷
　上, (卍新續藏25, p.710下) “一切賢聖皆以無為法而有差(音雌)別”;『
　金剛經石注』, (卍新續藏25, p.589下) “所以者何。一切賢聖。皆以無為
　法而有差別。(差音雌)”;『金剛經正解』卷上, (卍新續藏25, p.611上)
　“按。差別差字有二音。一初牙切音叉。一初宜切音雌。考古本註。原讀
　作叉不同也。後有讀雌者參差也。就賢聖淺深說。當作參差。就有為無
　為說。當作不同。然不同中具有參差義。則二音皆可通讀。不必拘也”;
　『金剛經注解』, (卍新續藏25, p.738中) “所以者何。一切賢聖皆以無為
　法而有差別(差音雌)”;『金剛經易解』卷上, (卍新續藏25, p.913下)
　“所以者何。一切賢聖。皆以無為法而有差別。差音雌”;『法華經授手』
　卷3, (卍新續藏32, p.666上) “差(音雌)”;『清涼山志』卷1, (中國佛寺
　史志彙刊79, p.3上) 참조.

아니고 비법도 아닙니다. 왜냐하면 일체의 현성이 다 무위 법으로써 차별을 삼기 때문입니다."

無上菩提乃第一義。深妙難名。或持戒忍辱而得之。或精進禪定而得之。或聚沙為塔。或稱南無。皆可得之。豈可以拘以空法而名之哉。如來憫眾生之未悟。安得嘿然而無言。或為志求勝法者說。或為求無上慧者說。或為求聲聞者說。或為求辟支佛者說。應機四酬。隨叩而答。寧無說哉。

무상보리는 이에 제일의로서 심심하고 미묘하여 이름을 붙일 수가 없다. 그러나 혹 지계나 인욕으로 그것을 터득할 수가 있고, 혹 정진과 선정으로 그것을 터득할 수가 있으며, 혹 항사와 같은 탑을 건립하거나 혹 나무아미타불을 칭명하는 것으로써 모두 그것을 터득할 수가 있다. 그러니 어찌 한정된 법[拘法]으로써 그리고 초월한 법[空法]으로써 그것을 이름을 붙일 수가 있겠는가.

여래는 중생이 깨치지 못한 것을 불쌍하게 여기는데 어찌 묵연(嘿然)하여 무언(無言)으로써 터득할 수 있겠는가. 혹 의지를 가지고 뛰어난 법을 추구하는 자를 위하여 설하기도 하고, 혹 무상지혜를 추구하는 자를 위하여 설하기도 하며, 성문을 추구하는 자를 위하여 설하기도 하는 등 중생의 근기에 대응하여 네 가지로 응수해주고 두드리는 것을 따라서 답변해주었거늘, 어찌 설법이 없었겠는가.

然妙性平等。云何有得。若有所得。佛從外來。道本無言。何云有說。若有所說。是為謗佛。

그러나 오묘한 자성은 평등한데 어떻게 얻겠는가. 만약 소득이 있다면 그것은 부처가 밖을 통해서 왔다는 것이다. 깨침[道]은 본래 말이 없거늘, 어떻게 설법이 있겠는가. 만약 설법이 있었다고 한다면 그것은 곧 부처를 비방하는 것이다.

謝云。非法則不有。非非法則不無。有無並無。理之極也。

사령운(謝靈運 : 385-433)이 말했다.
"비법인 즉 유가 아니고 비법이 아닌즉 무가 아니다. 유와 무가 모두 없는 것이야말로 이치의 궁극이다."[71]

金剛標云。空生自云。解佛所說義。只解其無定法可說。尚未解其爲無得無說也。如謂不可取不可說。即是無得無說。何後第十分中。如來重問。于法有所得否。而空生始答無所得也。十三分中。佛又重問。如來有所說法不。而空生始答。如來無所說也。則無定法之與無得無說。又隔一間矣。以者用也。無爲者。自然覺性。無假人爲。故一切賢聖。皆用此無爲之法。然法本無爲。而一切法。未必盡是佛法。逐生差別。或安而行之。或勉而行之。及成功則一也。以無爲法。釋上非法。賢聖差別。釋非非法。

금강표(金剛標)[72]가 말했다.

---

71) 『金剛經註』, (卍新續藏24, p.397下)
72) 金剛標는 미상의 인물.

"공생은 '부처님께서 설법한 뜻에 대하여 단지 무정법가설(無定法可說)만 이해하였지 아직 무득무설(無得無說)은 이해하지 못하였다.'고 스스로 말했다. 저 불가취이고 불가설이라는 말은 곧 무득(無得)이고 무설(無說)과 같다. 그런데도 이후 제10분 가운데서 여래가 '법에 소득이 있겠는가.'라고 거듭 질문하자, 공생이 비로소 '무소득입니다.'라고 답변하였다. 그리고 제13분 가운데서 부처님이 다시 '여래한테 설법이 있겠는가.'라고 거듭 질문하자, 공생이 비로소 '여래께서는 설법한 것이 없습니다.'라고 답변하였다. 이것은 무정법(無定法)이 무득·무설과는 약간의 거리가 있다는 것을 말한 것이다. '이(以)'는 용(用)이고, '무위'는 자연각성이다. 인위(人爲)를 의지함이 없는 까닭에 일체현성은 모두 그 무위법을 활용한다. 그러나 법이 본래 무위라고 해서 일체법이 반드시 다 불법인 것은 아니므로 끝내 차별(差別)[73]을 일으킨다. 그래서 혹 편안하게 불법을 실행하기도 하고, 혹 애써서 불법을 실행하기도 하는데, 공(功)이 성취된다는 점은 동일하다. 이에 무위법으로써는 앞의 '비법'을 해석하였고, 현성의 차별로써는 앞의 '비비법'을 해석하였다."

道川云。江北城枳江南橘。春來都放一般華。

　야보도천(冶父道川)이 말했다.
"강북의 성에서는 탱자나무인데 강남의 성에 와서는 귤나무로다.

---

73) 差別의 음가는 차별 혹은 자별로 읽힌다. 위의 주석 51) 참조.

따뜻한 봄날이 도래하니 남김없이 일제히 꽃망울을 터트린다네."[74]

藥山陞座。良久。便下座。院主請云。云何不垂一言。山曰。經有經師。論有論師。爭怪得老僧。

약산유엄(藥山惟儼 : 745-828)이 법좌에 올랐다. 양구하고 나서 곧 법좌에서 내려왔다. 그러자 원주가 여쭈었다.
"어째서 한마디도 설법해주지 않는 것입니까."
약산이 말했다.
"경전에는 경전을 강의하는 경사(經師)가 있고, 논전에는 논전을 강의하는 논사(論師)가 있다. 그런데 그런 상황에서 어찌 노승이 필요하겠는가."[75]

孔子曰。四時行焉。百物生焉。予何言哉。其機甚深。學者不從禪靜入耳。

공자가 말했다.
"사시는 운행하고 만물은 생장한다. 그런데 내가 무슨 말을 할 필요가 있겠는가."
그 기개가 대단히 깊다. 그러니 납자들도 선(禪)의 조용한 경지만 통해서 깨침에 들어가려고 해서는 안 된다.

---

74) 『金剛經註』, (卍新續藏24, p.355下)
75) 『景德傳燈錄』 卷14, (大正藏51, p.311下) "一日院主請師上堂 大衆才集 師良久 便歸方丈閉門 院主逐後曰 和尚許某甲上堂 爲什麼却歸方丈 師曰 院主 經有經師 論有論師 律有律師 又爭怪得老僧" 참조.

○依法出生分第八

[解7]76)

須菩提。於意云何。若人滿三千大千世界七寶以用布施。是人
所得福德。寧為多不。須菩提言。甚多。世尊。何以故。是福
德即非福德性。是故如來說福德多。若復有人。於此經中受
持。乃至四句偈等。為他人說。其福勝彼。何以故。須菩提。
一切諸佛。及諸佛阿耨多羅三藐三菩提法。皆從此經出。須菩
提。所謂佛法者。即非佛法。

9. 제팔 의법출생분

[주해7 : 여기에서 어떤 사람이라고 가설[虛設]한 것은 보
살과 중생이 함께 존재하는데 각각 복덕(福德)을 통해서
견법(見法)하기 때문이다]

【경문】 13.
"수보리야, 어떻게 생각하느냐. 만약 어떤 사람이 삼천대천
세계에 칠보를 가득 채워 그것으로 보시한다면, 이 사람이
얻은 복덕이 얼마나 많겠느냐."
　수보리가 대답하였다.
"대단히 많습니다. 세존이시여, 왜냐하면 그 복덕은 복덕의
성품이 아니기 때문에 여래께서는 복덕이 많다고 설하셨습
니다."
"만약에 또한 어떤 사람이 이 경전을 수지하거나 내지 그

---

76) 是虛設一人菩薩眾生俱在 . 從福德見法

가운데 사구게 하나라도 남을 위하여 설해준다면, 그 복덕이 (어떤 사람이 삼천대천세계에 칠보를 가득 채워 그것으로 보시하여 얻은) 저 복덕보다 많을 것이다. 왜냐하면 수보리야, 일체제불 그리고 제불의 아뇩다라삼먁삼보리법이 다 이 경전에서 나왔기 때문이다. 수보리야, 이른바 불법이라는 것은 불법이 아니다."

此以財施有漏之因。以較無為之福。三千大千者。一佛化境也。七寶雖多。心有能所。即非福德性。能所心滅。是名福德性。福德性直到成佛地位。超然數量之外。自此經出者。此經是金剛般若。而實相．觀照．文字三般若皆在其中。若非文字。將何者為他人說乎。然法從經出。而經非即法。恐人執法為經。執經為法。故隨言即非佛法以遣之。四句偈者。中峰云。經中凡言四句偈。必上有乃至二字。下有等字。未嘗單言四句。則全經皆是。不必指定色見我一切有為無我相等句也。傅大士云。若論四句偈。應當不離身。以是而觀。則四句偈者。初不假外求。而在吾心地明矣<了?>。六祖偈云。人我俱盡<我人頓盡?>。妄想既除。言下成佛。

이 대목은 유루의 인에 해당하는 재시로써 무위복과 비교한 것이다.

'삼천대천'이란 일불이 교화하는 경계이다. 비록 칠보가 많을지라도 마음에 분별[能所]이 있으면 그것은 곧 복덕성이 아니다. 분별심이 소멸해야 그것을 복덕성이라고 말한다. 복덕성은 곧장 성불의 지위에 도달하여 수량의 밖으로 초월한다.

'이 경전으로부터 나온다'는 것에서 이 경전은 곧 『금강
반야경』으로서 실상반야 · 관조반야 · 문자반야의 삼종반
야가 모두 그 속에 들어있다. 그러므로 만약 문자반야가
아니라면 무엇으로써 남에게 설법하겠는가. 비록 법이 경
전에서 나왔을지라도 경전은 법에 즉한[卽法] 것이 아니
다. 그래서 사람들이 법에 집착하고 경전으로 삼기도 하고
경전에 집착하여 법으로 삼기도 할 것을 염려하는 까닭에
'즉비불법'이라는 말을 가지고 그런 집착을 없애주는 것이
다.

'사구게'에 대하여 "중봉이 말한다. 경전에서 일반적으로
는 말하는 사구게는 위에 있는 경문 '내지(乃至)' 및 그 아
래에 있는 '등(等)'이 해당한다."77)

일찍이 단지 사구라고는 말하지 않았지만, 곧 경문의 전
체가 모두 사구게이다. 그래서 반드시 '색견아', '일체유위',
'무아상' 등의 구절로 반드시 지정할 필요는 없다.

　　<홍련(紅蓮)은 말한다.>
"부대사(傅大士 : 497-569)78)가 말했다. '만약 사구게를
논하자면 반드시 몸을 떠나서는 안 된다. 이로써 관찰해보
면 곧 사구게란 처음부터 밖을 의지해서 추구해서는 안 된

---

77) 『楞嚴經摸象記』, (卍新續藏12, p.505下) "四句諸說不一唯中峯謂經中
凡言四句偈必上有乃至字下有等字言於此經中受持一句二句乃至四句以
及十百千句等此說最爲穩當況下文云隨說是經乃至四句偈等隨之一字義
更明顯" 참조.
78) 傅大士는 婺州 雙林의 善慧大士를 가리킨다. 義烏 출신으로, 제
나라 무건 3년 병자년 5월 8일에 고향인 쌍림에서 傅씨로 태어
났다. 그 아버지는 널리 자비를 베풀며 살아가는 사람이었다. 대
사의 이름은 翕이다. 16세 때 劉씨의 여자인 妙光을 처로 맞이하
여 아들 둘을 두었는데, 장남은 普建이고, 차남은 普成이다. 『釋
氏稽古略』 卷2, (大正藏49, pp.795中-796上)

다. 내 마음속에 분명하게 들어있다.' 육조혜능은 게송으로 말했다. '아상과 인상이 완전히 없어지고 망상이 제거되면 언하에 성불한다.'"79)

向使此偈可以言傳面命。我。佛乃天人之師。住世七十九年。廣為眾生說法三百五十度。而於此經。凡一十四處擧四句偈。而終不明明指示端的。豈吝其辭而不為說破耶。葢恐人執指為月。而徒泥紙上之死句。而不能返觀自己之活句也。佛法非佛法者。隨說隨刲也。卽心是佛。更無別佛。卽心是法。更無別法。黃蘗<蘗?>云。欲要真實會。一切總不是。萬松云。端的委細會。一切無不是。可以互參。

　옛적에는 이 게송을 활용함으로써 가히 언설로 전하고 직접 명령할 수가 있었다. 우리 부처님께서는 천상과 인간의 스승으로서 79년 동안 세간에 머물면서 널리 중생을 위하여 350차례에 걸쳐서 설법하였다. 여기 『금강경』에서는 무릇 14군데에 걸쳐서 사구게를 언급하였지만, 끝내 분명하게 지시하거나 내지 곧바르게 설명하지는 않았는데, 그것이 어찌 언사에 인색하거나 설파하지 못해서였겠는가. 무릇 사람들이 손가락에 집착하여 달로 간주하거나, 한갓 종이의 사구(死句)에 눌러붙어 자기의 활구(活句)를 돌이켜 관찰하지 못할까 염려한 것이었다.
　'불법은 불법이 아니다.'는 것은 설법에 따라서 맡긴다는 것인데, 즉심시불로서 다시는 다른 부처가 없고, 즉심시법으로서 다시는 다른 법이 없다는 것을 말한다.

---

79) 紅蓮 編, 『金剛經註解』 卷2, (卍新續藏24, p.774中)

"황벽희운은 '진실을 알고자 하는가. 일체가 모두 진실이
아니다.'고 말하였고, 만송행수(萬松行秀 : 1196-1246)는
'단적으로 자세하게 알고자 하면 일체가 모두 진실 아님이
없다.'고 말했다."80)는 언급이 가히 참고가 된다.

世尊一日陞座。文殊云。諦觀法王法。法王法如是。博山別
曰。世尊未陞座。法王法在甚處。這裏如參透。乃知焚鈔堅
拂。總非釋氏之法。御氣燒丹。總非老氏之法。多學默識。總
非孔子之法。

　세존이 어느 날 법좌에 올랐다. 이에 문수가 말했다.
"법왕의 설법을 잘 관찰해보니, 법왕의 설법은 과연 그러
했습니다."81)
　박산무이는 다르게 말했다.
"세존은 법좌에 오르지도 않았는데, 법왕의 설법이 어디에
있단 말인가."82)
　이와 같은 경지에 깊이 사무친다면 이에 『소초』를 불사
르고 불자를 치켜세우는 도리가 모두 불법[釋氏]이 아님을
이해할 것이고, 감정을 제어하고 단약을 굽는 것만이 모두
노자[老氏]의 법은 아님을 이해할 것이며, 많이 배우고 말
없이 마음속으로 아는 것만이 모두 공자(孔子)의 법은 아
님을 이해할 것이다.

---

80)『從容庵錄』卷1,(大正藏48, p.230下)"黃蘗<檗?>道 欲要直捷會 一
　　切總不是 萬松道 端的委細會 一切無不是"참조.
81)『從容庵錄』卷1,(大正藏48, p.228上)
82)『華嚴大意』,(卍新續藏58, pp.623下-625上) 참조.

○一相無相分第九

須菩提。於意云何。須陀洹能作是念。我得須陀洹果不。須菩
提言。不也。世尊。何以故。須陀洹名為入流。而無所入。不
入色聲香味觸法。是名須陀洹。須菩提。於意云何。斯陀含能
作是念。我得斯陀含果不。須菩提言。不也。世尊。何以故。
斯陀含名一往來。而實無往來。是名斯陀含。須菩提。於意云
何。阿那含能作是念。我得阿那含果不。須菩提言。不也。世
尊。何以故。阿那含名為不來。而實無不來。是故名阿那含。
須菩提。於意云何。阿羅漢能作是念。我得阿羅漢道不。須菩
提言。不也。世尊。何以故。實無有法名阿羅漢。世尊。若阿
羅漢作是念。我得阿羅漢道。即為著我人眾生壽者。

10. 제구 일상무상분

[주해8 : 사과(四果)는 모두 무념(無念)이다]

【경문】 14.
"수보리야, 어떻게 생각하느냐. 수다원이 '나는 수다원의
과를 얻었다'라고 생각하겠느냐."
　수보리가 대답했다.
"아닙니다. 세존이시여, 왜냐하면 수다원은 입류(入流)라고
말하지만 들어간 바가 없기 때문입니다. 색 · 성 · 향 · 미
· 촉 · 법에 들어가지 않는 이것을 수다원이라고 말합니
다."

---

83) 四果皆無念

"수보리야, 어떻게 생각하느냐. 사다함이 '나는 사다함의 과를 얻었다'라고 생각하겠느냐."

수보리가 대답했다.

"아닙니다. 세존이시여, 왜냐하면 사다함은 일왕래(一往來)라고 말하지만 실로 왕래한 바가 없기 때문입니다. 이것을 사다함이라고 말합니다."

"수보리야, 어떻게 생각하느냐. 아나함이 '나는 아나함의 과를 얻었다'라고 생각하겠느냐."

수보리가 대답했다.

"아닙니다. 세존이시여, 왜냐하면 아나함은 불래(不來)라고 말하지만 실로 불래(不來)라는 것은 없기 때문입니다. 이 것을 아나함이라고 말합니다."

"수보리야, 어떻게 생각하느냐. 아라한이 '나는 아라한의 도를 얻었다'라고 생각하겠느냐."

수보리가 대답했다.

"아닙니다. 세존이시여, 왜냐하면 실로 법에 아라한이라고 말할 수 있는 것은 없기 때문입니다. 세존이시여, 만약 아라한이 '나는 아라한의 도를 얻었다'고 생각한다면 아 · 인· 중생 · 수자에 집착하는 것이 됩니다."

上言一切賢聖皆以無爲法而有差別。不但賢與聖有差別。而就賢人中。亦各有差別。然其於無爲一也。於無得亦一也。

앞에서 말한 '일체현성은 모두 무위법으로써 차별(差別)을 삼는다.'는 것은 현인과 성인에 차별(差別, 구별)이 있을 뿐만 아니라 현인 가운데서도 또한 각각 차별(差別, 구

별)이 있기 때문이다. 그러나 그것은 무위법이라는 점에서
동일하고 또한 무득이라는 점에서도 동일하다.

須陀洹名為入流者。欲入無為之理。舍凡入聖。初入聖流也。
而無所入者。本性自空。不假緣入。即鑽之彌堅也。

　'수다원은 입류라고 말한다.'는 것은 무위의 도리에 들어
가려는 것이다. 범(凡)을 버리고 성(聖)에 들어가는 것인
데, 처음으로 성류에 들어가는 것이다.
　'그러나 들어간 것이 없다.'는 것은 본성이 본래 공으로
반연에 의지하지 않고 들어가는 것으로서 곧 그것을 뚫을
수록 더욱더 굳건해진다.

斯陀含名一往來者。色身雖有來去。而法身湛然不動。不見操
存舍亡也。

　'사다함'은 일왕래라고 말한다.'는 것은 비록 색신은 오
고 감이 있을지라도 법신은 담연하여 움직임이 없어서,
(마음을) 잡으면 보존되지만 놓으면 없어지는 그런 모습은
볼 수가 없다.

阿那含名為不來者。迎之不見其首。而實無不來者。隨之不見
其後也。

　'아나함은 불래라고 말한다.'는 것은 앞에서 맞이하더라
도 그 머리를 볼 수가 없다는 것이고, '실로 오지 않음이

없다.'는 것은 뒤에서 따르더라도 그 뒷모습을 볼 수 없다
는 것이다.

阿羅漢能作是念而得道者。前三果人。居有學位。故立果義以
酬因。阿羅漢不事學問人也。乃立道名以顯證極。故不曰阿羅
漢果。而曰阿羅漢道。

'아라한은 자신이 도를 터득했다고 생각하겠느냐.'는 것
은 위의 수다원 · 사다함 · 아나함 등 삼과인(三果人)은
유학위에 머물기 때문에 과위(果位)를 내세우는 데 있어서
그에 상응하는 인(因)을 말했지만, 아라한의 경우는 학문
을 섬기는 사람이 아니다. 그래서 이에 도(道)라는 명칭으
로써 증극(證極)을 드러냈다. 그런 까닭에 아라한과라고
말하지 않고 아라한도라고 말한 것이다.

法華經曰。諸法不受。亦得阿羅漢。若萌一得念。即落人我四
相。尊己輕人。慢視眾生。期壽長久。種種見前。是凡人之
見。非聖人之徒矣。

『법화경』에서 말한다.
"제법을 받지 않으면 또한 아라한을 터득한 것이다."[84]
만약 하나라도 터득했다는 생각이 싹튼다면 곧 인(人) ·
아(我) 등 사상에 떨어지고 만다. 자기만 존중하고 남을
경멸하며 아만심으로 중생을 업신여기고 수명이 장구하기
를 기대하면서 갖가지 모습을 드러낸다면 그것은 범인의

---

84)『妙法蓮華經』卷3,(大正藏9, p.26中)

견해이지 성인의 무리가 아니다.

世尊。佛說我得無諍三昧。人中最為第一。是第一離欲阿羅
漢。我不作是念。我是離欲阿羅漢。世尊。我若作是念。我得
阿羅漢道。世尊則不說須菩提是樂阿蘭那行者。以須菩提實無
所行。而名須菩提是樂阿蘭那行。

【경문】 15.
　세존이시여, 부처님께서는 저를 '무쟁삼매를 얻은 사람
가운데 최고 제일이다. 이는 제일의 이욕아라한(離欲阿羅
漢)이다.'라고 설하시더라도, 저는 '나는 이욕아라한이다.'
라는 생각을 하지 않습니다.
　세존이시여, 제가 만약 '나는 아라한의 도를 얻었다'라고
생각한다면 세존께서는 곧 '수보리는 아란나 수행을 누리
는 자이다. 수보리는 실로 행한 바가 없기 때문에 이 수보
리는 아란나 수행을 누리는 자이다'라고 설하지 않으셨을
것입니다."

梵語三昧。此云正定。亦云正受。乃謂入定思慧法也。非謂玄
妙之意。佛恐眾不知去所得心。故引己作證。無諍者。即解脫
義也。諍是勝負心。無諍則無我無人。無高無下。無聖無凡。
一相平等。蓋凡有對待。即成諍端。長繫死生。何由能脫。

　범어의 '삼매'는 번역하면 正定이라고 말하는데, 또한 正
受라고도 말한다. 이에 선정에 들어 사유로써 지혜를 얻는
방법[入定思慧法]을 말하는 것이지, 현묘하다는 뜻을 말하

는 것이 아니다. 부처님께서는 대중이 소득심에서 벗어나
는 방법을 모를까 염려한 까닭에 몸소 나신을 끌어들여서
증거를 삼았다.

'무쟁'이란 곧 해탈의 뜻이다. '쟁(諍)'은 곧 승부심인데,
무쟁인즉 아상이 없고, 인상이 없으며, 높음이 없고, 낮음
이 없으며, 성이 없고, 범이 없어서 일상평등(一相平等)하
다. 무릇 대대(對待)가 있으면 곧 논쟁의 단서가 성취되어
영원히 생사에 얽매이는데 어찌 해탈할 수가 있겠는가.

故涅槃經曰。須菩提住虛空地。若有眾生。嫌我立者。我當終
日端坐不起。嫌我坐者。我當終日立不移處。如此不起一煩
惱。謂之無諍。無諍則正定。正定則離欲。離欲即解脫。阿羅
漢即般若也。樂者好也。阿蘭那梵語。無諍也。樂阿蘭那行。
猶云好無諍人也。

그러므로 『열반경』에서는 수보리의 주처를 허공지(虛空
地)라고 하여 다음과 같이 말한다.
"만약 어떤 중생이 내가 서 있는 것을 싫어한다면 나는 반
드시 종일토록 단정하게 앉아서 일어나지 않을 것이다. 만
약 어떤 중생이 내가 앉아있는 것을 싫어한다면 나는 반드
시 종일토록 서 있으면서 그곳을 떠나지 않을 것이다."[85]
이와 같이 조금의 번뇌도 일으키지 않는 것을 가리켜서
'무쟁'이라고 말한다. 무쟁인즉 정정(正定)이고, 정정인즉
이욕(離欲)이며, 이욕인즉 해탈(解脫)이다.
'아라한'이란 곧 반야이고, '요(樂)'는 곧 좋아한다는 것

---

85) 『大般涅槃經』卷15. (大正藏12, p.701下)

이다.

　'아란나'는 범어로서 무쟁이다. 그래서 '요아란나행(樂阿
蘭那行)'은 무쟁(행)을 좋아하는 사람이라는 말과 같다.

夫萌之於心者曰念。見於修為者曰行。有所念。則必有所行。
有取<所?>行。則必有取<所?>得。須菩提得無諍三昧。有
是行也。且曰無所行者。以心無所得也。有是行而心無所得。
故世尊以樂阿蘭那名之。蓋無為法中。本無一法生。本無一法
滅。無煩惱可斷。無涅槃可證。但是一念不生而已。

　무릇 마음에다 싹틔우는 것을 염(念)이라 하고, 닦는 행
위에서 보는 것을 행(行)이라 한다. 따라서 소념(所念)이
있은즉 반드시 소행이 있고 소행이 있은즉 반드시 소득이
있다. 수보리가 터득한 무쟁삼매는 거기에 무쟁삼매라는
行이 있다는 것이다. 그런데도 또한 '무소행'이라고 말한
것은 마음으로써 소득이 없다. 곧 무쟁삼매라는 행은 있지
만 마음에 소득이 없다는 것이다. 그 때문에 세존이 그것
을 '요아란나행(樂阿蘭那行)'이라고 말했다.
　무릇 무위법 가운데에는 본래 어떤 법도 발생하는 것이
없고 본래 어떤 법도 소멸하는 것이 없어서 가히 단멸해야
할 번뇌가 없고 가히 증득해야 할 열반도 없다. 무릇 바로
그것이야말로 일념불생(一念不生)일 뿐이기 때문이다.

心地觀云。若不<不能?>捨離我我所執。不應安住<是+?>
阿蘭若中。若心調柔。無有諍論。故當安住阿蘭若中。後人本
此。遂以蘭若名佛住處云。

『심지관경』에서 말한다.
"아와 아소에 대한 집착으로 벗어나지 못한다면 결코 저 아란야 가운데 안주할 수가 없다."[86]

만약 마음을 부드럽게 조절한다면 쟁론이 없을 것이기 때문에 반드시 아란나 가운데 안주할 것이다. 후대인이 이것을 근본으로 삼게 되면 마침내 난야가 되어 부처님의 주처라고 말할 수가 있다.

四果皆曰能作是念。作行病淺。作念病深。無所入。無往來。無不來。無有法。皆四果之不作念處。佛之有四果。即儒之有四配也。顏欲從末由。參以魯得之。思不覩不聞。孟勿忘勿助。何嘗作念。若顏到屢空處。即阿羅漢到無所得道處。其于空空如也。本體一間耳。

사과의 경우에 모두 '자신이 그 경지를 터득했다고 생각한다[能作是念]'고 말하는 것은 행병(行病)이 얕은 것이고 염병(念病)이 깊은 것으로서, 무소입(無所入) · 무왕래(無往來) · 무불래(無不來) · 무유법(無有法)은 다 사과의 경지에서는 생각할 수 없는 것들이다. 불교의 사과(四果)는 곧 유교의 사배(四配)에 해당한다. 곧 안회(顏回)의 '나아가려 하지만 무엇을 말미암을지 모르는 경지'이고, 증삼(曾參)의 '어리석음으로써 얻는 경지'이며, 증삼(曾參)의 '보지도 않고 듣지도 않는 경지'이고, 맹자(孟子)의 '잊지도 말고 조장하지도 말라는 경지'이다. 그런데 어찌 그런 생각

---

86) 『大乘本生心地觀經』 卷6, (大正藏3, p.319中)

인들 지었겠는가. 만약 안회가 자주 끼니를 거른 것이 곧
아라한이 무소득도의 경지에 이른 것과 같은 경지라면, 그
것은 텅텅 비어있다는 점[空空如]에서 본체가 엇비슷할 뿐
이다.

○莊嚴淨土分第十

[解9]87)

佛告須菩提。於意云何。如來昔在然燈佛所。於法有所得不。
不也世尊。如來在然燈佛所。於法實無所得。須菩提。於意云
何。菩薩莊嚴佛土不。不也。世尊。何以故。莊嚴佛土者。即
非莊嚴。是名莊嚴。

11. 제십 장엄정토분

[주해9 : 스승의 법설(法說)을 따르는 것도 또한 여시(如
是)이다]

【경문】16.

　부처님께서 수보리에게 말씀하셨다.

"어떻게 생각하느냐. 여래는 옛적에 연등불 처소에 있으면
서 얻은 법이 있겠느냐."

"아닙니다. 세존이시여, 여래께서는 연등불 처소에서 실로
얻은 법이 없습니다."

"수보리야, 어떻게 생각하느냐. 보살이 불토를 장엄했겠느
냐."

"아닙니다. 세존이시여, 왜냐하면 불토를 장엄한다는 것은
곧 장엄한 것이 아니기 때문입니다. 이것을 바로 장엄한다
고 말하는 것입니다."

上言四果無所得。正欲明佛果無所得也。故此即明言之云。不

―――――――――――――――

87) 從師法說亦如是

獨汝等見我無法可得。即我見然燈佛。亦無法可得也。然燈
佛。釋迦牟尼佛授記之師。如來於佛法既無所得。故菩薩於佛
土。即非莊嚴。蓋一大世界。必有一佛設化。皆謂之佛土。而
菩薩於佛土之中。作種種善事。以變易其世界。如黃金為地。
七寶為樹林樓臺。故謂之莊嚴。然真性中。豈有此莊嚴哉。其
莊嚴。非莊嚴也。惟真性為真莊嚴也。維摩經云。隨其心清
淨。則佛土淨。蓋此心清淨。即是莊嚴佛土。奚外飾為莊嚴佛
土。

앞에서 말한 사과는 무소득이라는 것은 바로 불과가 무
소득임을 설명하려는 것이었다. 그 때문에 위의 경문은 그
것을 설명하는 대목이다. 이에 그대들은 내(여래)가 터득
한 법이 없음을 보아야 할 뿐만 아니라 곧 내(여래)가 연
등불을 친견한 것도 또한 얻은 법이 없음을 보아야 한다고
말한다.

'연등불'은 석가모니불에게 수기를 준 스승이다. 여래는
불법에 대하여 이미 무소득이기 때문에 보살도 불국토를
곧 장엄한 것이 아니다. 무릇 하나의 삼천대천세계[一大世
界]에는 반드시 한 부처님이 교화를 시설하게 되어 있는
데, 그것은 모두 불국토를 가리키는 말이다.

따라서 보살이 불국토에서 갖가지 선사(善事)를 지어서
그 세계를 변역시키는 것은 마치 황금으로 땅을 삼고, 칠
보로 수림(樹林)과 누대(樓臺)를 삼는 것과 같다. 그 때문
에 그것을 장엄이라고 말한다. 그러나 진성 가운데는 어찌
그와 같은 장엄이 있겠는가. 그것이 바로 '장엄한다는 것은
장엄한다는 것이 아니다'라는 것이다.

오직 진성으로 진정한 장엄을 삼을 뿐이다. 『유마경』에
서는 그 마음이 청정함을 따라서 곧 불국토가 청정해진다
고 말한다.[88) 무릇 그 마음이 청정하면 곧 그것이야말로
불국토를 장엄하는 것인데, 어찌 외부의 장식으로써 불국
토를 장엄할 수 있겠는가.

三句。第一句莊嚴佛土者。是假觀。是俗諦。屬相宗。第二句
即非莊嚴。是空觀。是真諦。屬空宗。第三句是名莊嚴。是空
假俱融。真俗無礙。是中道觀。中道諦。屬性宗。

　여기에 삼구가 있다.
　제일구인 '불국토를 장엄한다.'는 것은 곧 가관으로서 속
제인데 상종(相宗)에 속한다. 제이구인 '곧 장엄하는 것이
아니다.'는 것은 곧 공관으로서 진제인데 공종(空宗)에 속
한다. 제삼구인 '장엄이라고 말한다.'는 것은 곧 공관과 가
관이 모두 융합되어 진제와 속제가 걸림이 없는 중도관으
로서 중도제인데 성종(性宗)에 속한다.

是故須菩提。諸菩薩摩訶薩應如是生清淨心。不應住色生心。
不應住聲香味觸法生心。應無所住而生其心。須菩提。譬如有
人。身如須彌山王。於意云何。是身為大不。須菩提言。甚
大。世尊。何以故。佛說非身。是名大身。

【경문】 17.
"그러므로 수보리야, 모든 보살마하살은 마땅히 이와 같이

---

88)『維摩詰所說經』卷1, (大正藏14, p.538中-下) 참조.

청정심을 내며, 마땅히 색에 주(住)하여 마음을 내어서는
안 되고, 마땅히 성·향·미·촉·법에 주하여 마음을
내어서도 안 된다. 마땅히 주함이 없이 그 마음을 내어야
한다.

수보리야, 비유하자면 어떤 사람의 몸이 수미산왕 같다
고 하자. 어떻게 생각하느냐. 그 몸을 크다고 하겠느냐.”

수보리가 대답하였다.

“대단히 큽니다. 세존이시여, 왜냐하면 부처님께서는 몸이
아니라고 설하시는데, 그것을 곧 큰 몸이라고 말합니다.”

梵語菩薩摩訶薩。此云覺衆生。菩薩莊嚴。既不在於外飾。則
當反而求之於心。心能如是自然淸淨。不必更求淸淨。故云應
如是生淸淨心。凡住六塵而生其心者。皆非淸淨心也。惟無所
住而生其心者。乃淸淨心也。無所住之心。便是不生。如是生
淸淨心。便是不滅。無生之生。何礙於生。知不滅卽是生。不
必更求生相矣。

범어 보살마하살은 번역하면 각중생(覺衆生)이다. 보살
의 장엄은 이미 외부의 장식에 있지 않은즉 마땅히 그 반
대로 마음에서 그것을 추구하는 것이다. 마음은 여시(如
是)하게 자연히 청정하기 때문에 꼭 다시 청정을 추구할
필요가 없다. 그 때문에 ‘마땅히 이와 같이 청정심을 내야
한다.’고 말했다.

무릇 ‘색·성·향·미·촉·법에 주(住)하여 마음을
내는 것’이란 모두 청정심이 아니다. 오직 ‘주함이 없이 그
마음을 낸다.’는 것만이 곧 청정심이다. 주한 바가 없는 마

음은 곧 불생이고, 여시(如是)하게 청정심을 내는 것은 곧 불멸이다. 무생의 생이 어찌 생에 장애가 되겠는가. 불멸이 곧 생인 줄 알게 되면 반드시 생상(生相)을 다시 추구할 필요는 없다.

佛言六塵之苦。每以色為先。而繼之以聲香味觸法。葢以見色者。人情之所易入。故觀照為先。經中凡言觀者。皆從見起也。

　부처님께서 말씀하신 색·성·향·미·촉·법의 고(苦)는 매번 색을 맨 앞에 내세우고, 그것을 이어서 성·향·미·촉·법을 내세운다.
　무릇 '색을 통해서 본다.'는 것은 범부의 생각[人情]으로도 쉽게 들어갈 수 있는 것이므로 관조를 앞세운다. 경문에서 일반적으로 말하는 관(觀)이란 모두 견(見)으로부터 일어난 것이다.

須彌山在四天下中為極大。故名山王。須彌雖大。有為生滅。劫燒不免。縱使身如須彌。亦非清淨本體。乃業力相持。非不壞也。何如無所住之為大哉。故言佛土即非莊嚴者。是真土無形。非身是名大身者。是法身無相。身土皆空。心境雙絕。始是般若極則。非土之土。常寂光也。非身之身。大法身也。

　수미산은 사천하 가운데서 가장 크기 때문에 산왕이라고 말한다. 비록 수미산이 클지라도 유위법의 생멸이므로 겁소(劫燒)를 모면하지 못한다. 설령 몸이 수미산만큼 크더라도 그 또한 청정본체가 아니어서 업력으로 지탱되기 때문에 파괴되지 않을 수 없다. 그러니 어찌 주함이 없는 것만큼 크겠는가. 그 때문에 '불국토는 곧 장엄이 아니다.'라고 말한 것은 곧 진토(眞土)로서 무형(無形)이고, '몸 아닌 것을 곧 큰 몸이라고 말한다.'는 것은 곧 법신으로서 무상(無相)이다. 몸과 국토가 모두 공이고 마음과 경계가 둘 다 단절되어야만 비로소 그것은 반야의 극칙으로서 국토가 아닌 국토로서 상적광토이고, 몸 아닌 몸으로서 대법신이다.

林兆恩曰。身之極樂國也。如來禪定於其中矣。而釋流則西方之。身之蓬萊島也。神仙逍遙於其中矣。而道流則海外之。

  임조은(林兆恩)89)은 말한다.
"몸은 극락국토로 가는데, 여래는 그 가운데서 선정에 들어있다. 그러므로 불교[釋流]에서는 곧 서방으로 간다. 몸이 봉래섬으로 가는데, 신선은 그 가운데서 소요한다. 그러므로 도교[道流]에서는 곧 바다 밖으로 간다."

列禦寇曰。橫心之所念。而後眼如耳。耳如鼻。鼻如口。無不同也。不住色聲香味<觸+?>生心。其理如是。

  열어구(列禦寇: 列子의 본명)는 말한다.
"마음대로 생각하게 되면 그 후에 눈은 귀와 같고, 귀는

---

89) 林兆恩은 명대 三敎에 정통한 인물로 『般若心經釋略』, 『般若心經槪論』, 『金剛經統論』 등의 저술이 있다.

코와 같으며, 코는 입과 같아서 동일하지 않음이 없다. 색
· 성· 향 · 미 · 촉에 주하지 않고 일으키는 마음은 그 도
리가 여시(如是)하다."

○無爲福勝分第十一
[解10]90)
須菩提。如恒河中所有沙數。如是沙等恒河。於意云何。是諸
恒河沙寧爲多不。須菩提言。甚多。世尊。但諸恒河尚多無
數。何況其沙。

　12. 제십일 무위복승분

[주해10 : 안전(眼前)에서 하사(河沙)의 비유를 든 것이
다. 제11분은 제8분의 지의(旨意)와 온전히 동일하다. 그
래서 이 제11분은 제12분과 원래 동일한 분(分)이 아닐까
하는 의문이 든다]

【경문】18.
"수보리야, 저 항하의 모래알 숫자만큼의 항하가 있다면
어떻게 생각하느냐. 이 모든 항하에 있는 모래알의 숫자는
얼마나 많겠느냐."
　수보리가 대답하였다.
"대단히 많습니다. 세존이시여, 단지 모든 항하만 하더라도
무척 많은데, 하물며 그 모래알 수이겠습니까."

雪山有四洲。其東牛口磧伽河。即恒河也。佛以此河沙爲喩
者。葢說法時。常近此河耳。一沙即爲一河。河尚無數。何況
其沙。此喩最爲微妙。爲世人沒大愛河。隨順欲流。漂沒瀰
漫。甚爲可愍。此中政當尋筏到岸。

---

90) 就眼前河沙比喩. 十一分與第八分旨意全同疑此分與十二分原是一分

설산에는 사주(四洲)가 있다. 그 동쪽으로 우구교가하
(牛口礄伽河)가 있는데 이것이 곧 항하이다. 부처님께서
이 항하로써 비유를 삼은 것은 무릇 설법할 때에 항상 가
까이에 항하가 있었기 때문이다.

하나의 모래를 하나의 강으로 삼는데, 강도 오히려 무수
히 많은데 하물며 그 강에 있는 모래이겠는가. 이 비유는
가장 미묘하여 세간 사람들을 매몰시키는 큰 애욕의 강으
로서 욕망의 흐름에 수순하면서 부침만 가득하니, 심히 불
쌍하다. 이 가운데서도 정당하게 뗏목을 찾아서 피안에 도
달해야 한다.

須菩提。我今實言告汝。若有善男子. 善女人。以七寶滿爾所
恒河沙數三千大千世界。以用布施。得福多不。須菩提言。甚
多。世尊。佛告須菩提。若善男子. 善女人。於此經中。乃至
受持四句偈等。為他人說。而此福德勝前福德。

【경문】 19.
"수보리야, 나는 지금 진실한 말로 그대에게 말하는 것이
다. 만약 어떤 선남자 선여인이 칠보를 가지고 그 모든 항
하의 모래알 숫자만큼의 삼천대천세계에 채워서 그것으로
보시한다면 얻는 복덕이 많겠느냐."

수보리가 대답하였다.
"대단히 많습니다. 세존이시여."

부처님께서 수보리에게 말씀하셨다.
"만약 선남자 선여인이 이 경전 속에서 내지 사구게 등을

수지하여 남을 위하여 연설해 준다면 이 복덕은 앞의 그
복덕보다 뛰어나다.

天地間河沙無盡。人亦無盡。古往今來。生生不息。小德川
流。豈但河沙耶。為人解說。三千大千世界皆獲法施。皆悟無
住相布施。豈河沙可數。與受持四句偈。不為惡業所縛。可以
悟明真性。為人解說。而人亦得聞此理。而悟明真性。脫離輪
迴。永超生死。萬劫無有盡期。故其福德殊勝也。

　천지 간에 항하의 모래가 끝이 없고 사람도 또한 끝이
없어서 고금 · 왕래에 생생하게 그침이 없다. 작은 덕도
냇물처럼 흐르는데91) 어찌 다만 항하의 모래뿐이겠는가.
그리고 남을 위해 연설하여 삼천대천세계의 중생에 모두
법시를 획득하게 하고 모두 무주상보시를 깨치게 하는데
어찌 항하의 모래만 헤아릴 수 있겠는가. 사구게를 수지토
록 해줌으로써 악업에 얽매이지 않고 가히 진성을 오명(悟
明)할 수가 있고, 남에게 해설하여 사람들도 또한 이 도리
를 듣고서 진성을 오명(悟明)하여 윤회를 벗어나고 생사를
영원히 초월토록 해주는데, 그런 행위가 만겁토록 끝날 기
약이 없다. 그 때문에 그 복덕이 뛰어나다.

佛嘗言財施有盡。法施無窮。財施不出欲界。法施能出三界。
華嚴云。譬如暗中寶。無燈不可見。佛法無人說。雖慧不能
了。是則解說之功。與受持相輔而大矣。楞伽云。譬如恒沙。

---

91) 『中庸』 제30장, "小德川流 大德敦化" 작은 덕은 냇물처럼 흐르고 큰
　　덕은 교화가 두텁다는 말로서 천지가 위대한 까닭을 말한 것이다.

是地自性。經劫火燒。地性不壞。如來法身。亦復如是。譬如
恒河。人獸踐踏。不生分別。如來解脫。亦復如是。譬如恒
沙。不增不減。如來智慧。亦復如是。此章讚般若最勝處。發
眾生信受之心。

부처님께서는 일찍이 재시는 끝이 있지만 법시는 끝이
없고, 재시는 욕계를 벗어나지 못하지만 법시는 삼계를 벗
어난다고 말씀하셨다.

『화엄경』에서 말한다.

"비유하면 어둠 속의 보배는 등불이 없으면 보지 못하듯
불법을 설하는 사람이 없으면 비록 지혜로워도 이해하지
못한다."92)

이것은 곧 해설해 주는 공덕이 수지하고 상보(相輔)해
주는 것보다 크다는 것을 말한다. 『능가경』에서 말한다.

"비유하면 항하의 모래는 땅의 자성이므로 겁이 다하도록
불로 태우더라도 땅의 자성은 파괴지지 않는다."93)

여래의 법신도 또한 그와 같다. 비유하면 사람과 짐승이
짓밟더라도 분별심을 내지 않듯이 여래의 해탈도 또한 그
와 같다. 비유하면 늘지도 않고 줄지도 않듯이 여래의 지
혜도 또한 그와 같다.

경문의 이 대목에서는 반야가 가장 뛰어난 도리임을 찬
탄하여 중생이 믿고 받아들이는 마음을 일으키도록 하는
것이다.

---

92) 『大方廣佛華嚴經』 卷16, (大正藏10, p.82)
93) 『楞伽阿跋多羅寶經』 卷4, (大正藏16, p.511下) "譬如恒沙 是地自性
劫盡燒時 燒一切地 而彼地大不捨自性 與火大俱生故" 참조.

此福德勝前福德者。所謂智慧寶洲。求則得之。求有益於得
也。七寶恒沙。得之有命。熟讀孟子便得。

'이 복덕은 앞의 그 복덕보다 뛰어나다.'는 것은 소위 지
혜보주(智慧寶洲)를 가리킨 것이다. 그것을 추구하면 곧
얻을 것인데, 추구하여 얻는 이익이 바로 得이다.
'항하 모래 수만큼의 칠보'는 그것을 얻는 것에는 천명이
있어야 한다. 이런 도리는 『맹자』[94)를 숙독해보면 곧 터득
할 것이다.

---

94) 『孟子』「盡心章句」上 참조.

○尊重正教分第十二
復次。須菩提。隨說是經。乃至四句偈等。當知此處。一切世
間. 天. 人. 阿修羅。皆應供養。如佛塔廟。何況有人盡能受
持讀誦。須菩提。當知是人成就最上第一希有之法。若是經典
所在之處。即爲有佛。若尊重弟子。

13. 제십이 존중정교분

【경문】 20.

또한 수보리야. 마땅히 알아야 한다. 이 경전 내지 사구
게 등이 설해지는 곳마다 바로 그 곳은 일체세간의 천 ·
인 · 아수라 등이 모두 응당 부처님의 탑묘과 같이 공양한
다는 것을. 하물며 어떤 사람이 빠짐없이 수지하고 독송하
는 것이겠는가.

수보리야. 마땅히 알아야 한다. 그 사람은 최상이고 제
일이며 희유한 법을 성취한다는 것과 또한 만약 이 경전이
있는 곳이라면 그곳은 바로 부처님 혹은 존중받는 제자가
있는 곳임을"

六祖云。隨說者。逢凡說凡。逢聖說聖也。謝云。封殯法身。
謂之塔。樹像虛空。謂之廟。所在之處。見人卽說是經。常行
無所得心。無所住心。令諸聽者生淸淨心。是名眞供養。卽此
身中。有如來全身全舍利。故言如佛塔廟。

육조혜능은 말한다.
"'설하는 곳을 따라서'라는 것은 범부를 만나면 범부의 도

- 123 -

리를 설하고, 성인을 만나면 성인의 도리를 설하는 것을
가리킨다."

사령운은 말한다.
"법신을 모신 곳을 탑이라고 말하고, 수상(樹像)만 있는
빈집을 묘라고 말한다."95)

경전이 있는 곳에서 사람을 보면, 곧 그 경전을 설하여
항상 무소득심과 무소주심을 실천함으로써 설법을 듣는 모
든 사람으로 하여금 청정심을 일으키도록 하면 그것을 진
정한 공양이라고 말한다. 곧 이 몸에 여래의 전신(全身)과
전사리(全舍利)가 있기 때문에 '부처님의 탑묘와 같다.'고
말한다.

果<杲?>禪師云。即心是佛。更無別佛。即佛是心。更無別
心。如拳作掌。似水成波。波即是水。掌即是拳也。

대혜종고(大慧宗杲 : 1089-1163)선사는 말한다.
"마음에 즉한 것이 곧 부처이므로 다시 별도의 부처가 없
고, 부처에 즉한 것이 곧 마음이므로 다시 별도의 마음이
없다. 마치 주먹은 손으로 되어 있는 것과 같고, 물이 파
도를 이루는 것과 같아서 손이 곧 그대로 주먹이다."96)

弟子者。學居師後。故稱弟。解從師生。故稱子。尊重弟子。
謂弟子之可尊重者。乃大弟子菩薩之流也。

---

95)『金剛經註解』卷2, (卍新續藏24, p.781下)
96)『大慧普覺禪師語錄』卷3, (大正藏47, p.822中)

'제자'는 다음과 같다.

"스승의 뒤에 머물면서 배우기 때문에 제(弟)라 칭하고, 스승의 생활을 따라 이해하기 때문에 자(子)라 칭한다."97)

'존중을 받는 제자'는 소위 제자로서 존중을 받을만한 사람인데, 이에 대제자보살의 부류를 가리킨다.

東印國王請二十七祖般若多羅齋。王曰。何不看經。祖云。貧道入息不居陰界。出息不涉眾緣。常轉如是經。百千萬億卷。要知經典所不在。亦為有佛。

"동인도국왕이 27조 반야다라(般若多羅, 보리달마의 스승)를 청하여 공양[齋]을 올렸다. 왕이 말했다. '존자께서는 어째서 독경을 하지 않으시는 겁니까.' 존자가 말했다. '빈도는 숨을 들이쉴 때도 5음과 18계에 머무르지 않고, 또한 숨을 내쉴 때도 온갖 반연에 떨어지지 않습니다. 항상 이와 같이 백천 만억 권의 경전을 읽고 있습니다.'"98)

요컨대 경전이 부재한 곳에도 또한 부처가 있는 줄을 알아야 한다.

---

97) 『維摩經略疏垂裕記』 卷5, (大正藏38, pp.769下-770上) "然釋弟子義 復有二家 一南山解云 學居師後故稱弟 解從師生故稱子 二先儒解云 以 父兄之禮事師故稱弟子" ; 『阿彌陀經疏』, (大正藏37, p.354上) "弟子 者 學居師後故稱弟 解從師生故稱子 弟則顯師之謙讓 子乃明資之尊仰" 참조.
98) 『宏智禪師廣錄』 卷2, (大正藏48, p.18下)

○如法受持分第十三

[解11]⁹⁹⁾
[解11]99)

爾時。須菩提白佛言。世尊。當何名此經。我等云何奉持。佛
告須菩提。是經名為金剛般若波羅蜜。以是名字。汝當奉持。
所以者何。須菩提。佛說般若波羅蜜。即非般若波羅蜜。是名
般若波羅蜜。須菩提。於意云何。如來有所說法不。須菩提白
佛言。世尊。如來無所說。

14. 제십삼 여법수지분

[주해11 : 이 분(分)은 총언(總言)이다. 그 때문에 경(經)
의 제목을 말한다. 지경공부(持經功夫)하여 전경(全經)을
일관하게 되면 자신이 일부(一部, 하나의 경전)가 된다.
그러므로 어구가 전후에 중복된다]

【경문】 21.
　그때 수보리가 부처님께 여쭈었다.
"세존이시여, 마땅히 이 경전을 무엇이라 제명해야 합니까.
그리고 저희들은 어떻게 받들어 지녀야 합니까."
　부처님께서 수보리에게 말하였다.
"이 경전을 금강반야바라밀경이라 제명하여라. 그리고 그
이름으로 그대들은 마땅히 받들어 지녀라. 왜냐하면 수보
리야, 부처님이 설하는 반야바라밀은 곧 반야바라밀이 아
니므로 반야바라밀이라 제명하는 것이다.
　수보리야, 어떻게 생각하느냐. 여래가 설하신 법이 있느

---

99) 此分總言所以名經持經功夫可以貫串全經自為一部是以語句與前後多重

냐."

수보리가 부처님께 대답하였다.

"세존이시여, 여래께서는 설하신 것이 없습니다."

如來前云。一切佛法皆從此經出。故空生請名此經。竝問云何
奉持。夫妙明本性。湛若太虛。何處得名。如來恐人生斷滅
見。不得已而強安是名也。蓋人性如金之剛[100]　故能斷除一
切煩惱。直至彼岸。故曰般若波羅蜜。然能觀無所觀。照無所
照。空無所空。到無所到。故曰即非般若波羅蜜。惟是不觀而
觀。不照而照。不空而空。不到而到。故曰是名般若波羅蜜。

　여래가 앞에서 '일체불설이 모두 이 경전으로부터 출현
하였다.'고 말한 까닭에, 공생은 이 경전에 대한 제명을 청
한 것이다. 아울러 '어떻게 받들어 지녀야 합니까.'라고 질
문하였다. 대저 묘명한 본성은 맑기가 태허와 같은데 어떤
도리에서 제명을 붙일 수 있겠는가. 여래는 사람들이 단멸
의 견해를 일으킬 것을 염려하여 부득이하게 그리고 마지
못해 이 제명을 붙인 것이다.

　무릇 사람의 자성은 금강과 같은 까닭에 일체의 번뇌를
능단하여 곧바로 피안에 이르기 때문에 '반야바라밀'이라고
말한다. 그러나 관찰이라고 해도 소관(所觀)이 없고, 비춘
다고 해도 소조(所照)가 없으며, 공이라고 해도 소공(所
空)이 없고, 도달했다고 해도 소도(所到)가 없는 까닭에
곧 '곧 반야바라밀이 아니다.'고 말한다. 그리고 오직 관찰
이 없이 관찰하고, 비춤이 없이 비추며, 공이 없는 공이고,

---

100) 剛은 舊版에 없는 것을 보입한 것이다.

이름도 없이 이르는 까닭에 '곧 반야바라밀이라고 말한다.'
고 말한다.

從前問答。都是因相破相。此則立名遣名。夫般若既無可名之
名。又豈有所說之法。故重申問答。而云。如來無所說也。無
所說者。直下無開口處。所以世尊臨入涅槃。文殊請佛再轉法
輪。世尊咄云。吾住世七十九年。未嘗說著一字。

　종전의 문답은 모두 상을 인하여 상을 타파하였다. 그러
나 이 대목은 곧 제명을 내세워 제명을 주장한다. 대저 반
야는 이미 가히 이름을 붙일 제명이 없다. 그런데 또한 어
찌 설한 법이 있겠는가. 그 때문에 거듭하여 문답을 펼쳐
서 '여래에게는 설한 것이 없다.'고 말하였다. '설한 것이
없다.'는 것은 그대로 입을 떼지도 않았다는 것이다. 그 때
문에 세존이 열반에 들어가는 즈음에 문수가 부처님에게
다시 법륜을 굴려주실 것을 청하자, 세존이 꾸짖으며 말했
다.
"나는 79년 동안 세간에 머물면서 일찍이 일자(一字)도 설
하지 않았다."101)

須菩提。於意云何。三千大千世界所有微塵是為多不。須菩提
言。甚多。世尊。須菩提。諸微塵。如來說非微塵。是名微
塵。如來說。世界。非世界。是名世界。須菩提。於意云何。
可以三十二相見如來不。不也。世尊。不可以三十二相得見如

---

101) 『宛陵錄』, (大正藏48, p.385下) "所以釋迦四十九年說。未嘗說著一
　　字" 참조.

來。何以故。如來說。三十二相。即是非相。是名三十二相。

【경문】22.

"수보리야, 어떻게 생각하느냐. 삼천대천세계에 있는 미진이 많다고 생각하느냐."

수보리가 부처님께 대답하였다.

"대단히 많습니다. 세존이시여."

"수보리야, 모든 미진을 여래는 미진이 아니라고 설하는데, 이것을 미진이라고 말하는 것이다. 그리고 여래는 세계를 세계가 아니라고 설하는데, 이것을 세계라고 말하는 것이다.

수보리야, 어떻게 생각하느냐. 32상으로 여래를 볼 수가 있겠느냐."

"아닙니다. 세존이시여, 32상을 통해서는 여래를 볼 수가 없습니다. 왜냐하면 여래께서 설하신 32상은 상이 아니므로 32상이라고 말하기 때문입니다."

華嚴經云。三千大千世界。以無量因緣。乃成一切衆生。豈此外而別有世界。悟者處此。迷者亦處此。悟者之心。清淨心也。以此心處此世界。即清淨世界。迷者之心。塵垢心也。以此心處此世界。即微塵世界。諸微塵者。一切衆生心上微塵也。佛分身於微塵世界中。示現無邊法力。開闡清淨無垢之法。使一切衆生皆生清淨心。非微塵所可污。故云非微塵。得出世界法。非世界所得圍。故云非世界。

『화엄경』에서는 '삼천대천세계는 무량한 인연으로써 이

에 일체중생을 성취시켰다.'102)고 말한다. 그러니 어찌 그 밖에 별도의 세계가 있겠는가. 깨친 사람도 여기에 처해 있고, 미혹한 사람도 또한 여기에 처해 있다. 깨친 사람의 마음은 청정한 마음인데, 그 마음으로써 이 세계에 처해 있은즉 청정세계이다. 미혹한 사람의 마음은 진구(塵垢)의 마음인데, 그 마음으로써 이 세계에 처해 있은즉 미세한 티끌세계이다.

'모든 미진'이란 일체중생심에 있는 미진이다. 부처님은 미진세계 가운데 분신(分身)하여 무량한 법력을 시현하고 청정무구한 법을 열어서, 일체중생으로 하여금 모두 청정심을 일으켜 미진에 물들지 않도록 한다. 그 때문에 '미진이 아니다.'고 말한다. 그리고 세계의 법을 벗어나서 세계에서 얻는 울타리[圍]가 아니기 때문에 '비세계'라고 말한다.103)

世尊答文殊曰。在世離世。在塵離塵。是為究竟法。楞嚴中。於一毛端現寶王刹。坐微塵裏轉大法輪。皆是離世離塵之意。三十二相。始從足下安平。終至頂肉髻相。皆屬修成。然如如真佛。何相之有。恐人疑前說塵性空界性空。遂執有佛身根性。殊不知佛身根性亦空也。

세존이 문수에게 답하여 말한다.
"세간에 있으면서 세간을 떠나 있고, 미진에 있으면서 미진을 떠나 있는 것이 구경법이다."104)

---

102)『大方廣佛華嚴經』卷33, (大正藏9, p.612下) "譬如三千大千世界 非少因緣成 以無量因緣乃能得成" 참조.
103)『金剛經註解』卷2, (卍新續藏24, p.783下)

그리고 『능엄경』에서 "하나의 터럭 끝에 보왕의 국토를 드러내고, 미진 가운데 앉아서 대법륜을 굴린다."[105]고 말한 것은 모두 세계를 벗어나 있고 미진을 벗어나 있다는 뜻이다.

'32상'은 처음 '발바닥이 평평하다'는 것으로부터 마지막 '정상의 살이 상투와 같다.'는 것에 이르기까지 모두 수행으로 성취된 것에 속한다. 그러나 여여한 진불의 경우에 어찌 그와 같은 상(相)이 있겠는가. 이것은 사람들이 앞에서 설한 미진의 자성이 공이라는 것과 세계의 자성이 공이라는 것에 대하여 의심하여 마침내 불신(佛身)의 근성(根性)에 대하여 집착할 것을 염려하여, 뜻밖에 불신(佛身)의 근성(根性)도 또한 공이라는 것을 알려주려는 것이었다.

此分大意。謂細而微塵。大而世界。妙而佛之色身。皆為虛妄。惟真性為真實。是以自古及今。無變無壞。彼三者。則有變壞故也。

이 대목의 대의는 미세하다는 것은 미진이고, 크다는 것은 세계이며, 미묘하다는 것은 부처님의 색신인데, 이들은 모두 허망하다는 것을 말한 것이다. 오직 진성만이 진실인데, 이로써 예로부터 지금에 이르기까지 변화가 없고 파괴가 없다. 저 미진과 세계와 부처님의 색신의 세 가지는 곧 변화하고 파괴되기 때문이다.

---

104) 『金剛經註解』卷2, (卍新續藏24, p.783下)
105) 『首楞嚴經』卷4, (大正藏19, p.121上)

須菩提。若有善男子. 善女人。以恒河沙等身命布施。若復有
人。於此經中。乃至受持四句偈等。為他人說。其福甚多。

【경문】23.

"수보리야, 만약 어떤 선남자 선여인이 항하의 모래알 숫
자만큼의 신명을 바쳐 보시하는 것과 또한 이 경전 가운데
서 내지 사구게 등을 수지하여 남에게 연설해 준다면 이
복이 훨씬 많을 것이다."

以恒河沙等身命布施。終受頑福。畢竟不明本性。所謂住相布
施也。若受持四句。一念見性。人法俱空。即名正見。所得淨
妙無相無為功德。豈有限量可名。

　'항하의 모래 수만큼의 신명으로써 보시하는 것'은 끝내
완복(頑福)을 받는 것으로 필경에 본성을 해명하지 못한
다. 그것은 소위 상에 머무는 보시이기 때문이다. 그러나
만약 사구게를 수지하면 일념에 견성하여 인(人)과 법(法)
이 모두 공하여 곧 정견이라고 말한다. 이로써 얻는 것은
청정미묘하고 무상·무위의 공덕이다. 그런데 어찌 명칭
할 수 있는 한량이 있겠는가.

中庸。一撮土之多微塵意也。及其廣厚。萬物載焉。世界也。
微塵積而為世界。世界析而為微塵。皆誠之不可已處。中庸無
實非虛。佛法無虛非實。

　『중용』의 '(대지는) 한 줌의 흙이 모인 것이지만 그것이

드넓고 두터워지면 만물을 싣는다.'[106]는 말은 세계이다. 미진이 쌓이면 세계가 되고, 세계가 쪼개지면 미진이 되는데, 그것은 모두 성실함이 그치지 않는 도리이다.

『중용』의 실(實)이 없고 허(虛)가 없다는 말은 불법의 허(虛)가 없고 실(實)이 없다는 것이다.

此分總言所以名經。與所以持經功夫。可以貫串全經。自為一部。故與前後。語多重復。不覺其煩。謂為先後聽經者説。非是。

이 대목은 총언이기 때문에 경전에 제명을 붙였다. 그렇게 해줌으로써 경전을 수지하는 공부를 통해서 가히 경전 전체를 꿰뚫어 저절로 일부(一部)가 완성되는 것이다. 그 때문에 전후에 걸쳐서 중복된 언어가 많았지만, 그것이 번잡한 줄을 느끼지 못하는 것이다. 소위 앞뒤에 걸쳐서 청경자(聽經者)가 설한다고 보는 것은 옳지 않다.

---

106)『中庸』제26「至誠無息章」참조.

○離相寂滅分第十四

[解12]107)

爾時。須菩提聞說是經。深解義趣。涕淚悲泣。而白佛言。希
有。世尊。佛說如是甚深經典。我從昔來所得慧眼。未曾得聞
如是之經。世尊。若復有人得聞是經。信心清淨。則生實相。
當知是人。成就第一希有功德。世尊。是實相者。則是非相。
是故如來說名實相。世尊。我今得聞如是經典。信解受持不足
為難。若當來世。後五百歲。其有眾生。得聞是經。信解受
持。是人則為第一希有。何以故。此人無我相。無人相。無眾
生相。無壽者相。所以者何。我相即是非相。人相．眾生相．
壽者相即是非相。何以故。離一切諸相。則名諸佛。

15. 제십사 이상적멸분

[주해12 : 홀연히 여시(如是)의 뜻을 듣고, 또한 바라밀을
성취[度到]하여 후세의 중생을 위해 설법한다]

【경문】24.

그때 수보리가 이 경전 설하는 것을 듣고 깊이 그 뜻을
알아차리고는 눈물을 흘리면서 슬피 울었다. 그리고 부처
님께 여쭈었다.

"드문 일입니다. 세존이시여, 부처님께서 이와 같이 대단히
심오한 경전을 설하신 것은 제가 옛적에 얻은 혜안으로도
아직껏 이 경전을 들어본 적이 없습니다.

세존이시여, 만약 또 어떤 사람이 이 경전을 듣고 신심

---

107) 忽聞如是之義又度到後世眾生為說法

이 청정해져서 곧 실상을 발생한다면 마땅히 그 사람은 제일 희유한 공덕을 성취한 사람임을 알겠습니다.

세존이시여, 이 실상이란 곧 실상이 아니기 때문에 여래께서는 설하여 실상이라고 말씀하신 것입니다.

세존이시여, 제가 지금 이러한[如是] 경전을 듣고 신해하고 수지하는 것은 어렵지 않을 것입니다. 그러나 만약 당래세 후오백세에 어떤 중생이 이 경전을 듣고 신해하며 수지할 수 있다면 그 사람은 곧 제일 희유한 사람일 것입니다.

왜냐하면 그 사람은 아상이 없고 인상이 없고 중생상이 없고 수자상이 없기 때문입니다. 그 까닭은 아상은 곧 상이 아니고, 인상·중생상·수자상도 곧 상이 아니기 때문입니다. 왜냐하면 일체 모든 상을 여의면 곧 제불이라고 말하기 때문입니다."

空生在前解悟空理。是於有中見空。止得人空。今聞般若非般若。是名般若。竝得法空。故深解義趣。感極涕零。若非佛恩撥我慧眼。安能聞如是二字。便是真諦。此如是性中。具如來法身。即是實相。人法俱空。善惡諸相自然寂滅。故曰實相。非實相也。生者以是人之信解爲生。而實相畢竟無生耳。

공생이 앞에서는 공의 도리를 해오하였는데, 그것은 유(有) 가운데서 보았던 공으로 인공을 터득하는 데 그쳤다. 그러나 지금 '반야바라밀은 반야바라밀이 아닌데 그것을 반야바라밀이라고 말한다.'는 말을 듣고는 아울러 법공까지 터득한 것이다. 그 때문에 그 뜻을 깊이 알아차리고는 감격에 겨워 눈물을 떨구는 것이다.

　만약 부처님의 은혜를 통하여 아(我)를 다스린 혜안이
아니었다면 어찌 여시(如是)라는 두 글자가 곧 진제라는
것을 들을 수 있었겠는가. 이처럼 여시(如是)의 자성 가운
데는 여래의 법신이 갖추어져 있기 때문에 곧 그것이 실상
이다. 인법구공(人法俱空)으로 선·악의 제상이 자연히 적
멸하기 때문에 '실상이란 곧 실상이 아니다.'고 말한다. '발
생[生]'이란 그 사람이 신해하는 것이 발생[生]이다. 그러
나 실상은 필경에 무생(無生)일 뿐이다.

圓覺云。一切實相。性淸淨故。功德者。即成就法身。便是莫
大功德。第一希有。經以福兼德言者屢矣。而此獨單言功德。
不及福者。是功成果滿之時。其福爲不足道也。以所壇經有功
德在法身中。非在于福之句。

　『원각경』에서 말한다.
"일체의 실상은 자성이 청정하기 때문이다."[108]
　'공덕'이란 곧 성취된 법신이다. 그것은 곧 막대한 공덕
이므로 제일 희유하다. 경문에서는 복(福)과 덕(德)을 아
울러 겹쳐두었다. 그러나 여기에서 독단적으로 공덕이라고
만 하고 복이라고 하지 않은 것은, 그 공(功)이 성취되고
과(果)가 충족되었을 때에도 그 복은 도(道)를 충족하지
못하기 때문이다. 그것은 『단경』에서도 말한 '공덕은 법신
가운데 있는 것이지 복을 닦는 것에 있지 않다.'[109]는 구

---

108)『大方廣圓覺修多羅了義經』,(大正藏17, p.914下)
109)『六祖大師法寶壇經』,(大正藏48, p.352上) "功德在法身中　不在修
　　福"참조.

절의 경우와 같다.

此段文義三疊。上言。我未曾聞如是之經。隨言。若復有人得
聞是經。繼言。來世眾生得聞是經。言人則可大。言來世則可
久。蓋佛在時。為正法之世。佛滅度後。為像法之世。若當來
世後五百歲。為末法之世。眾生能信解受持。亦見四相非相。
即契般若。同此實相。即同此無相耳。悟則是佛。迷則是眾
生。佛與眾生。性豈有異。離相者。即相以空相。非除相以即
空也。

　이 단락은 경문의 뜻이 세 차례 중첩되어 있다.
　첫째[上言]는 '아직껏 이 경전을 들어본 적이 없습니다.'
는 것이고, 둘째[隨言]는 '만약 또 어떤 사람이 이 경전을
듣는다.'는 것이며, 셋째[繼言]는 '당래세에 어떤 중생이
이 경전을 듣는다.'는 것이다.
　언급된 사람은 곧 위대하고, 언급된 내세는 곧 장구하
다. 무릇 부처님이 계실 때에는 정법의 세계가 되고, 부처
님이 멸도한 후는 상법의 세계가 되며, 저 당래세의 후오
백세는 말법의 세계가 된다.
　중생이 믿고 이해하며 받고 지닐 수가 있으면 또한 사상
은 실상이 아닌 줄 보아 곧 반야에 계합되고, 그 실상과
동일해지면 곧 그것은 무상과 동일하다. 깨치면 곧 그대로
부처이고, 미혹하면 곧 그대로 중생이지만, 부처와 중생의
자성에 어찌 차이가 있겠는가.
'일체 모든 상을 여읜다[離一切諸相]'는 것은 곧 즉상(卽
相)으로써 공상이고, (공상은 망상이) 제거된 상[除相]이

아님으로써 즉공이다.

佛告須菩提。如是。如是。若復有人。得聞是經。不驚. 不
怖. 不畏。當知是人甚為希有。何以故。須菩提。如來說。第
一波羅蜜。即非第一波羅蜜。是名第一波羅蜜。須菩提。忍辱
波羅蜜。如來說非忍辱波羅蜜。(是名忍辱波羅蜜)

【경문】25.
　부처님께서 수보리에게 말하였다.
"그와 같다.[如是] 바로 그와 같다.[如是] 만약 어떤 사람
이 이 경전을 듣고도 놀라지 않고 공포에 떨지 않으며 두
려워하지 않는다면, 그 사람은 대단히 희유한 사람임을 마
땅히 알아야 한다.
　왜냐하면 수보리야, 여래가 설하는 제일바라밀은 곧 제
일바라밀이 아니므로 제일바라밀이라고 말하는 것이다.
　수보리야, 여래는 인욕바라밀을 인욕바라밀이 아니라고
설하는데, (이것을 인욕바라밀이라고 말한다.)110)

空生悟到此。將清淨心。滿盤托出。直指如是本體。佛又何
言。故嘆曰。如是如是。不驚者聞慧也。不怖者思慧也。不畏
者修慧也。第一波羅蜜者。有十種。一布施。二持戒。三忍
辱。四精進。五禪定。六智慧。七慈。八悲。九方便。十不
退。今言第一波羅蜜者。獨言布施為第一。曰。布施者通攝萬
行。直至菩提。尚行法施也。言非者。行無住相布施也。佛于

---

110) 본『금강경여시해』에서 '이것을 인욕바라밀이라고 말한다.'에 해당하
　　는 '是名忍辱波羅蜜'이 나집본의 경문에는 없는 말이다.

第四分說無住。便說行於布施。故于此分足之一。說第一波羅
蜜實以般若為第一。楞嚴說第一波羅蜜。亦指般若。六祖說摩
訶般若波羅蜜。最尊最上最第一是也。悟諸相非相。即達彼
岸。故名第一。既悟人法俱空。即無生死可度。無彼岸可到。
故非第一。

　공생의 깨침은 여기에 이르러서 청정심을 가지고 고스란
히 드러내어 여시(如是)의 본체를 직지하였다. 그러자 부
처님은 또 어떻게 말했던가. 그 때문에 찬탄하여 '그렇다.
바로 그렇다.'고 말했다.
　'놀라지 않는다'는 것은 문혜(聞慧)이고, '공포에 떨지
않는다'는 것은 사혜(思慧)이며, '두려워하지 않는다'는 것
은 수혜(修慧)이다.
　'제일바라밀'은 여기에 10종이 있다.
　첫째는 보시이고, 둘째는 지계이며, 셋째는 인욕이고, 넷
째는 정진이며, 다섯째는 선정이고, 여섯째는 지혜이며, 일
곱째는 자(慈)이고, 여덟째는 비(悲)이며, 아홉째는 방편
이고, 열째는 불퇴이다. 지금 말하는 제일바라밀이란 유독
보시만을 제일이라고 말한 것이다. 말하자면 '보시'만 해도
만행을 통섭하여 직접 보리에 이르는데, 하물며 법시를 실
천하는 것이겠는가.
　'(제일바라밀이) 아니다[非]'는 무주상보시를 실천하는
것이다. 부처님이 제4분에서 설한 무주는 곧 보시의 실천
에 대한 설법이었다. 그 때문에 여기 제14분(이상적멸분)
가운데 하나로서 설한 제일바라밀은 실제로는 반야바라밀
을 제일로 삼은 것이다. 『능엄경』에서 설한 제일바라밀도

또한 반야를 가리킨다. 그리고 육조가 마하반야바라밀을 최존이고 최상이며 최제일이라고 설한 것도 바로 이것이다.

제상이 실상이 아닌 줄을 깨치면 곧 피안에 도달하기 때문에 제일이라고 말한다. 그러나 이미 인법구공(人法俱空)을 깨친즉 가히 제도할 생사가 없고 가히 도달할 피안이 없기 때문에 제일도 아니다.

忍辱波羅蜜者。即十度中第三也。能忍辱。方不起嗔心以昏亂真性。故能到諸佛菩薩彼岸。佛有時自稱如來。自稱佛。謂己與諸佛菩薩無異性也。若了悟人法俱空。亦掃忍辱之相。般若體中。原無辱可忍。亦無忍可見。忍無可忍。能所俱無。方成于忍。是名為忍也。

'인욕바라밀'이란 곧 십바라밀 가운데 셋째이다. 인욕할 줄 알아야 바야흐로 진심(嗔心)으로써 혼란한 진성(眞性)을 일으키지 않기 때문에 제불보살의 피안에 도달하게 된다. 부처님께서는 어느 때는 스스로 여래(如來)라 칭하고, 어느 때는 스스로 불(佛)이라 칭하였는데, 곧 자기와 제불보살이 자성에 차이가 없음을 말한 것이다.

만약 인법구공(人法俱空)을 요오(了悟)한다면 또한 인욕의 상도 제거된다. 반야의 체 가운데는 원래 욕(辱)해야 할 인(忍)이 없고, 또한 인(忍)해야 할 견(見)도 없다. 인(忍)해도 가히 인(忍)할 것이 없고 주관[能]·객관[所]가 모두 없어져야 바야흐로 인(忍)이 성취되는데, 이것을 인(忍)이라고 말한다.

[解13]111)

何以故。須菩提。如我昔爲歌利王割截身體。我於爾時。無我
相．無人相．無衆生相．無壽者相。何以故。我於往昔節節支
解時。若有我相．人相．衆生相．壽者相。應生瞋恨。須菩
提。又念過去於五百世作忍辱仙人。於爾所世。無我相．無人
相．無衆生相．無壽者相。

[주해13 : 인행을 통하여 후생을 설한 까닭에 설명이 전세
까지 이르렀다. 이것은 모두 그대로 법(法)이고 그대로 불
(佛)이다]

【경문】26.
　왜냐하면 수보리야, 내가 옛적에 가리왕에게 신체를 잘
렸던 적이 있었는데, 그때 내게는 아상이 없었고 인상이
없었으며 중생상이 없었고 수자상이 없었다. 왜냐하면 내
가 옛적에 사지가 갈가리 잘렸을 때 만약 아상ㆍ인상ㆍ
중생상ㆍ수자상이 있었다면 마땅히 진한(瞋恨)을 일으켰
을 것이다.
　수보리야, 또 생각해보면 과거 오백세 동안 인욕선인으
로 있으면서 그 오백세 동안 아상이 없었고 인상이 없었고
중생상이 없었고 수자상이 없었다.

歌利王梵語。此云無道極惡。如來因地修行。在山中宴坐。遇
歌利王遊獵。以宮女禮拜仙人。王大怒。遂支解仙人。仙人無

---

111) 因說後生故說到前世總此法此佛

嗔恨。體復如故。憍陳如。以此得度。

　'가리왕'은 범어인데 번역하면 무도극악(無道極惡)이다. 여래가 인지의 수행 시절에 산중에서 좌선을 하고 있다가 수렵을 나온 가리왕을 만났다. 궁녀들이 선인에게 예배를 하자, 왕은 크게 화를 내고 마침내 선인의 사지를 잘랐다. 선인에게 진한(嗔恨)이 없자, 몸은 다시 이전과 같은 상태로 돌아갔다. 교진여는 이로써 제도를 받았다.

五百世。是於釋迦成道世中。逆數向前。說到五百世也。遇歌利時。是作忍辱仙世中一世之事。重言之者。言修忍非一世事。益見忍於歌利者。非容易也。忍辱即是法施。六度萬行。其實以布施為大。因割截而歌利得度。豈徒忍辱乎。故曰法施也。

　'오백세'는 석가가 성도한 세상 가운데서 전세(前世)를 향해 역산하여 오백세에 이른 것을 말한 것이다. 가리왕을 만났을 때는 곧 인욕선인의 오백세 가운데 一世의 수행 [事]이었다. 거듭하여 (인욕선인에 대하여) 말한 것은 인(忍)을 닦는 것이 일세(一世)의 수행[事]이 아님을 말한 것이다. 더욱이 가리왕에 상대하여 인(忍)을 내보인 것은 용이한 것이 아니다. 인욕은 곧 그대로 법시이다. 육바라밀의 만행은 기실 보시로써 으뜸[大]을 삼는다. 할절을 인하여 가리왕을 제도하였는데 어찌 헛된 인욕이겠는가. 그 때문에 법보시라고 말한다.

夫自心邪見。如歌利王。殘害法身。如截身體。黃蘗<黃?>
大師云。纔起心向外求者。名為歌利王愛遊獵。心不外馳。名
忍辱仙人。身心俱無。即是佛道。

　대저 자심이 사견이면 가리왕과 같고, 법신을 잔해하는
것은 신체를 자르는 것과 같다. 황벽희운 대사는 말한다.
"밖을 향해서 구하려는 마음만 일으켜도 그것은 수렵을 좋
아하는 가리왕과 같다고 말하고, 마음이 밖을 향해 치달리
지 않으면 인욕선인라고 말한다. 몸과 마음이 모두 없어야
곧 그대로 불도이다."112)

肇法師云。五蘊身非有。四大本來空。將頭臨白刃。一似斬春
風。

　승조(僧肇 : 374－414) 법사는 말한다.
"오온의 몸은 존재가 아니고
　사대도 또한 본래 공하다네
　머리를 칼날 앞에 간다대니
　봄바람을 자르는 것과 같네"113)

應生嗔恨者。謂色身與法身即有不同也。割截之時。不見有身
相。即不見有我人眾生壽者四相。何處更著嗔恨。

　'마땅히 진한을 일으켰을 것이다.'는 것은 색신과 법신은

112)『宛陵錄』, (大正藏48, p.386上) "纔起心向外求者 名為歌利王愛游獵
　　去 心不外游 即是忍辱仙人身心俱無 即是佛道" 참조.
113)『景德傳燈錄』卷27, (大正藏51, p.435中)

곧 동일하지 않음을 말한 것이다. 잘렸을 때 신상(身相)이
있음을 보지 않는 것은 곧 아상·인상·중생상·수자상
이 있음을 보지 않는 것이다. 그런데 어디에서 다시 진한
을 일으킬 것인가.

是故須菩提。菩薩應離一切相。發阿耨多羅三藐三菩提心。不
應住色生心。不應住聲香味觸法生心。應生無所住心。若心有
住。即爲非住。

【경문】 27.
　그런 까닭에 수보리야, 보살은 마땅히 일체상을 여의고
아뇩다라삼먁삼보리의 마음을 일으켜야 한다. 마땅히 색에
주(住)함이 없이 마음을 일으켜야 하고, 마땅히 성·향·
미·촉·법에 주함이 없이 마음을 일으켜야 하며, 마땅히
주함이 없이 마음을 일으켜야 한다. 만약 마음에 주함이
있다면 곧 그것은 주가 아니다.

就忍辱而推之。一切俱應離相。葢心常空寂。不生起滅。我相
捐而一切之相俱捐。然離相所發之心。正覺心也。正覺現前。
邪妄自伏。更將何法以降其心。所發之心卽正等心也。諸法唯
心。卽是實相。復將何地爲求應住。

　인욕에 대하여 그것을 유추해보면 일체의 행위에 대하여
응당 상을 떠나야 한다. 무릇 마음이 항상 공적하면 기
(起)·멸(滅)이 발생하지 않는다. 아상이 사라지면 일체
의 상이 모두 사라진다. 그러나 상을 떠나서 발생한 마음

은 정각심으로 정각이 현전하면 사망(邪妄)이 저절로 없어
진다. 그런데 다시 어떤 법으로써 그 마음[其心]을 다스리
겠는가. 발생된 마음이 곧 정등심이다. 제법이 유심인즉
그것은 실상인데, 다시 어떤 경지이길래 應(云何)住를 추
구한단 말인가.

先言色。後言聲香味觸法者。我見等見。法眼等眼。皆從色
遇。心經亦云。無眼界乃至無意識界。亦同此意。佛法不離色
聲香味觸法。蓋因眾生根器。假六塵而設化。若住著六塵。則
心已死。唯即六塵。而不住六塵。則心常生。生則發生心體本
空。既空諸有。心地了了自如。何嘗不生。故住於法。即為非
住。凡夫執心以除事。智者空心不空事。

　　앞에서는 색을 말했고 뒤에서는 성 · 향 · 미 · 촉 · 법
을 말한 것은, 아견 등의 견 그리고 법안 등의 안이 모두
색을 만남으로부터 비롯되기 때문이다. 또한 『반야심경』에
서도 말한 "안계가 없고 내지 의식계도 없다."는 것도 이
뜻과 같은데, 불법은 색 · 성 · 향 · 미 · 촉 · 법을 벗어나
있지 않다.
　　무릇 중생의 근기(根器)를 인하여 육진에 의지하여 교화
를 시설한다. 그런데 만약 육진에 집착하면 곧 마음이 이
미 죽은 것이다. 오직 육진에 즉하면서도 육진에 주(住)하
지 않는다면 곧 마음이 항상 발생한다. 발생은 곧 심체가
본래공이라는 것이 발생된다는 것인데, 이미 제유가 공이
면 심지가 요요하고 자여(自如)한데 어찌 일찍이 불생이겠
는가. 그 때문에 법에 주(住)하는 것이 곧 비주(非住)이

다. 범부(凡夫)는 집착하는 마음으로써 사(事)를 제거하지만, 지자(智者)는 공심(空心)이므로 사(事)를 비우는 것도 없다.

是故佛說。菩薩心不應住色布施。須菩提。菩薩爲利益一切衆生故。應如是布施。如來說。一切諸相。即是非相。又說。一切衆生。即非衆生。

【경문】 28.
　이런 까닭에 부처님이 보살은 마음을 마땅히 색에 주(住)함이 없이 보시하라고 설한다.
　수보리야, 보살은 일체중생의 이익을 위한 까닭에 마땅히 이와 같이 보시해야 한다. 여래가 설한 일체제상은 곧 실상이 아니다. 또한 (여래는) 일체중생은 곧 중생이 아니라고 설한다.

又即一切之中。摘出布施言之。以菩薩爲利益一切衆生故。應以如是之心布施。不住於相。若不如是布施。則是誣衆生爲著色。一切有相。反陷溺此衆生矣。以色字統六根。觀照之心。從見而入。爲證性之機竅也。

　또한 일체에 즉한 가운데서도 보시라는 말을 끄집어냄으로써 보살이 일체중생에게 이익을 주는 까닭에 응당 여시(如是)의 마음으로 보시하되 상에 주해서는 안 된다. 만약 여시(如是)하게 보시하지 않은즉 그것은 중생을 속여서 색과 일체의 유상에 집착하도록 하고 도리어 중생을 거기에 빠뜨리는 것이다.

七寶雖滿大千界。等須彌山。亦有時而盡。惟無諸欲之求。無
能施之心。亦無所施之物。以如是相喻。則含靈抱識。均被其
澤。布施之心。但應如是。華嚴經云。不爲自身求快樂。但爲
<欲?>救護諸衆生。諸相非相者。畢竟可破壞。非真實體
也。衆生非衆生者。若離妄心。即無衆生可得也。真性之中。
佛與衆生俱泯。何容菩薩住相化求。

　비록 칠보를 삼천대천세계에 가득 채워서 수미산만큼 되
더라도 또한 때가 되면 없어지고 만다. 오직 모든 욕심이
없이 추구하되 능시의 마음도 없고 또한 소시의 재물도 없
어야 한다. 여시(如是)한 상으로 깨우쳐주어야 곧 중생[含
靈과 抱識]이 고르게 그 혜택을 입는다. 보시하는 마음은
무릇 여시(如是)해야 한다.
　『화엄경』에서 말한다.
"자신을 위하여 쾌락을 추구하지 말고, 무릇 제중생을 구
호하기를 바라야 한다."114)
　'일체제상은 곧 실상이 아니다.'는 것은 필경에 파괴되는
것은 진실한 체가 아니라는 것이다.
　'일체중생은 곧 중생이 아니다.'는 것은 만약 망심을 벗
어나면 곧 가히 중생이라 할 것이 없다는 것이다. 진성 가
운데서는 부처와 중생이 모두 없는데, 어찌 보살이 상에
주하여 교화하고 추구하는 것이 허용되겠는가.

---

114)『大方廣佛華嚴經』卷23, (大正藏10, p.126下)

須菩提。如來是眞語者. 實語者. 如語者. 不誑語者. 不異語
者。須菩提。如來所得法。此法無實無虛。

【경문】 29.
　수보리야, 여래는 진어자이고 실어자이며 여어자이고 불
광어자이며 불이어자이다. 수보리야, 여래가 얻은 법 그
법은 실(實)도 없고 허(虛)도 없다.

眞語者。一切含生皆有佛性也。實語者。一切法空本無所有
也。如語者。一切萬法如如不動也。不誑語者。聞如是法皆得
解脫也。不異語者。一切萬法本來空寂。於何而異也。

　'진어'는 일체중생에게 모두 불성이 있다는 것이다.
　'실어'는 일체법은 공이므로 본래 존재[소유]하지 않는다
는 것이다.
　'여어'는 일체만법이 여여하여 부동한 것이다.
　'불광어'는 여시법을 듣고서 모두가 해탈을 터득하는 것
이다.
　'불이어'는 일체만법이 본래공적한데 어찌 다름이 있겠는
가.

此心本體。不可言有。不可言無。有而不有。無而不無。言辭
不及。其唯聖人乎。故曰。無實無虛。諸相非相故無實。即見
如來故無虛。

　이 마음의 본체는 유(有)라고 말할 수도 없고 무(無)라

고 말할 수도 없다. 유이지만 유가 아니고 무이지만 무가 아니어서 언사로는 미칠 수가 없고 오직 성인만이 가능하다. 그러므로 '실도 아니고 허도 아니다.'고 말한다. 제상은 실상이 아니기 때문에 실이 아니고, 곧 여래를 보기 때문에 허도 아니다.

須菩提。若菩薩心住於法而行布施。如人入闇即無所見。若菩薩心不住法而行布施。如人有目。日光明照。見種種色。

【경문】 30.

　수보리야, 만약 보살이 마음을 법에 주(住)하여 보시를 행한다면 그것은 마치 어떤 사람이 어둠속에 들어가면 곧 볼 수가 없는 것과 같고, 만약 보살이 마음을 법에 주함이 없이 보시를 행한다면 마치 어떤 사람이 눈을 가지고 있어서 햇빛이 밝게 비추면 갖가지 색을 볼 수 있는 것과 같다.

布施謂法施。天之神聚於日。故為光。人之神聚於目。故為見。住法而行布施者。二乘之人。不見色而住色。譬如不見坑穽而墜坑穽。不住法而行布施者。菩薩。見色而不住色。譬如見坑穽則不墜坑穽矣。

　여기에서 말하는 '보시'는 법시(法施)이다.
　하늘의 신(神)은 해에 모여 있기 때문에 '빛'이라고 말하고, 사람의 신(神)은 눈에 모여 있기 때문에 '본다'고 말한다.

'법에 주하여 보시를 행한다.'는 것은 이승인의 경우로서 색을 보지 않지만 색에 주하는 것이다. 비유하면 구덩이를 보지 못하여 구덩이에 빠지는 것과 같다. 그러나 '법에 주하지 않고 보시를 행한다.'는 것은 보살의 경우로서 색을 보지만 색에 주하지 않는 것이다. 비유하면 구덩이를 보기 때문에 구덩이에 빠지지 않는 것과 같다.

須菩提。當來之世。若有善男子. 善女人。能於此經受持讀誦。即為如來以佛智慧。悉知是人。悉見是人。皆得成就無量無邊功德。

【경문】 31.
　수보리야, 당래세에 만약 어떤 선남자 선여인이 이 경전을 수지하고 독송할 수 있다면, 곧 여래는 불지혜로 그 사람을 다 알고 그 사람을 다 보기 때문에 모두에게 무량하고 무변한 공덕을 성취시켜주는 은혜를 입게 된다.

迷則為男子。悟則為如來。佛之智慧。即人之智慧也。佛之功德。即人之功德也。無量無邊功德。又超功德而言。蓋成就無上菩提。功德莫大於是。六祖云。見性是功。平等是德。念念無滯。常見本性。真實妙用。名為功德。

　미혹하면 곧 남자가 되고 깨치면 곧 여래가 된다. 부처님의 지혜는 곧 사람의 지혜이고, 부처님의 공덕은 곧 사람의 공덕이다. 무량하고 무변한 공덕은 또한 공덕을 초월한 말이다. 무릇 무상보리를 성취하면 그 공덕은 이보다 막대하다.

육조는 말한다.

"견성은 곧 공이고 평등은 곧 덕이다. 그래서 염념에 장애가 없이 항상 본성의 진실한 묘용을 보는 것을 공덕이라고 말한다."115)

往於碧峰山下。參一齋和尚。問佛實相。和尚云。三國關漢侯。使是古來大佛祖。余曰。關夫子大節殉身。如何便是佛祖。僧曰。即心是佛。關侯生平事心之道。無絲毫遺憾。古今人心。各各有關聖。便是割截身體。體復如故處。余是其言。附記於此。

(나 무시도인은) 벽봉산 아래로 가서 일제화상에게 참문하고 부처님의 실상에 대하여 물었다. 그러자 화상이 말했다.

"삼국은 한(漢)의 제후들과 관계되어 있다. 그들이야말로 고래로 대불조들이었다."

내가 물었다.

"관우[關夫子]는 대의를 따라 죽었는데, 어째서 그가 불조입니까."

화상[僧]이 말했다.

"마음에 즉하면 곧 부처이다. 관우[關侯]는 평생 마음을 섬기는 길을 갔지 털끝만치도 유감이 없었다. 고금에 걸쳐 사람들의 마음은 각각 성인에 관계가 되어 있다. 그래서 곧 신체가 잘리기도 하였지만, 몸이 다시 예전처럼 회복될

---

115) 『六祖大師法寶壇經』, (大正藏48, p.352上)

수 있었다."

나[무시도인]는 이제 그 이야기를 꺼내서 여기에다 부기해 둔다.

僧問西影禪師。或有聞佛正法。不能了悟。更待來生。還得聞否。師曰。有甚來生。要了此時即了。有何欠缺更待來生。是謂無志氣。改頭換面。千刦萬刦。

한 승이 서영선사에게 물었다.
"혹 부처님의 정법을 듣고도 요오(了悟)하지 못한다면 다시 다음 생을 기다려야 들을 수 있는 것입니까."
서영선사가 말했다.
"어찌 다음 생이 있겠는가. 알고자 하는 그때가 바로 요오(了悟)하는 것이다."
이것은 지기(志氣)가 없으면 마치 임시적인 미봉책[改頭換面]일 뿐이고 그저 흉내를 내는 것[千刦萬刦]일 뿐임을 말한 것이다. 116)

按無我相等句。至此三見。第三分是就菩薩說。第六分是就眾生說。此分是就來世眾生說。熟讀自見。諸解皆言為續到聽法者重說。失之遠矣。

'아상이 없고 …'의 구절을 살펴보면 여기에 이르러 삼종의 견해가 있다. 제3분에서는 보살에 대하여 설하였다. 제

---

116) 『黃檗無念禪師復問』 卷4,（嘉興藏20, p.519上）"問或有身住佛地朝聞正法不肯信受不能了悟來生還得聞否師曰要了此時即了有何欠缺更待來生" 참조.

6분에서는 중생에 대하여 설하였다. 지금 여기 제14분에서는 내세의 중생에 대하여 설하였다. 숙독해보면 알 수가 있을 것이다. 삼종(제3분, 제6분, 제14분) 견해의 모든 언설은 지속적으로 청법자를 위하여 거듭 설한 것이라 간주한다면 그것은 크게 잘못된 것이다.

○持經功德分第十五

[解14]117)

須菩提。若有善男子. 善女人。初日分以恒河沙等身布施。中
日分復以恒河沙等身布施。後日分亦以恒河沙等身布施。如是
無量百千萬億劫以身布施。若復有人。聞此經典。信心不逆。
其福勝彼。何況書寫. 受持. 讀誦. 為人解說。須菩提。以要
言之。是經有不可思議. 不可稱量. 無邊功德。

16. 제십오 지경공덕분

[주해14 : 제11분과 의미가 동일하다. 다만 제견(諸見)의
비유와 제상(諸相)의 비유가 더욱 정교하다]

【경문】32.

수보리야, 만약 어떤 선남자 선여인이 아침나절에 항사
와 같은 신명으로 보시하고, 점심나절에도 또한 항사와 같
은 신명으로 보시하며, 저녁나절에도 역시 항사와 같은 신
명으로 보시하기를, 이와 같이 무량백천만억겁 동안 신명
으로 보시한다고 하자. 그리고 만약 또한 어떤 사람이 이
경전을 듣고 신심으로 거스르지 않는다고 하자. 그러면 이
복이 앞의 복보다 뛰어나다. 하물며 수지하고 서사하며 남
을 위하여 해설해 주는 것이랴.

수보리야, 요약해서 말하자면 이 경전에는 불가사의하고
불가칭량하며 끝없는 공덕이 있다.

---

117) 與十一分意同但諸見比諸相又精

初日分謂晨。中日分謂午。後日分謂暝。於此三時。以恒河沙
等身命布施。百千萬億劫。無量無數。雖受無量福報。乃世間
福耳。受世間福者。即染煩惱之因。聞此經典。信心不疑。則
見自性矣。見自性則深明實相。人法二空。乃是大悟。人為出
世間福。佛恐世人執著如來忍辱之說。徒以身布施。而於自己
性。與他人性。無少利益。故於十三分言之。至此復言不可思
議者。謂不可以心思。不可以言議。不可稱量者。謂不可以秤
稱。不可以器量。無邊功德者。若著人法。則落有無二邊際。
惟深明實相。即同佛心。無有邊際。既無邊際可按。即無思議
稱量可施。

　'초일분'은 새벽을 말하고, '중일분'은 대낮을 말하며, '후
일분'은 저녁을 말한다. 이 삼시에 항사와 같은 신명으로써
보시하기를 백천만억겁 및 무량·무수하게 하면 비록 무
량한 복덕의 과보를 받을지라도 그것은 세간의 복덕일 뿐
이다. 세간의 복덕을 받는 것은 곧 번뇌에 물드는 인(因)
이다. 이 경전을 듣고 신심으로 의심하지 않는다면 곧 자
성을 보게 된다. 자성을 보면 곧 깊이 실상을 해명하여 인
(人)·법(法)의 이공이 되는데, 이에 그것이 곧 대오한
사람으로서 출세간의 복덕을 위한다. 그러나 부처님께서는
세상 사람들이 여래의 인욕에 대한 설법은 헛되게 몸으로
보시하는 것일 뿐으로 자기의 자성과 타인의 자성에 조금
의 이익도 없다고 집착할 것을 염려한 까닭에 제13분에서
그것을 말한 것이다.
　여기에 이르러서 다시 말한 '불가사의하다'는 것은 마음
으로써 사유할 수도 없고, 언설로써 꾀할 수도 없는 것을

말한다. 그리고 '불가칭량'이란 저울로 잴 수가 없고 그릇으로 헤아릴 수가 없다는 것을 말한다. '끝이 없는 공덕'이란 만약 인 · 법에 집착하면 곧 유 · 무의 두 변제에 떨어지므로 오직 깊이 실상을 해명해야만 곧 불심과 동일하게 되어 변제가 없어진다. 이미 어루만져볼 변제가 없은즉 그것은 사의로써 헤아릴 수가 없는 보시가 된다.

壇經云。諸三乘人。不能測佛智者。患在度量也。饒伊盡思有推。轉加懸遠。御生云。書寫屬身業。受持屬意業。解說屬口業。三業氷淸。其福豈有倫匹哉。

　『단경』에서 말한다.
"모든 삼승이 부처님의 지혜를 헤아리지 못하는 탓은 분별심으로 헤아리기 때문이다. 설령 그들 삼승인이 모든 사량을 기울여 함께 헤아린다고 해도 점점 더 아득히 멀어질 뿐이다."118)
　감히[御生] 말한다.
"서사는 신업에 속하고, 수지는 의업에 속하며, 해설은 구업에 속한다. 이 삼업이 청정하면 그 복덕에 견줄 것이 어디 있겠는가."119)

---

118) 『六祖大師法寶壇經』, (大正藏48, p.356上)
119) 『憨山老人夢遊集』 卷9, (卍新續藏73, p.519下) "經云。若淨佛土。當淨自心。惟今修行淨業。必以淨心爲本。要淨自心。第一先要戒根淸淨。以身三口四意三。此十惡業。乃三途苦因。今持戒之要。先須三業淸淨。則心自淨。若身不殺不盜不婬。則身業淸淨。不妄言綺語兩舌惡口。則口業淸淨。意不貪不瞋不癡。則意業淸淨。如此十惡永斷。三業氷淸。是爲淨心之要" 참조.

蘇軾跋金剛經云。昔有人受持此經。常以手指。作捉筆狀。于
虛空中寫諸經法。是人去後。此寫經處雨不能濕。亦不可思議
處。

　소식(蘇軾, 蘇東坡 ： 1036-1106)은 『금강경』에　대한
발문에서　말한다.
"옛적에　어떤 사람이 『금강경』을 수지하였는데, 항상 손가
락으로 붓을 잡는 시늉을 하면서 허공에다 모든 경법을 사
경하였다. 그 사람이 죽은 후에 사경을 했던 그곳에는 비
가 내려도 젖지 않았으니 그 또한 불가사의한 곳이다."120)

如來為發大乘者說。為發最上乘者說。若有人能受持讀誦。廣
為人說。如來悉知是人。悉見是人。皆得成就不可量. 不可
稱. 無有邊. 不可思議功德。如是人等。則為荷擔如來阿耨多
羅三藐三菩提。何以故。須菩提。若樂小法者。著我見. 人
見. 眾生見. 壽者見. 即於此經。不能聽受讀誦. 為人解說。

---

120) 『金剛般若波羅蜜經感應傳』, (卍新續藏87, p.485上-中) "수나라　때
촉지방에 살았던 순씨는 일찍이 공터에서 멀리 허공을 바라보면서 금
강반야바라밀경을 손으로 서사하였다. 마침내 제천이 감응하여 그를
위호해주었는데, 비가 내려도 그곳은 젖지 않았기 때문에 목동들은 모
두 그 자리에서 비를 피하였다. 당나라 무덕 연간에 이르러 한 스님이
그 마을 사람들에게 말했다. '이 곳은 옛적에 어떤 사람이 경전을 서
사하였기 때문에 제천이 그 위에 보개를 설치하여 보호해준 것이다.
그러므로 사람들이 이곳을 밟고 다니도록 해서는 안 된다.' 후에 그것
에 울타리를 치고 불상을 공양하였다. 그러자 항상 천상의 음악소리가
들렸다. 隋時益州新繁縣西王李村 居士荀氏 晦跡不顯 人莫知之 昔於
村東空地上 遙望虛空 手寫 金剛般若經 遂感諸天龍神覆護 凡遇雨 此
地不濕 約有丈許 如屋覆然 每雨 則牧童小兒 皆避於此 至唐武德年間
有僧語村人曰 此地向來有人書經於此 致有諸天設寶蓋於上覆護 切不可
令人作踐 爾後設欄圍繞 供養佛像 每遇齋日 集遠近善友 誦經脩善 昔
聞天樂 聲振一方 遂為吉祥之地(矣)" 참조.

須菩提。在在處處。若有此經。一切世間. 天. 人. 阿修羅。所應供養。當知此處。即為是塔。皆應恭敬。作禮圍繞。以諸華香而散其處。

【경문】33.

여래는 대승심을 일으키는 자를 위하여 설하고 최상승심을 일으키는 자를 위하여 설한다. 만약 어떤 사람이 잘 수지하고 독송하며 널리 남을 위하여 설한다면 여래는 그 사람을 다 알고 그 사람을 다 보아 모두에게 불가량하고 불가칭하며 끝없고 불가사의한 공덕을 성취시켜준다.

이러한 사람들은 곧 여래의 아뇩다라삼먁삼보리를 감당한다. 왜냐하면 수보리야, 만약 소승법을 누리는 자라면 아견 · 인견 · 중생견 · 수자견에 집착하기 때문에 곧 이 경전을 잘 청수(聽受)하고 독송하며 남을 위하여 해설해 줄 수가 없다.

수보리야, 어느 곳이든지 만약 이 경전이 있는 곳이라면 일체 세간의 천 · 인 · 아수라가 마땅히 공양할 것이다. 마땅히 알아라. 그 곳은 곧 탑이 있는 곳으로서 모두가 공경하고 예를 드리며 위요(圍繞)하고 여러 가지 향과 꽃을 가지고 그곳에 흩뿌린다는 것을.

乘者車乘之乘。大乘謂菩薩乘。阿羅漢獨了生死。不度眾生。故云小乘。唯能自載而已。緣覺之人為中乘。如車乘之適中者也。菩薩為大乘。謂如車乘之大者。普能載度一切眾生也。此經欲普度眾生故。為發菩薩大乘者說。發乃起發。謂起發此以濟度眾生也。

'승(乘)'이란 차량의 탈것을 말한다. 대승은 보살승을 말한다. 아라한은 홀로 생사를 해결하고 중생을 제도하지 않기 때문에 소승이라고 말하는데, 오직 자기만을 태울 뿐이다. 연각의 사람은 중승으로서 저 차량 가운데서는 중간에 해당한다. 보살은 대승인데, 저 차량 가운데서는 큰 것을 말한다. 그래서 두루 싣고서 일체중생을 제도한다. 이『금강경』은 두루 중생을 제도하려는 것이기 때문에 보살로서 대승심을 일으킨 자를 위하여 설한다.

'발(發)'은 곧 기발(起發)이다. 말하자면 대승심을 기발함으로써 중생을 제도하는 것이다.

最上乘者。佛乘也。佛又能兼菩薩而載度之。則在大乘之上。故為最上乘。

'최상승'이란 불승(佛乘)이다. 부처는 또한 보살까지 아울러 싣고서 중생을 제도한다. 그런즉 대승의 위에 있기 때문에 최상승이 된다.

然此經為大根者說。豈拒絕於小哉。孔子云。夫婦之愚不肖。可以與知與能。故又云皆得成就。謂諸凡小乘。皆載此乘。共登佛頂耳。如來無上菩提智悲無量功德。只在擔荷二字。擔荷者。不屬別人。即是如是人等。如如不動。便能擔荷得起。若生種種諸見。謂我有智慧。炤破煩惱。便落二乘見解。羊鹿等機。上智大根。決不如是。

그리하여 이 경전은 대근자(大根者)를 위하여 설한 것인데, 어찌하여 소근자(小根者)를 거절한단 말인가. 공자는 말한다.

"필부의 어리석음으로도 그것을 알고 할 수가 있다."

그 때문에 또한 '모두에게 성취시켜준다.'고 말한 것은 모든 범부 및 소승들도 다 그 대승에 싣고서 함께 불승이라는 최고[佛頂]에 오른다는 것을 말한다. 여래의 무상보리 및 지혜와 자비의 무량한 공덕도 단지 담하(擔荷)라는 두 글자에 들어있다. 담하(擔荷)하는 사람이란 특별한 사람에게만 속해 있는 것이 아니라 바로 그 여시인(如是人)들에게도 즉해 있어서 여여부동하면 곧 담하(擔荷)를 일으킬 수가 있다.

그러나 만약 갖가지로 제견(諸見)을 일으켜서 자기한테 지혜가 있어서 밝게 번뇌를 타파한다고 말한다면 그것은 곧 이승의 견해인 양과 사슴 등의 근기에 떨어지고 마는데, 최상의 지혜와 대승의 근기라면 결코 그렇게 되지 않는다.

小法者。小乘法。便是有餘涅槃。安得法華授記也。

'소법(小法)'이란 소승법으로 그것은 곧 유여열반인데, 어찌 『법화경』의 수기를 얻을 수 있겠는가.

人我眾生壽者。不曰相而曰見。由粗入細。見分屬內。相分屬外。有粗細之別。

인 · 아 · 중생 · 수자에 대하여 인상 · 아상 · 중생상 · 수자상이라고 말하지 않고 인견 · 아견 · 중생견 · 수자견이라고 말한 것은 거침을 말미암아 섬세함에 들어가기 때문이다. 견분 곧 주관은 내(內)에 속하고 상분 곧 객관은 외(外)에 속하여 거침과 섬세함의 차별이 있다.

若有此經。譬如摩尼寶珠。瑞光輝煥。即此處即是如來真身舍利寶塔。非重此經也。重此聽受誦讀也。此持經者。所當自有聞思修慧。缺一不可。文字云乎哉。解脫之性。巍巍高顯。故云是塔。華香散處。開敷知見。熏植萬行。即法界性。自然顯見於其問<間?>耳。

'만약 이 경전이 있는 곳이라면'은 마니보주가 서광으로 환하게 빛나는 것을 비유한 것이다. 곧 그곳이야말로 바로 여래의 진신사리보탑으로서, 이 경전이 소중한 것이 아니라 이 경전을 청수(聽受)하고 송독(誦讀)하는 것이 소중함을 말한 것이다.

그 경전을 수지하는 사람은 마땅히 본래부터 문혜(聞慧)와 사혜(思慧)와 수혜(修慧)를 지니고 있어야지 그 가운데서 하나라도 결여되면 안 된다는 것이지, 어찌 문자를 해탈의 자성이라고 말하겠는가.

외외(巍巍)하고 높이 드러나 있기[高顯] 때문에 그것을 '탑(塔)'이라고 말하는데, 그곳은 향과 꽃을 흩어주는 곳으로서 지견을 열어 펼치고 만행을 깊이 심은즉 그간에 법계의 자성이 자연히 드러나게 된다.

書寫是手具般若。屬身根。受持是心具般若。屬意根。誦讀是
口具般若。屬舌根。皆自利事。爲人解説。是利人事。到利人
則法施極。則爲擔荷如來之大事。

　'서사'는 곧 손으로 반야를 갖추는 것으로 신근에 속하
고, '수지'는 곧 마음으로 반야를 갖추는 것으로 의근에 속
하며, '송독'은 곧 입으로 반야를 갖추는 것으로 설근에 속
하는데, 모두 자리를 위한 수행이다.
　그러나 '위인해설(爲人解説)'은 곧 남을 이롭게 하는 수
행이다. 남을 이롭게 하는 데에 도달하는 것은 곧 법시의
궁극으로서 곧 여래의 대사(大事)를 담하(擔荷)하는 것이
다.

列子。周穆王時。西極有化人來。王與同遊。及化人之宮。若
屯雲焉。視王宮榭。如累塊積蘇。此雖寓言。與佛莊嚴塔廟。
其理不異。西極化人。非古佛乎。記之備考。

　『열자』에서 말한다.
"주나라 목왕시대에 서쪽 끝에서 어떤 화인(化人)이 도래
하였다. 왕이 그와 더불어 어울려 놀았다. 화인이 만든 궁
에 이르렀는데 마치 구름층과 같았다. 그러나 왕궁의 정자
를 보니 흙덩이를 쌓고 나무쪼가리를 쌓은 것과 같았다."
　이것은 비록 우화이지만 불장엄탑묘(佛莊嚴塔廟)에 비추
어보면 그 도리가 다르지 않다. 서쪽 끝에서 온 화인이야
말로 옛적의 부처가 아니던가. 그것을 기록하여 비고로 삼
는다.

肅宗問忠國師。百年後須何物。師云。與老僧作個無縫塔。帝
不會。天童頌曰。孤逈逈。圓陀陀。眼力盡處高峨峨。可知即
為是塔。不是七級浮屠。

숙종이 남양혜충 국사에게 물었다.
"입적하신 후에 무엇이 필요하십니까."
국사가 말했다.
"노승에게 무봉탑을 만들어주십시오."
그러나 황제가 이해하지 못했다.
이에 대하여 천동굉지가 게송으로 말했다.
"아득히 높아 우뚝하고 둥글어 곱고 아름다우니
눈길이 닿는 끝까지 아득하게 드높고 드높다네"121)
이로써 그 무봉탑이란 바로 탑인 줄 알 것이다. 그러나
그것은 7층탑의 부도는 아니다.

---

121) 『宏智禪師廣錄』卷2, (大正藏48, p.26上)

○能淨業障分第十六

[解15]122)

復次。須菩提。善男子. 善女人。受持讀誦此經。若為人輕
賤。是人先世罪業。應墮惡道。以今世人輕賤故。先世罪業即
為銷滅。當得阿耨多羅三藐三菩提。

17. 제십육 능정업장분

[주해15 : 현재와 과거와 미래]

【경문】 34.

또한 수보리야, 선남자 선여인이 이 경전을 수지 독송하
였는데도 만약 남들로부터 경멸과 천대[輕賤]를 받는다고
하자. 이 사람은 선세의 죄업이 응당 악도에 떨어질 판이
었다. 그러나 금세에 남들로부터 천대받는 까닭에 전생의
죄업이 곧 소멸되고 마땅히 아뇩다라삼막삼보리를 얻을 것
이다.

此分經中。專為破罪而言。先世罪業應墮惡道。何以今世尚能
持誦。政第六分中能生信心種諸善根者。故能生淨信。持誦此
經也。持經即見清淨本心。造罪由心造。罪性本空。心滅罪
亡。宿業何有。葢先世罪業。即前念妄心。今世輕賤。即後念
覺心。故當得無上正等正覺也。為人輕賤。先世罪業即為消
除。則輕賤亦是便益。此所以割截身體。亦不嗔恨。

---

122) 現在過去未來

이 대목은 경문에서 오직 죄업의 타파에 대하여 말한 것이다.

선세의 죄업이 응당 악도에 떨어질 판이었는데 어째서 금세에 오히려 경전을 수·지·독·송할 수 있게 된 것인가. 그것은 제6분 가운데서 신심을 일으켜서 모든 선근을 심은 사람이기 때문에 청정한 믿음을 일으키고 이 경전을 수·지·독·송할 수가 있다. 경전을 수지하면 곧 청정한 본심을 본다. 죄를 짓는 것은 마음을 말미암은 것인데 죄의 자성은 본래 공하므로 마음이 소멸하면 죄도 없어진다.

그런데 숙업이 어디 있겠는가. 무릇 선세의 죄업은 곧 전념이 망심이기 때문이다. 금세에 천대받는 것은 곧 후념이 각심이기 때문에 반드시 무상정등정각을 터득하게 된다. 남에게 천대받아 선세의 죄업이 곧 소멸된즉 경천시되는 것도 또한 이익이 된다. 이것이야말로 신체가 잘려도 또한 진한을 내지 않는 이유이다.

須菩提。我念過去無量阿僧祇劫。於然燈佛前。得值八百四千萬億那由他諸佛。悉皆供養承事。無空過者。若復有人。於後末世。能受持讀誦此經。所得功德。於我所供養諸佛功德。百分不及一。千萬億分. 乃至算數譬喩所不能及。

【경문】35.
수보리야, 내가 생각해 보건대 과거 무량한 아승지겁에 연등불을 친견하기 이전에 팔백 사천만억 나유타의 제불을 친견하고 모두 다 공양하고 승사(承事)하여 헛되이 지나친 적이 없었다.

만약 또 어떤 사람이 후말세(後末世)에 잘 이 경전을 수
지하고 독송하여 얻는 공덕을 내가 제불께 공양한 것으로
얻은 공덕으로 말하자면 그 백분의 일에도 미치지 못하고
천만억분 내지 산수나 비유로도 미칠 수가 없다.

阿僧祇. 那由他。梵語。皆無數之謂。歷無數劫。供無數佛。
求福而已。不若持此眞經。見我本性。永離輪迴。五祖云。終
日供養。只求福田。不求出離生死苦海。自性若迷。福何可
救。是故供佛功德。雖百分. 百千萬億分乃至算數之多。皆不
及持經功德之一分也。所比功德。不以他人所得之功德比之。
卽以如來自己供養諸佛之功德比之。乃愈見其親切。梁武帝造
寺布施供佛設齋。問祖師達磨。有何功德。答曰。實無功德。
後人不了此意。韶州韋使尹＜君?＞。因問六祖。六祖曰。造
寺布施供佛設齋。名爲修福。不可將福以爲功德。功德在法身
中。非在修福。

'아승지' 및 '나유타'는 범어로서 모두 그것은 계산할 수
없음을 말한다. 무수겁에 걸쳐서 무수한 부처님에게 공양
을 하여 복덕을 추구해왔다. 그러나 그것은 이 진경을 수
지해서 자신의 본성을 보아서 영원히 윤회를 벗어나는 것
만 못하다.
　　오조홍인(五祖弘忍 : 601-674)은 말한다.
"종일토록 공양하면서 그저 복전만 추구할 뿐이지 생사의
고해를 벗어나려고 추구하지 않구나. 그런데 자성이 미혹
하면 복전을 어찌 추구하겠는가."123)

---

123) 돈황본 『壇經』, (大正藏48, p.337中) "汝等門人 終日供養 只求福田

이런 까닭에 부처님에게 공양한 공덕일지라도 지경공덕
에 비하면 백 분의 일에도 미치지 못하고, 천만억 분의 일
에도 미치지 못하며 내지 산수의 많음의 일에도 미치지 못
한다. 모두 경전을 수지한 공덕의 일분에도 미칠 수가 없
다.

여기에서 비교한 공덕은 타인이 얻은 공덕으로써 그것을
비교한 것이 아니라 곧 여래 자기가 제불에게 공양한 공덕
으로써 그것을 비교한 것이다. 이에 더욱이 그 비교의 친
절함을 볼 수가 있다.

양나라 무제는 사찰을 짓고 보시하며 부처님께 공양하고
재를 베풀었다. 그가 달마조사에게 물었다.
"어떤 공덕이 있습니까."

달마가 답했다.
"실로 공덕이 없습니다."[124]

후인들은 그 뜻을 이해하지 못하였다. 그에 대하여 소주
의 위사군(韋使君)이 육조에게 묻자, 육조가 말했다.
"사찰을 짓고 보시하며 부처님께 공양하고 재를 베푼 것은
복덕을 닦은 것입니다. 복덕을 가지고는 공덕을 이룰 수가
없습니다. 공덕은 법신 가운데 있는 것이지 복덕을 닦는
것에는 없습니다."[125]

須菩提。若善男子. 善女人。於後末世。有受持讀誦此經。所

不求出離生死苦海 汝等自姓迷福門 何可救汝";『六祖大師法寶壇經』,
(大正藏48, p.348上-中)"汝等終日 只求福田 不求出離生死苦海 自性
若迷 福何可救"참조.
124)『六祖大師法寶壇經』, (大正藏48, p.351下)
125)『六祖大師法寶壇經』, (大正藏48, pp.351下-352上)

得功德。我若具說者。或有人聞。心即狂亂。狐疑不信。須菩
提。當知是經義不可思議。果報亦不可思議。

【경문】36.
　수보리야, 만약 선남자 선여인이 후말세에 이 경전을 수
지하고 독송하여 얻은 공덕을 내가 만약 자세하게 설한다
면 혹 어떤 사람은 그것을 듣고 마음이 광란(狂亂)해지고
의심하여 믿지 못한다.
　수보리야, 마땅히 알라. 이 경전의 뜻도 불가사의하고
그 과보도 또한 불가사의하다는 것을.

具盡也。我若盡說其功德。人則狂亂狐疑不信。以其極大。不
免驚怪。無上醍醐。翻成毒藥。不可思議者。心無所住。豈容
思。無法可說。豈容議。思議有盡境。不可思議。無盡境也。
經義不可思議。所為如是之經。果報不可思議。所為福德亦復
如是也。如如之體。稍涉擬議。便落第二義。稍涉因果。便落
有為福。即如梁武．苻堅捨身迎佛。無救于亡。而歌利割截身
體。體復如故。此中可著參解哉。葢阿含教中。罪福熾然。般
若教中。罪福皆空。

　'구(具)'는 진(盡)이다. 내가 만약 그 공덕에 대하여 모
두 말한다면 사람들은 곧 미쳐버리고 의심하며 믿지 못할
것이다. 이로써 그 공덕이 대단히 커서 놀라움을 면할 수
가 없다. 무상(無上)의 제호라도 변하면 독약이 된다.
　'불가사의(不可思議)'는 마음에 주함이 없는데 어찌 사
(思)를 용납하고, 설할 법이 없는데 어찌 의(議)를 용납하

겠는가. 불가사의는 무진의 경계이다. 경전의 뜻이 불가사
의한 것은 여시(如是)한 경전이기 때문이고, 경전의 과보
가 불가사의한 것은 복덕도 또한 여시(如是)하다는 것이
다.

여여한 본체에 대해서는 조금만 의의(擬議)하려고 해도
곧 제이의에 떨어지고, 조금의 인과만 들이대도 곧 유위복
에 떨어지고 만다. 곧 양의 무제와 전진의 부견(苻堅)이
사신(捨身)함으로써 부처를 환영하여 죽음에 이르러서도
구원을 바라지 않았다. 그리하여 가리왕에게 신체가 잘렸
지만, 몸이 다시 이전처럼 회복되었다는 것을 이 가운데서
도 분명히 이해할 수가 있다. 무릇 아함교에서는 죄와 복
이 치연하지만, 반야교에서는 죄와 복이 모두 공하다.

博山異和尚曰。此段經文。縛殺多少人。若以因果評之。入地
獄如箭射。

박산무이(博山無異 : 1575-1630) 화상이 말한다.
"이 단락의 경문은 수많은 사람을 얽어매버렸다. 만약 인
과로써 그것을 평가하자면 지옥에 들어가는 것이 마치 쏜
살과 같다."126)

今世輕賤是見＜現＝?＞在。先世罪業是過去。於後末世是未
來。受持讀誦。則三心俱不可得。業障於何處見。

---

126) 『無異元來禪師廣錄』 卷10, (卍新續藏72, p.281中) "者般說話＜此段
經文＝?＞ 縛殺多少人 ＜此段經文＋?＞ 解脫多少人 兼雌帶黃 滅胡種族
若以因果評 入地獄如箭射" 참조.

‘금세에 천대받는 것’은 곧 현재이고, ‘선세의 죄업’은 곧 과거이며, ‘후말세에’는 곧 미래이다. 수지하고 독송한즉 과거와 현재와 미래라고 분별하는 삼세에 대한 마음이 모두 없는데 업장을 어디에서 볼 수가 있겠는가.

○究竟無我分第十七
[解16]127)
爾時。須菩提白佛言。世尊。善男子. 善女人。發阿耨多羅三
藐三菩提心。云何應住。云何降伏其心。佛告須菩提。善男
子. 善女人。發阿耨多羅三藐三菩提心128)者。當生如是心。
我應滅度一切眾生。滅度一切眾生已。而無有一眾生實滅度
者。何以故。須菩提。若菩薩有我相. 人相. 眾生相. 壽者
相。則非菩薩。所以者何。須菩提。實無有法發阿耨多羅三藐
三菩提心129)者。

18. 제십칠 구경무아분

[주해16 : 또 주심(住心)과 항심(降心)의 요체는 모두 무
아와 무법[無我·法]130)으로 돌아간다는 것을 제기한다]

【경문】 37.
　그때 수보리가 부처님께 말씀드렸다.
"세존이시여, 선남자 선여인이 아뇩다라삼먁삼보리의 마음
을 일으켜서는 마땅히 어떻게 머물러야 하고 어떻게 그 마
음을 다스려야 합니까."
　부처님께서 수보리에게 말씀하셨다.
"만약 선남자 선여인으로서 아뇩다라삼먁삼보리심을 일으

---

127) 又提住心降心之要總歸於無我法
128) 고려대장경본에는 心이 없다.
129) 고려대장경본에는 心이 없다.
130) 여기에서 無我法의 해석은 無我의 法이 아니라 無我空과 無法空 곧
　　 俱空의 뜻으로 이해된다.

킨 자는 마땅히 이와 같은 마음[如是心]을 일으켜야 한다.
'나는 응당 일체중생을 멸도하리라'라고. 그리고 일체중생
을 멸도하고 나서는 더욱이 '한 중생도 실로 멸도한 자가
없다'라고.

　왜냐하면 수보리야, 만약 보살에게 아상 인상 중생상 수
자상이 있으면 곧 보살이 아니기 때문이다.

　왜냐하면 수보리야, 실제로 아뇩다라삼먁삼보리심을 일
으키는 법은 있을 수 없기 때문이다.

應無所住。應如是降伏其心。第三四分已言之。至此再舉者。
蓋前從菩薩身上說。此從善男女發心說。此接引苦心也。蓋既
開示降住之法。恐人謂我能住。我能降伏。我能發心。猶是眼
中金屑。故此再問。云何降心應住。此發心者。比前轉深義。
謂前教於法應無所住。是則佛果菩薩亦不可住矣。發阿耨多羅
三藐三菩提心者。當生如是心。即如如不動之心。即佛法無二
之心也。生如是心。則是法矣。此又言實無有法發阿耨多羅三
藐三菩提心。何也。蓋當生如是心者。以無所住而生也。若有
生之心。便非如是之心。故如是心亦應除遣。蓋能度所度。
能滅所滅。能降所降。能住所住。皆落法執。佛恐誤認所謂生
如是心者。故此說破。然則非徒無滅度衆生一切相。而并此發
求真性之心者亦本無也。求性之心。尚有微細四相。但少有悟
心。是我相。見有智慧能降伏煩惱。是人相。見<有+?>降伏
煩惱竟。是衆生相。見<有+?>清淨心可得。是壽者相。不除
此念。皆是有法。故云實無有法。發菩提心。豈易究竟。

　'마땅히 주함이 없이' 그리고 '마땅히 여시(如是)하게 그

마음을 다스려야 한다.'는 것에 대해서는 제3분 및 제4분에서 이미 그것에 대하여 말했다. 그런데 여기 제17분에 이르러서 다시 언급한 것은 무릇 앞에서는 보살의 신상에 따라서 설하였지만, 여기에서는 선남자 선여인의 발심에 따라서 설한 것으로 이것이야말로 접인하는 것에 대하여 고심한 것이다.

무릇 이미 항복기심과 응운하주의 설법을 개시하였음에도 불구하고 사람들이 '나는 주한다. 나는 다스린다, 나는 발심한다'고 말하는 것은 마치 눈 속의 금가루와 같은 까닭에 여기에서 거듭하여 질문한 것이다.

'어떻게 마음을 다스리고 마땅히 주해야 하는가.'라는 이 발심은 앞의 경우[第一周法門]보다 점점 깊어지는 뜻을 비교한 것이다. 말하자면 앞[第一周法門]에서는 법에 대하여 응당 주함이 없어야 한다고 가르쳤는데, 이것은 곧 불과를 터득한 보살의 경우에도 또한 주해서는 안 된다는 것이다.

아뇩다라삼먁삼보리심을 일으킨 사람은 마땅히 여시(如是)의 마음을 일으켜야 하는데, 그것은 바로 여여에 즉한 부동의 마음과 불법에 즉한 무이(無二)의 마음이다. 여시(如是)의 마음을 일으키면 바로 그것이 법이다.

이 또한 '실로 법에는 아뇩다라삼먁삼보리심을 일으켰다는 것은 있을 수 없다.'고 말한 것은 무엇인가. 무릇 마땅히 여시(如是)의 마음을 일으켜야 한다는 것은 주함이 없이 일으키는 것이다. 만약 일으켰다는 마음이 있다면 그것은 곧 여시(如是)의 마음이 아니다. 그 때문에 여시(如是)의 마음도 또한 응당 없애야 한다.

무릇 능도(能度)와 소도(所度), 능멸(能滅)과 소멸(所

滅), 능항(能降)과 소항(所降), 능주(能住)와 소주(所住)는 모두 법집에 떨어진 것이다. 부처님은 소위 '여시(如是)의 마음을 일으켜야 한다'는 것을 오인할 것을 염려한 까닭에 이렇게 설파한 것이다. 그런즉 중생의 일체상을 멸도하였고 아울러 진성을 추구하는 그 마음을 일으킨 사람도 또한 본래 없다는 것이 헛되지 않게 된다. 진성을 추구하는 마음에도 오히려 미세한 사상이 남아 있다.

무릇 깨치려는 마음이 조금이라도 남아 있으면 그것이 아상이고, 지혜로 번뇌를 다스리려는 견해가 남아 있으면 그것이 인상이며, 번뇌를 이미 다스렸다는 견해가 남아 있으면 그것이 중생상이고, 청정심을 터득했다는 견해가 남아 있으면 그것이 수자상이다. 이러한 사상(四相, 念)을 없애지 못하면 그것은 모두 법(法)이 남아 있는 것이다. 그 때문에 '실로 법에는 아뇩다라삼먁삼보리심을 일으켰다는 것이 없다.'고 말한다. 그런데 그것이 어찌 쉽게 구경이 될 수가 있겠는가.

須菩提。於意云何。如來於然燈佛所。有法得阿耨多羅三藐三菩提不。不也。世尊。如我解佛所說義。佛於然燈佛所。無有法得阿耨多羅三藐三菩提。佛言。如是。如是。須菩提。實無有法如來得阿耨多羅三藐三菩提。

【경문】 38.
수보리야, 어떻게 생각하느냐. 여래가 연등불 처소에서 아뇩다라삼먁삼보리를 얻은 법이 있었느냐."
"아닙니다. 세존이시여, 제가 부처님께서 설하신 뜻을 아는

바로는 부처님께서는 연등불 처소에서 아뇩다라삼먁삼보리
를 얻은 법이 없습니다."

부처님께서 말씀하셨다.

"그렇다. 바로 그렇다. 수보리야, 실로 여래가 아뇩다라삼
먁삼보리를 얻은 법이 없다.

此法字。比前問又深。前云有法。義屬于他。是心外之見。此
云有法。義屬于自。乃內心之障。既發菩提心。則無修無證。
何法可得。如是如是者。兩心善契。佛與然燈佛。須菩提。總
在無法無得中矣。此如字即如來之如。亦即法如之如。又即此
經如如不動之如也。佛與空生相對。又復何言。

여기에서 '법'이라는 글자는 앞의 질문과 비교하여 또한
심화되었다. 저 앞에서 말한 유법(有法)은 그 뜻이 남한테
속하는 것인데, 이것은 마음 밖의 견해[見]였다. 그러나
여기에서 말한 유법(有法)은 그 뜻이 자기한테 속하는 것
인데, 내심의 장애[障]이다. 이미 보리심을 일으킨즉 수행
할 것도 없고 증득할 것도 없는데 터득할 법이 어디 있겠
는가.

'그렇다. 바로 그렇다.[如是如是]'는 것은 두 사람의 마
음이 잘 계합된 것이다. 불(佛)과 연등불과 수보리는 모두
설법도 없고 얻음도 없는 가운데 놓여 있다. 여기에서 '여
(如)'라는 글자는 곧 여래의 '여'이고 또한 곧 법여의 여이
다. 또한 이 경전에 즉한 여여부동의 여이다. 불(佛)과 공
생(空生)이 상대하는데 또 다시 무슨 말이 필요하겠는가.

須菩提。若有法如來得阿耨多羅三藐三菩提者。然燈佛則不與
我授記。汝於來世。當得作佛。號釋迦牟尼。以實無有法得阿
耨多羅三藐三菩提。是故然燈佛與我授記。作是言。汝於來
世。當得作佛。號釋迦牟尼。何以故。如來者。即諸法如義。

【경문】 39.

　수보리야, 만약 여래가 아뇩다라삼먁삼보리를 얻은 법이
있다면 연등불은 곧 나에게 '그대는 내세에 반드시 부처가
되는데 호는 석가모니이다.'는 수기를 주지 않았을 것이다.
실제로 아뇩다라삼먁삼보리를 얻은 법이 없다. 이런 까닭
에 연등불은 나에게 수기를 주어 다음과 같이 말하였다.
'그대는 내세에 반드시 부처가 되는데 호는 석가모니이다.'
왜냐하면 여래란 곧 제법에 여여(如如)하다는 뜻이기 때문
이다.131)

與我授記當得作佛者。因智慧而得見本性也。若有能所之心。
即是有法可得。性同凡夫。如何得授記。

　'반드시 부처가 된다고 나한테 수기를 주었다.'는 것은
지혜를 인하여 본성을 본 것이다. 그러나 만약 능소의 마
음이 있으면 곧 그것은 얻은 법이 있다는 것으로서 자성이
범부와 동일한데, 어떻게 수기를 받겠는가.

釋迦之義。此云能仁。牟尼之義。此云寂嘿。能仁者。心量無

---

131) 여래의 정의에 대하여 『금강경』에서는 이곳 구경무아분 '諸法如義'
　　 및 이하 제29 위의적정분 "如來者 無所從來 亦無所去 故名如來"의
　　 두 군데가 있다.

邊。含容一切。寂嘿者。心體本寂。動靜不生也。如來者。謂
真性佛。葢如者。謂真性徧虛空世界。而常自如。又隨所感而
來現。故名如來。詳言之。則為阿耨多羅三藐三菩提。略言
之。則為如來。又略言之。則為佛。淨名云。如者不二不異。
一切法如也。一切眾生眾聖賢乃至彌勒亦如也。諸佛菩提涅槃
亦如也。來亦如也。去亦如也。如如之中。何容一法。真性妙
明。中天杲日。於諸法上都無取捨。是諸法如義。

　'석가'라는 뜻은 번역하면 능인(能仁)이고, '모니'라는 뜻
은 번역하면 적묵(寂嘿)이다. 능인이란 심량이 무변하여
일체를 머금는 것이고, 적묵이란 심체가 본적하여 동정이
발생하지 않는 것이다.
'여래'는 진성불을 말한다. 무릇 '여'는 진성이 허공세계에
편만하여 항상 자여(自如)하는 것을 말한다. 또한 감응하
는 바를 따라서 찾아와 나타나기 때문에 여래라고 말한다.
더욱 상세하게 말하자면 곧 아뇩다라삼먁삼보리이고, 간략
하게 말하자면 곧 여래이며, 더욱 생략하여 그것을 말하자
면 곧 불(佛)이다.
　정명(淨名, 維摩詰)은 "여(如)는 불이(不二)이고 불이
(不異)이다."[132]고 말한다. 일체법(一切法)도 여(如)이고,
일체의 중생과 뭇 성현 내지 미륵도 또한 여(如)이며, 제
불의 보리와 열반도 또한 여(如)이고, 래(來)도 또한 여
(如)이며, 거(去)도 또한 여(如)이다. 여여 가운데는 일법
인들 어찌 용납되겠는가. 진성의 묘명은 중천에 높이 뜬
해와 같아서 제법에 아무것도 취사할 것이 없는데 이것이

---

132) 『維摩詰所說經』卷1, (大正藏14, p.542中)

바로 제법에 여여(如如)하다는 뜻이다.

若有人言。如來得阿耨多羅三藐三菩提。須菩提。實無有法。
佛得阿耨多羅三藐三菩提。須菩提。如來所得阿耨多羅三藐三
菩提。於是中無實無虛。是故如來說。一切法皆是佛法。須菩
提。所言一切法者。即非一切法。是故名一切法。須菩提。譬
如人身長大。須菩提言。世尊。如來說。人身長大。則為非大
身。是名大身。

【경문】 40.
　만약 어떤 사람이 여래는 아뇩다라삼먁삼보리를 얻었다
고 말해도, 수보리야, 실로 불(佛)이 아뇩다라삼먁삼보리
를 얻은 것은 없다.
　수보리야, 여래가 얻은 아뇩다라삼먁삼보리는 그 가운데
실도 없고 허도 없다. 이런 까닭에 여래는 일체법을 모두
그대로 불법이라고 설한다.
　수보리야, 말한 일체법이란 곧 일체법이 아니다. 이런
까닭에 일체법이라고 말한다.
　수보리야, 비유하면 사람의 몸이 장대한 것과 같다.”
　수보리가 말했다.
“세존이시여, 여래께서 설한 사람의 몸이 장대하다는 것은
곧 대신이 아닙니다. 그것을 대신이라고 말합니다.”

凡言得者。皆自外而得。此真性豈有自外而得哉。故言得者。
則為不實語也。無實者。以菩提無色相故。無虛者。色相空處
即是菩提。如來所證菩提之法。不空不有。故曰無實無虛。諸

法皆是用之以修行。而成佛之名也。佛即是法。法即是佛

　무릇 '얻었다'고 말한 것은 모두 자기 밖에서 얻은 것이다. 이것은 진성을 어찌 자기 밖에서 얻을 수 있겠는가 하는 것이다. 그러므로 '얻었다'고 말한 것은 곧 실어(實語)가 아니다.
　'실도 없다'는 것은 보리에 색상이 없기 때문이다.
　'허도 없다'는 것은 색상이 공한 도리 그것이 곧 보리이다. 여래가 증득한 보리법은 공도 아니고 유도 아니다. 그 때문에 실도 없고 허도 없다고 말한다. 제법은 모두 보리의 작용으로써 수행해서 성불한 결과의 명칭이다. 불은 곧 그대로 법이고 법은 곧 그대로 불이다.

馬祖云。一切眾生。從無量劫來。不出法性三昧。若能一念迴光返照。全體聖心。何處不是佛法。故言一切法皆是佛法。然佛恐人泥於法。隨又掃去。謂諸法實無所得。故云即非一切法。古德云。用即知而常寂。不用即寂而常知也。皆是佛法。故無虛。即非一切法。故無實。色身有相。即非大身。法身無相。廣大無邊。故為大身。恐人不識法身真理。故舉此譬之。

　마조도일(馬祖道一 : 709-788)는 말한다.
"일체중생은 무량겁토록 법성삼매를 벗어나 있은 적이 없었다. (언제나 법성삼매 가운데서 옷을 입고 밥을 먹으며 상대하여 말을 한다. 그 때문에 육근의 작용과 일체의 행동거지가 모두 법성이다. 그런데도 불구하고 근원으로 돌아갈 줄을 모르고 명칭과 형상만 좇아 미혹한 마음을 함부

로 일으켜서 갖가지 없을 짓는다.) 만약 일념 동안만이라
도 반조한다면 전체가 부처의 마음이 된다."133)

그런데 어디인들 불법이 없겠는가. 그 때문에 '일체법이
모두 그대로 불법이다.'고 말한다. 그러나 부처님께서는 사
람들이 법에 빠져드는 것을 염려하고 또한 소위 제법은 실
로 무소득이라는 것을 소거(掃去)해주려는 것을 따르는 까
닭에 '곧 일체법이 아니다.'고 말한다.

고덕은 말한다.
"작용하면 곧 알고 있지만 항상 고요하고, 작용하지 않으
면 곧 고요하지만 항상 비춘다."134)

'모두 불법이다.'는 것이기 때문에 허(虛)도 없고, '곧 일
체법이 아니다.'는 것이기 때문에 실(實)도 없다. 색신에는
상이 있으므로 곧 대신이 아니지만, 법신은 상이 없어 광
대무변하므로 곧 대신이 된다. 그런데 사람들이 법신의 진
리를 모를 것을 염려하는 까닭에 여기에서 그것을 비유로
언급한 것이다.

御生云。一切法皆是佛法者。如青青翠竹咸是真如法身。鬱蘙
黃華無非自性般若。言一切法。即非一切法者。如海慧云。黃
華若是般若。般若即同無情。翠竹若是法身。法身即同草木。
如人喫笋。喫著法身。以是即非。俱不可說。故如來于勝義般
若中。巧施法句曰。假名一切法。皆是法王身。

---

133) 『四家語錄』 卷1 「馬祖道一禪師廣錄」, (卍新續藏69, p.3上) "從無量
    劫來 不出法性三昧 長在法性三昧中 著衣喫飯 言談祇對 六根運用 一
    切施為 盡是法性 不解返源 隨名逐相 迷情妄起 造種種業 若能一念返
    照 全體聖心"
134) 『金剛經補註』 卷2, (卍新續藏24, p.838中)

감히[御生] 말한다.

"'일체법이 모두 그대로 불법이다.'는 것은 청청한 취죽(翠竹)은 모두 그대로 진여법신이고, 울울한 황화(黃華)는 자성반야 아님이 없다는 것과 같다."

'말한 바 일체법이란 곧 일체법이 아니다.'는 것에 대하여 대주혜해(大珠慧海)는 말한다.

"만약 황화(黃華)가 그대로 반야라면 반야는 곧 무정과 같고, 만약 취죽(翠竹)이 그대로 법신이라면 법신은 곧 초목과 같다. 이에 사람이 죽순을 먹으면 법신을 먹는 것과 같다."135)

이에 '시(是)와 즉(卽)과 비(非)'에 대해서는 모두 설할 수가 없다. 그 때문에 여래는 승의반야(勝義般若) 가운데서 교묘하게 법구를 시설하여 '가명의 일체법이 모두 그대로 법왕의 몸이다.'고 말한다.

須菩提。菩薩亦如是。若作是言。我當滅度無量眾生。則不名菩薩。何以故。須菩提。實無有法名為菩薩。

【경문】 41.

"수보리야, 보살도 또한 그와 같다.[如是] 만약 다음과 같이 '나는 진실로 무량한 중생을 멸도시키겠다.'고 말한다면 곧 보살이라고 말할 수가 없다. 왜냐하면 수보리야, 실로 법에는 보살이라고 말할 수 있는 것이 없기 때문이다.

---

135)『五燈會元』卷3, (卍新續藏80, p.80上) "黃華若是般若 般若即同無情 翠竹若是法身 法身即同草木 如人喫筍 應總喫法身也" 참조.

梵語菩薩。此云覺眾生。菩薩亦如是者。法性本如。不變不
異。不礙隨緣。佛性本如。不變不異。不礙隨緣。非于如是
外。菩薩有最上希有之法也。佛外無法。故如來無＜爲?＞菩
薩＜提?＞可得。法外無佛。故無法為如來所得。淨名經云。
色性自空。非色滅空。如病眼人。見空中華。無有是處。惟無
有法。不見有生死。不見有善惡。不見有凡聖。不見一切法。
是名見法。正見之時。了無可見耳。經中有云作是念。有云作
是言。言者。從聽法說。欲其廣也。念者。從內心說。欲其細
也。

　범어 '보살'은 번역하면 각중생(覺眾生)이다.
　'보살도 또한 여시(如是)하다.'는 것은 법성의 본여가 불
변이고 불이로서 수연에 걸림이 없고, 불성의 본여(本如)
가 불변이고 불이로서 수연에 걸림이 없는 것도 여시(如
是)를 벗어나 있는 것이 아니므로 보살에게 최상의 희유한
법이 있는 것이다. 부처를 벗어나서는 법이 없기 때문에
여래로서 터득한 보리가 없고, 법을 벗어나서는 부처가 없
기 때문에 법으로서 여래가 터득한 것이 없다.
　『정명경』에서 말한다.
"색의 자성이 본래 공한 것이지 색이 소멸하여 공이 되는
것이 아니다."136)
　마치 눈병에 걸린 사람은 허공의 꽃을 보지만 그런 일은
있을 수가 없는 것과 같다. 오직 법이 있어서가 아니라 생
사가 있어도 그것을 보지 않고 선악이 있어도 그것을 보지

---

136)『維摩詰所說經』卷2, (大正藏14, p.551上) "非色滅空 色性自空"

않으며 범성이 있어도 그것을 보지 않아야 한다. 이처럼 일체법이 있어도 그것을 보지 않아야 그것을 가리켜서 진정으로 법을 본다고 말한다. 정견의 경우란 가히 볼 것이 없음을 아는 것일 뿐이다.

경문에서 혹 '다음과 같이 생각한다'는 대목과, 혹 '다음과 같이 말한다'는 대목에서 '말한다'는 것은 청법을 따라서 설하는 것으로 그것을 대충 하려는 것이고, '생각한다'는 것은 내심을 따라서 설하는 것으로 그것을 섬세하게 하려는 것이다.

是故佛說。一切法無我. 無人. 無眾生. 無壽者。須菩提。若菩薩作是言。我當莊嚴佛土。是不名菩薩。何以故。如來說。莊嚴佛土者。即非莊嚴。是名莊嚴。須菩提。若菩薩通達無我法者。如來說名真是菩薩。

【경문】42.

이러한 까닭에 불(佛)은 '일체법에는 아(我)도 없고 인(人)도 없으며 중생(眾生)도 없고 수자(壽者)도 없다.'고 설한다.137)

수보리야, 만약 보살이 다음과 같이 '나는 진실로 불토를 장엄하겠다.'고 말한다면 그것은 보살이라고 말할 수가 없다. 왜냐하면 여래는 '불토를 장엄한다는 것은 곧 장엄이 아니다. 그것을 장엄이라고 말한다'고 설하기 때문이다.

수보리야, 만약 보살로서 아상과 법상이 없음에 통달한

---

137) "是故佛說 一切法無我 無人 無眾生 無壽者"에 대하여 "이러한 까닭에 부처님께서 설한 일체법에는 我도 없고 人도 없으며 眾生도 없고 壽者도 없다."고 해석하는 것도 가능하다.

자라면 여래는 '참으로 그는 보살이라고 말한다.'고 설한
다.138)

佛說一切法。竝無我人諸相。是法本無我。安得纖毫有我。莊
嚴佛土。便是心有能所。便是罣礙。皆不通達無我. 法也。鈔
云。佛土者。心土也。以定慧之寶。莊嚴心內佛土者。菩薩
也。不言其功。而人莫見其跡。以金珠之寶。莊嚴世間佛土
者。凡夫也。自言其功。而常急於人見。

　부처님이 설한 일체법 및 무아상 · 무인상 · 무중생상 ·
무수자상 등은 그 법이 본래 무아인데 어찌 티끌만큼이라
도 아(我)가 있겠는가. 장엄불국토라고 하면 곧 마음에
능·소가 있는 것이고 곧 걸림이 있는 것으로서 모두 아상
과 법상이 없음에 통달한 것이 아니다.
　『금강경주해』에서는 말한다.
"『소초(疏鈔)』에서는 '불국토란 심토(心土)이다.'고 말한
다."139)
　정과 혜의 보배로써 마음속의 불국토를 장엄하는 사람은
보살인데 그 공(功)에 대하여 말하지 않은 것은 보살[人]
이라면 그 종적을 보아서는 안 되기 때문이다. 금주(金珠)
등의 보배로써 세간의 불국토를 장엄하는 것은 범부인데,
스스로 그 공(功)에 대하여 말하는 것은 항상 인견(人見)

---

138) "若菩薩通達無我法者　如來說名真是菩薩"이라는 대목에 대하여 일
　반적으로 "만약 보살로서 무아법에 통달한 자라면 여래는 '참으로 그
　는 보살이라고 말한다.'고 해석한다. 그러나 본 『금강경여
　시해』에서는 "만약 보살로서 아상과 법상이 없음에 통달한 자라면 여
　래는 '참으로 그는 보살이라고 말한다.'고 해석한다.
139) 『金剛經註解』卷3, (卍新續藏24, p.800上)

에 민감하기 때문이다.

文殊般若經云。爲一切衆生發大莊嚴。之<而?>心不見莊嚴
之相。是也。

　『문수반야경』에서 말한 "일체중생을 위하여 대장엄을 일
으키면서도 마음에서 장엄이라는 상을 보지 않는다."140)는
것이 바로 그것이다.

無我. 法者。即楞伽經所云二無我。謂人無我與法無我也。人
無我者。謂人無本體。因業而生。法無我者。謂法無本體。因
事而立。若作富貴之業。則生於富貴中。作貧賤之業。則生於
貧賤中。是人本無體也。若因欲渡水。則爲舟楫之法。因欲行
陸。則爲車輿之法。是法本無體也。

　'아상과 법상이 없다'는 것과 관련하여 곧 『능가경』에서
는 두 가지 무아를 말한다.141) 말하자면 인무아와 법무아
이다. 인무아는 말하자면 인(人)에 본래 체성이 없어서 업
(業)을 인하여 발생한다는 것이고, 법무아는 말하자면 법
(法)에 본래 체성이 없어 사(事)를 인하여 성립된다는 것
이다. 만약 부귀의 업을 지으면 곧 부귀한 가문에 태어나
고 빈천한 업을 지으면 곧 빈천한 가문에 태어난다는 것으
로 이것은 사람에게 본래 체성이 없다는 것이다. 만약 물
을 건너려고 하는 것을 인하여 곧 배와 노에 대한 방법이

---

140) 『文殊般若經』卷上, (大正藏9, p.726中) "爲一切衆生發大莊嚴 而心
　　不見莊嚴之相" 참조.
141) 『楞伽阿跋多羅寶經』卷3, (大正藏16, p.504中) 참조.

되고, 육지를 걸어가려고 하는 것을 인하여 곧 수레와 가마의 방법이 되는 것이 바로 법에 본래 체성이 없다는 것이다.

馬祖云。自性本來具足。但於善惡事上不滯。方<方-?>喚作修道人。取善捨惡。觀空入定。皆<卽?>屬造作。一念妄想<心?>。便<卽?>是三界生死根本。但無一念。是除生死根本。即得法王無上珍寶。故曰真是菩薩。

　마조도일은 말한다.
"자성이란 본래 구족되어 있는 까닭에 무릇 선·악의 대상에 빠지지 않으면 누구라도 수도인이라고 불린다. 그러나 선을 취하고 악을 버리며 공을 관찰하여 선정에 들어가려는 것은 곧 조작일 뿐이다. … 일념이라도 망심을 부리면 곧 삼계가 생사의 근본이 되고 만다. 무릇 그 일념조차도 없어야 곧 생사의 근본을 단제하여 바로 법왕의 무상진미를 터득하게 된다."142)
　그 때문에 '참으로 그는 보살이다.'고 말한다.

莊子云。黃帝遺珠。惟象罔得之。若有法能得菩提。便是無象中著象。故唯無所得。乃為真得。故老子曰。失者同于失。同于失者失亦樂得之。知失之為得。永得矣。

　『장자』에서 말한다.
"황제가 구슬을 잃어버렸는데 오직 상망(象罔)만이 그것을

---

142)『四家語錄』卷1「馬祖道一禪師廣錄」,（卍新續藏69, p.2下) 참조.

얻었다."

만약 터득한 보리가 있다면 그것은 곧 상(象)이 없는 가운데서 상(象)에 집착하는 것이다. 그 때문에 오직 터득한 것이 없는[無所得] 경우에만 이에 참으로 터득한[眞得] 것이 된다.

『노자』에서는 말한다.

"잃어버린 사람은 잃음과 같다. 잃어버린 사람과 같다는 것은 잃음 또한 그것[잃어버렸다는 것]을 얻어서 즐겁다."

그것을 잃어버린 줄을 안다는 것은 일종의 (잃어버린 줄을 아는 바로 그) 얻음이 되는데, 그것은 영원한 얻음이다.

○一體同觀分第十八

[解17]143)

須菩提。於意云何。如來有肉眼不。如是。世尊。如來有肉
眼。須菩提。於意云何。如來有天眼不。如是。世尊。如來有
天眼。須菩提。於意云何。如來有慧眼不。如是。世尊。如來
有慧眼。須菩提。於意云何。如來有法眼不。如是。世尊。如
來有法眼。須菩提。於意云何。如來有佛眼不。如是。世尊。
如來有佛眼。

19. 제십팔 일체동관분

[주해17 : 불안(佛眼)의 경지에 도달하면 모두가 그대로
무심(無心)이다]

【경문】 43.
"수보리야 어떻게 생각하느냐. 여래에게 육안이 있느냐."
"그렇습니다. 세존이시여, 여래에게 육안이 있습니다."
"수보리야 어떻게 생각하느냐. 여래에게 천안이 있느냐."
"그렇습니다. 세존이시여, 여래에게 천안이 있습니다."
"수보리야 어떻게 생각하느냐. 여래에게 혜안이 있느냐."
"그렇습니다. 세존이시여, 여래에게 혜안이 있습니다."
"수보리야 어떻게 생각하느냐. 여래에게 법안이 있느냐."
"그렇습니다. 세존이시여, 여래에게 법안이 있습니다."
"수보리야 어떻게 생각하느냐. 여래에게 불안이 있느냐."
"그렇습니다. 세존이시여, 여래에게 불안이 있습니다."

---

143) 到佛眼處總是無心

十七分中。所言菩薩亦如是。言菩薩當學如來也。故節節言如
來分上事。如是。世尊。極其讚美。亦不能於如是下。別添毫
末。五眼皆如是所變現而成。華嚴經云。肉眼見一切色故。天
眼見一切眾<生+?>心故。慧眼見一切眾生諸根境界故。法眼
見一切法如實相故。佛眼見如來十方<力?>故。般若經所謂
淸淨五眼是也。

제17분에서 말한 '보살도 또한 여시(如是)하다.'는 것은
보살은 반드시 여래를 따라서 배운다는 것을 말한 것이다.
그 때문에 구절마다 여래의 분상사(分上事)에서 '여시(如
是)'라고 말한다. 이에 세존은 그것을 극구 찬미한다. 또한
'如是' 이하에서 특별히 자세하게 첨언하지 않은 것은 다섯
가지 안목이 모두 '여시(如是)'하게 변현되어 성립되었기
때문이다.

『화엄경』에서 말한다.
"육안은 일체의 색을 본다. 천안은 일체중생의 마음을 본
다. 혜안은 일체중생의 제근과 제경계를 본다. 법안은 일
체법의 실상을 본다. 불안은 여래의 십력을 본다."[144]

『반야경』에서 말하는 소위 청정한 다섯 가지 안목이 바
로 이것이다.

一切凡夫。皆具五眼。而被迷心葢覆。不能自見。如無迷心妄
念。則翳障退滅。五眼開明。見一切色也。

---

[144] 『大方廣佛華嚴經』卷57, (大正藏10, p.302下)

일체범부도 모두 다섯 가지 안목을 갖추고 있지만, 미혹한 마음에 휩싸여 있어서 스스로 보지 못한다. 그러나 미혹한 마음과 망념이 없어지면 곧 장애물[翳障]이 소멸되어 다섯 가지 안목이 개명하여 일체색을 본다.

有僧問尊宿云。觀音菩薩用許多手眼作甚麼。尊宿云。通身是手眼。若人於這裏睜得一眼也無。

　어떤 승[雲岩曇晟]이 존숙[天皇道悟]에게 물었다.
"관세음보살은 수많은 손을 활용하여 무엇을 하는 것입니까."
　존숙이 말했다.
"몸 전체가 손이고 눈이다."145)
　어떤 사람은 그 가운데서도 눈 하나를 밝게 뜨지 않겠는가.

須菩提。於意云何。如恒河中所有沙。佛說是沙不。如是。世尊。如來說是沙。須菩提。於意云何。如一恒河中所有沙。有如是沙等恒河。是諸恒河所有沙數。佛世界如是。寧為多不。甚多。世尊。

【경문】44.
"수보리야, 어떻게 생각하느냐. 항하의 모든 모래에 대하여

---

145)『圓悟佛果禪師語錄』卷18,（大正藏47, p.799中）"擧 雲巖問道吾 大悲菩薩用許多手眼作麼 吾云 如人夜間背手摸枕子相似 巖云 我會也 吾云 爾作麼生會 巖云 遍身是手眼 吾云 太殺道只道得八成 巖云 爾又作麼生 吾云 通身是手眼" 참조.

불(佛)은 이 모래에 대하여 설했느냐."
"그렇습니다. 세존이시여, 여래께서는 이 모래에 대하여 설
하셨습니다."
"수보리야, 어떻게 생각하느냐. 하나의 항하에 있는 모든
모래의 수가 있고, 다시 여시(如是)의 모래수 만큼 항하가
있다고 하자. 그 제항하의 모든 모래 수만큼의 불세계가
있다고 하자. 그러면 그것은 얼마나 많겠느냐."
"대단히 많습니다. 세존이시여."

如來說法。常指恒河為喩。有如是沙等恒河者。謂一粒沙為一
恒河也。佛世界者。謂一凡夫世界。必有一佛設化。故凡夫世
界。皆謂之佛世界。黃檗云。佛說是沙。諸佛菩薩釋梵諸天步
履而過。沙亦不喜。牛羊螻蟻踏踐。沙亦不怒。珍寶馨香。沙
亦不貪。糞泥臭味。沙亦不惡。此心即無心之心。＜離一切相
＋?＞ 眾生與佛。更無分別。

　여래는 설법에서 항상 항하를 가리켜 비유로 삼았다.
　'여시(如是)의 모래 수만큼 항하가 있다고 하자.'는 것은
말하자면 모래 한 알을 항하로 간주한 것이다.
　'불세계'는 말하자면 한 범부의 세계마다 반드시 한 부처
님의 시설교화가 있다는 것이다. 그 때문에 범부세계는 모
두 그만큼의 불세계를 말한다.
　황벽희운은 말한다.
"부처님께서는 다음과 같이 설한다. '이 모래를 모든 불·
보살·제석·범천·제천 등이 이것을 밟고 지나가더라도
그 모래는 또한 기뻐하지도 않고, 소·양·땅강아지·개

미가 밟고 지나가도 그 모래는 또한 노여워하지도 않으며,
진귀한 보배나 향에 대해서도 그 모래는 또한 탐내지도 않
고, 똥·오줌의 더러운 것에도 그 모래는 또한 싫어하지
도 않는다.' 바로 그 마음은 곧 무심(無心)한 경지의 마음
이기 때문에 일체의 상을 떠나 있어서 중생과 부처에도 또
분별이 없다."146)

佛告須菩提。爾所國土中。所有眾生。若干種心。如來悉知。
何以故。如來說。諸心皆為非心。是名為心。

【경문】 45.
　부처님께서 수보리에게 말씀하셨다.
"그 국토에 있는 모든 중생의 약간종심(若干種心)147)을 여
래는 다 안다. 왜냐하면 여래는 '제심(諸心)은 모두 마음이
아닌데, 그것을 마음이라고 말한다.'고 설하기 때문이다.

若干種心如來悉知。以此心起念時。便屬妄根。自佛觀之。則
有形相矣。有形相故。可得而知也。若寂然如虛空。則無得而
知矣。且所謂他心通者。謂彼既起心念。則可得而知也。昔有
人把碁子於手中。令他心通者觀之。則知其為碁子。以己知為
碁子故也。然己則不知其數之多寡。使彼言之。則亦不知其
數。以己不知其數故也。如佛者。豈止他心通而已哉。故無量
眾生。一起心念。皆悉知已。妄心即非心。覺妄之心亦為非
心。本無妄念。不起妄心。是自性本心。故云是名為心。

---

146)『傳心法要』, (大正藏48, p.380上-中)
147) 若干種心은 수없이 다양하고 많다는 말인데, 중생의 마음이 그토
　록 다양하고 많다는 것을 가리킨다.

'약간종심을 여래는 다 안다.'는 그런 마음으로써 생각을 일으킬 때는 곧 허망의 근원에 엮이고 만다. 자신이 부처로서 그것을 관찰한즉 형상(形相)이 있다는 것이 되고 만다. 그러면 형상이 있기 때문에 터득함이 있는 줄을 알게 된다. 그러나 만약 적연하여 허공과 같은즉 터득함이 없는 줄을 알게 된다. 또한 소위 타심통을 얻은 사람이 그가 이미 심념(心念)을 일으켰다고 말한다면 그것은 곧 터득함이 있는 줄을 알게 된다.

옛적에 어떤 사람이 바둑알을 한 줌 손에 쥐고서 타심통을 얻은 사람에게 바둑알을 알아맞혀 보라고 하면 곧 그것이 바둑알인 줄을 알아맞힐 것이다. (왜냐하면 문제를 낸 사람은) 자기가 알고 있는 것이 바둑알이기 때문이다. 그러나 자기는 그 숫자가 몇 개인지는 모른다. (그런 상태에서) 타심통을 얻은 사람에게 몇 개나 되는지 말하라고 하면 곧 그 사람은 또한 몇 개인지 모른다. (문제를 낸) 그 사람 자신이 그 바둑알이 몇 개인지 모르기 때문이다. 그러나 저 부처님이라면 어찌 타심통을 얻은 것에 그치겠는가. 그 때문에 무량한 중생이 일단 심념(心念)을 일으키면 그 모두를 다 안다.

망심은 곧 본심이 아니다.[非心] 망심인 줄 아는 마음도 또한 본심이 아니다.[非心] 본래 망념이 없으면 망심을 일으키지 않는데 그것이 바로 자성의 본심이다. 그러므로 그것을 본심이[心]라고 말한다.

所以者何。須菩提。過去心不可得。現在心不可得。未來心不可得。

　왜냐하면 수보리야, 과거의 마음도 없고 현재의 마음도
없으며 미래의 마음도 없기 때문이다.

心意搆逗。隨時流轉。故有三世。若悟眞一之心。卽無過去現
在未來。若有過去心可滅。卽是自滅。若有未來心可生。卽是
自生。旣有生有滅。卽非常住眞心。卽成六十二種邪見。九百
種煩惱。

　심(心)과 의(意)[148]는 잠잠히 머물러 있다가 때가 되면
유전하기 때문에 삼세가 있다. 만약 그것이 진실로 일심인
줄을 깨친다면 곧 과거·현재·미래가 없다. 그래서 만약
어떤 과거심이 소멸되면 곧 저절로 소멸되고, 만약 어떤
미래심이 발생하면 곧 저절로 발생한다. 이미 발생이 있고
소멸이 있다면 그것은 상주하는 진심이 아니라 62종의 사
견 및 96종의 번뇌가 성립되는 것이다.

過去未來現在三心。皆不可得。卽此是爲非心。亦卽此是名爲
心。種心之心屬妄。非心之心屬眞。爲心之心則眞妄混一。卽
中道也。

　과거·미래·현재의 삼심이 모두 없다는 것은 곧 그것
이 비심(非心)인데, 또한 곧 그것을 심(心)이라고 말한다.

---

148) 心意에서 心은 제육식이고 意는 제칠식이다.

종심(種心)의 심(心)은 망(妄)에 속하지만 비심(非心)의
심(心)은 진(眞)에 속한다.149)

二祖云。覓心了不可得。初祖云。與汝安心竟。此能覓之心。
即了不可得之心也。與安心。豈非是名為心乎。可以知心之義
矣。

　　이조혜가(二祖慧可 : 487-593)가 말했다.
"마음을 찾아보았지만 없습니다."
　　초조달마(보리달마)가 말했다.
"그대의 마음은 안심되었다."150)
　　여기에서 불안심을 찾으려는 마음이 곧 없는 마음인 줄
을 알았기 때문에 '안심되었다.'고 한 것이다. 그런데 어찌
그것을 마음이라고 말하지 못하겠는가. 이것이야말로 마음
을 알았다는 뜻이다.

昔妙吉祥菩薩見一人云。我造殺業。決墮地獄。如何救度。菩
薩教之謁佛。佛曰。汝造殺業。從何心而起。為過去耶。未來
耶。現在耶。若起過去心者。過去已滅。若起未來心者。未來
未生。若起現在心者。現在不住。三心俱不可得故。即無起
作。無起作。於其罪相。何所見耶。心之自性即諸法性。諸法
性空即真實性。汝不應妄生怖畏。是人聞佛說法。即悟罪業性
空。不生怖畏。

---

149) 種心은 갖가지로 분별하는 마음이고 非心은 분별하지 않는 마음이
　　다.
150) 『景德傳燈錄』卷3, (大正藏51, p.219中) "光曰。我心未寧。乞師與
　　安。師曰。將心來與汝安。曰覓心了不可得。師曰。我與汝安心竟"

옛적에 묘길상보살은 어떤 사람을 만났는데, 그가 말했다.
"저는 살생업을 지었기에 반드시 지옥에 떨어질 것입니다. 어찌해야 제도를 받겠습니까."

보살이 그한테 부처님을 찾아뵙도록 하였다. 부처님이 말했다.
"그대가 살생업을 지은 것은 어떤 마음에서 일어난 것인가. 과거인가, 미래인가, 현재인가. 만약 과거심이 일으킨 것이라면 과거는 이미 소멸되었고, 만약 미래심이 일으킨 것이라면 미래심은 아직 발생하지 않았으며, 만약 현재심이 일으킨 것이라면 현재는 머물러 있지 않는다. 삼심이 모두 없기 때문에 곧 일으켜 지은 것이 없다. 일으켜 지은 것이 없는데 거기에서 죄상(罪相)을 어찌 볼 수가 있겠는가."151)

마음의 자성은 곧 제법성이고, 제법성이 공한 즉 진실성이다. 그러므로 그대는 허망하게 두려움을 내서는 안 된다. 그 사람은 부처님의 설법을 듣고 곧 죄업의 자성이 공한 줄을 깨치고 더 이상 두려움이 발생하지 않았다.

羅山問巖頭。起滅不停時如何。頭咄云。是誰起滅。天童頌云。紛紛起滅是何物。過去未來現在。皆心起滅而成。但識是誰起滅。即便心空境寂。

나산도한(羅山道閑)이 암두전활(岩頭全豁)에게 물었다.

---

151)『佛說未曾有正法經』卷5, (大正藏15, pp.444下-445上) 참조.

"끊임없이 생기하고 소멸할 때는 어찌해야 합니까."

암두가 할을 하고서 말했다.

"무엇이 생기하고 소멸한단 말인가."

천동정각(天童正覺 : 1091-1157)이 말했다.

"분분하게 일어나고 소멸하니 이게 곧 무엇인가."152)

과거와 미래와 현재는 모두 마음이 생기하고 소멸되면서 성립된다. 무릇 무엇이 생기하고 소멸하는 것인가를 알고 보니, 곧 그 마음은 공이고 경계는 고요하다.

---

152) 『宏智禪師廣錄』 卷2, (大正藏48, p.22中) 나산은 복주의 羅山道閑
으로서 암두전할의 제자이다. 그 법계는 용담숭신 - 덕산선감 - 암두
전할 - 나산도한이다.

○法界通化分第十九

[解18]153)

須菩提。於意云何。若有人滿三千大千世界七寶以用布施。是
人以是因緣。得福多不。如是。世尊。此人以是因緣。得福甚
多。須菩提。若福德有實。如來不說得福德多。以福德無故。
如來說得福德多。

  20. 제십구 법계통화분

[주해18 : 제8분과 온전히 동일하다 이것은 인연(因緣)이
라는 두 글자에 대하여 염출(拈出)한 것이다]

【경문】 47.
  수보리야, 어떻게 생각하느냐. 만약 어떤 사람이 삼천대
천세계에 가득 채운 칠보로써 그것을 가지고 보시한다면
그 사람은 이 인연으로 얻는 복이 많겠느냐."
"그렇습니다. 세존이시여, 그 사람은 그 인연으로 얻는 복
이 대단히 많습니다."
"수보리야, 만약 복덕에 실체가 있다면 여래는 얻는 복덕
이 많다고 설하지 않는다. 복덕에 실체가 없기 때문에 여
래는 얻는 복덕이 많다고 설하는 것이다."

此再發明無住相布施。以明福德。亦歸無相之意。疏鈔云。若
據捨大千珍寶布施。其福極多。若執著希望福德。有爲則有

---

153) 원문에서는 ○法界通化分第十九 앞에 위치하였지만 번역자가 ○法
　界通化分第十九 뒤로 옮겼다. 與第八分全同此拈出因緣二字

盡。故不爲多。福德無故者。無希望心也。是名無爲福。正如
空谷來風。谷不與風期。而風自至。又如深山產木。山不與木
期。而木自生。故福德爲多。因緣二字是眼。

　이 대목은 무주상보시에 대한 설명을 다시 언급함으로써
복덕을 설명한 것이고 또한 無相의 뜻으로 돌아간 것이다.
　『금강경주해』에서는 말한다.
"『소초(疏鈔)』에서 '만약 삼천세계의 진보를 가지고 보시
하는 것에 의거하자면 그 복은 지극히 많다. 그러나 만약
집착과 희망[보시에 대한 보은을 희망하는 것]의 복덕이라
면 그것은 유위로서 곧 다함이 있다. 그 때문에 많은 것이
아니다. 복덕이 없기 때문이라는 것은 희망하는 마음이 없
는 것이므로 그것을 무위복이라고 말한다.'고 말한다."154)
　마치 빈 계곡에 불어오는 바람과 같다. 계곡은 바람이
불어올 것을 기대하지 않는데도 바람이 저절로 불어온다.
또한 깊은 산에 나무가 자라는 것과 같다. 산은 나무를 기
대하지 않는데도 나무가 저절로 생장한다. 그 때문에 복덕
이 많다.
　'인연'이란 두 글자는 바로 그러한 안목을 가리킨다.

此分爲佛因。下二十分色身諸相爲佛果。因無相。果亦無相。
故次第明之。

---

154)『金剛經註解』卷4,（卍新續藏24, p.803下）"若據捨大千珍寶布施　其
　福極多　若執著希望福德　有餘則有盡　故云若福德執實有　如來不說得福
　德多　此是反釋之義　言以福德無者　無希望心也　既無希望　即爲無住相施
　是名無爲福" 참조.

이 대목은 불인(佛因)이고, 이하 제20분에서 말한 색신과 제상은 불과(佛果)이다. 인(因)도 무상(無相)하고 또한 과(果)도 무상(無相)하다. 그 때문에 차제로 그것을 설명한다.

潙山問仰山。一切衆生但有業識。茫茫無本可據。博山別曰。業識茫茫。與諸佛不動智。相去幾何。譬夫貧者握金成土。富者握土成金。其變動一也。福德有無之義。明矣。

위산영우(潙山靈祐: 771-853)가 앙산혜적(仰山慧寂: 803-887)에게 물었다.
"일체중생은 단지 업식만 망망할 뿐이지 본래 의거할 것이 없다."155)
이에 대하여 박산무이(博山無異 : 1575-1630)가 별어(別語)로써 말했다.
"업식이 망망한 것이 제불의 부동지(不動智)와 더불어 서로 무슨 차이가 있겠는가."156)
비유하면 무릇 빈자는 금을 쥐어도 흙이 되지만 부자는 흙을 쥐어도 금이 된다. 그러나 그 변동함은 동일하다. 이처럼 복덕이 있고 없음의 뜻이 분명하다.

蘇軾阿羅漢頌曰。爾以捨來。我以慈受。各獲其心。寶則誰有。

---

155)『袁州仰山慧寂禪師語錄』, (大正藏47, p.584上)
156)『無異元來禪師廣錄』卷9, (卍新續藏72, p.279中) 참조.

소식의 「십팔대아라한송(十八大阿羅漢頌)」 가운데 제팔
송에서 말한다.
"그대가 버린 것도 나는 사랑으로 받는다. 각자 그 마음을
얻었는데 보배가 곧 누구의 소유이겠는가."[157]

---

[157] 『東坡禪喜集』, (大藏經補編26, p.662上)

○離色離相分第二十

須菩提。於意云何。佛可以具足色身見不。不也。世尊。如來
不應以具足色身見。何以故。如來說。具足色身。即非具足色
身。是名具足色身。須菩提。於意云何。如來可以具足諸相見
不。不也。世尊。如來不應以具足諸相見。何以故。如來說。
諸相具足。即非具足。是名諸相具足。

21. 제이십 이색이상분

【경문】 48.

수보리야, 어떻게 생각하느냐. 불(佛)을 가히 색신의 구
족을 통해서 볼 수가 있겠느냐.”
“아닙니다. 세존이시여, 여래를 진실로 색신의 구족을 통해
서는 볼 수가 없습니다. 왜냐하면 여래께서 설한 색신을
구족한다는 것은 곧 색신을 구족한 것이 아닌데 그것을 색
신을 구족한다고 말하는 것입니다.”
“수보리야, 어떻게 생각하느냐. 여래를 여러 가지 상의 구
족을 통해서 볼 수가 있겠느냐.”
“아닙니다. 세존이시여, 여래를 진실로 제상을 구족한 것으
로는 볼 수가 없습니다. 왜냐하면 여래께서 설한 제상을
구족한다는 것은 구족하는 것이 아닌데 그것을 가리켜 상
을 구족한다고 말하는 것입니다.”

十九分之福德。因無相也。二十八之具足。果無相也。具足色
身三十二相。具足諸相八十種好。壇經云。皮肉是色身。華嚴
經云。色身非是佛。觀此則知肉身無如來。殊不知有真如來存

焉。知色身非法身。殊不知有妙色身存焉。華嚴經云。清淨妙
色身。神力故顯現。曰妙色身。則現一切色身三昧。便是法
身。非別有神力以顯法身也。

　제19분의 복덕은 인(因)의 무상(無相)이었지만, 여기 제
20분의 구족은 과(果)의 무상(無相)이다. 색신의 구족은
32상이고, 제상의 구족은 80종호이다.
　『단경』에서는 "피육은 색신이다."[158]고 말한다.
　『화엄경』에서는 "청정한 묘색신은 신통력으로 현현한다
."[159]고 말한다.
　여기에서 묘색신이란 곧 일체의 색신삼매를 드러내는데,
그것이 바로 법신이지 별도로 신통력으로써 법신을 드러낸
다는 것이 아니다.

凡夫見說諸相不可得。恐著於空。謂觀空莫非見色。見色莫不
皆空。則失之枯寂矣。殊不知空色一如。有無不異。能於無身
而見一切身。無相而見一切相。則色身諸相。何嘗欠缺哉。具
足諸相。便有住相意。諸相具足。便是無我相作用。

　범부의 경우 제상은 없다는 설명을 들어보고는 공에 집
착할 것을 염려하여 공을 관(觀)하는 것이 색을 보는 것
아님이 없고 색을 견(見)하는 것이 모두 공 아님이 없다고
말하는데, 그것이 없으면 무미건조하다. 뜻밖에 공과 색이
일여하고 유와 무가 다르지 않음을 알아서 무신(無身)에서

158) 『六祖大師法寶壇經』, (大正藏48, p.354下)
159) 『大方廣佛華嚴經』卷23, (大正藏10, p.121下)

일체신(一切身)을 보고 무상(無相)에서 일체상(一切相)을 본다면 거기에 색신과 제상은 일찍이 부족함이 없다.

　'제상을 구족한다[具足諸相]'는 것은 곧 유주상(有住相)의 뜻이고, '제상의 구족[諸相具足]'은 곧 무아상의 작용이다.

東坡居士曰。眾生剛狼自用。莫肯信入。故諸賢聖。皆隱不見。獨峨眉五臺廬山天台。猶出光景變異。蓋慈悲深重。急于接物。具足諸相。其應現亦然。故有頌曰。願解此相。是誰縛爾。具足諸相。是急于接物處。即非具足。是解相縛處。

　동파거사(東坡居士, 蘇東坡: 1036-1106)는 말한다. "중생은 억세고 사납게 스스로 작용하여 믿음으로 깨침에 들어가는 것을 긍정하지 않는다. 그 때문에 제현성이 모두 숨어 드러나지 않았다. (그러나 오직 소동파만이 형상을 시설하고 말씀을 남겨서 깨치지 못한 사람을 인도하였는데) 아미산의 보현보살과 오대산의 문수보살과 여산의 혜원(334-416)과 천태의 지의(538-597)만이 광경의 변이를 드러내어 (사람들로 하여금 그것을 분명하게 보게끔 하였다. 소식의 집안에서도 18아라한상을 모시고 매번 차공양을 시설한즉 그것이 변하여 흰 우유가 되었는가 하면, 혹 그것이 응고하여 꽃이 되었는데, 복숭아와 자두와 작약 등만 지명할 수 있을 뿐이다. 혹 아라한의) 자비가 심중하여 곧장 중생의 제접해준다고도 말한다."160)

---

160)『佛祖統紀』卷46. (大正藏49, p.418上-中) "佛滅度後閻浮提眾生剛狼自用莫肯信入。故諸聖賢皆隱不現'. 獨以設像遺言提引未悟。而峨眉五臺廬山天台。猶出光景變異使人了然見之。軾家藏十八羅漢像。每設

'구족제상'으로 중생에 감응한 것도 또한 바로 그것이다. 그 때문에 다음과 같은 게송이 있다.

"제상을 이해하려고 원한다면 그것이야말로 누가 그대를 결박하고 마는 것이다."

'구족제상'은 곧 곧장 중생을 제접해주는 도리이고, '즉비구족'은 곧 제상에 결박된 것을 풀어주는 도리이다.

大悲閣記云。牽一髮而頭為之動。拔一毛而身為之變。然則髮皆吾頭。而毛孔皆吾身也。彼皆吾頭。而不能為頭之用。皆吾身。而不能具身之智。則物有以亂之矣。又云。非無身。無以舉千萬億身之眾。非千萬億身。無以示無心之至。

『동파성도대비각기(東坡成都大悲閣記)』에서 말한다.

"머리카락 한 올만 잡아당겨도 머리가 움직이고, 터럭 하나만 뽑아도 몸이 달라진다. 그런즉 머리카락이 모두 내 몸이고 털구멍이 모두 내 몸이다. 그것이 모두 내 머리이지만 그것을 머리로 활용할 수가 없고, 모두 내 몸이지만 몸의 지혜를 갖출 수가 없다. 그런즉 만물에는 그것을 다스리는 것이 있다."161)

또 말한다.

"무신(無身)이 아니면 천만억신의 대중을 움직일[擧] 수가 없고, 천만억신이 아니면 무심(無心)이 도래하는 것을 보여줌[示]도 없다."162)

茶供則化為白乳。或凝為<雪+?>花桃李芍藥僅可指名 或云 羅漢慈悲深重急於接物 故多見神變 倘其然乎"참조. 여기에 인용된 소동파의 시는 「十八大阿羅漢頌」에 대한 마지막 부분인 跋尾의 내용이다.
161)『楞嚴經合論』卷6, (卍新續藏12, p.52下)

162)『楞嚴經合論』卷6, (卍新續藏12, p.52中)

○非說所說分第二十一

[解19]163)

須菩提。汝勿謂如來作是念。我當有所說法。莫作是念。何以
故。若人言。如來有所說法。卽爲謗佛。不能解我所說故。須
菩提。說法者。無法可說。是名說法。

22. 제이십일 비설소설분

[주해19 : 제7분에서 이미 무법가설(無法可說)이라고 말
했다. 이 대목도 또한 그것을 읊은 것으로 제7분과 명합된
다]

【경문】49.
"수보리야, 그대는 여래가 다음과 같이 '나는 진실로 설법
한 적이 있다.'고 생각한다는 말을 하지 말라. 그런 생각도
하지 말라. 왜냐하면 어떤 사람이 '여래는 설법한 적이 있
다.'고 말한다면 곧 부처님을 비방하는 것으로 내가 설한
것을 이해하지 못한 까닭이다. 수보리야, 설법한다고 해도
설해야 할 법이 없는데 그것을 설법한다고 말한다."

前云。無定法可說。但隨宜所說。而所說皆不可取。是猶有
說。至此。則徹底掃去。直云。無法可說。莫作是念。乃決言
之。不惟無其說。幷無其念也。楞伽云。若不說一切法者。教
化＜法？＞則壞。故知無說。非杜默不言。但以無所住心而
說。此說遍天下。無乖法之過也。顔曰。終日喫飯。不曾喫著

---

163) 第七分已言無法可說此垃其念而冥之

一粒米。終日著衣。不曾掛著一莖絲。是以我佛橫說直說。四
十九年。未曾道著一字。若言如來有所說法。便不能解會我所
說。直饒說得天華亂墜。也落在第二著。唯能坐斷十方。打成
一片。非言語可到。是名真說法也。孔云。予欲無言。老云。
知者不言。要知無言不言是所以言。便知無說處是所以說矣。

　앞에서 말한 '정법(定法)이라고 설할 법이 없다.'는 것은
무릇 수의설법(隨宜說法)했을 뿐이지 그 설법은 모두 불가
취인데, 그것이 설한 적이 있다는 것이다. 이 대목에 이르
러서 곧 철저하게 소거하려고 직접적으로 '설해야 할 법이
없다.'고 말한다. '그런 생각도 하지 말라.'는 것은 이에 그
것을 결론지은 것인데, 그렇게 말한 적도 없을 뿐만 아니
라 또한 그렇게 생각한 적도 없다는 것이다.
　『능가경』에서 말한다.
"만약 일체법을 설하지 않는다면 교법은 곧 무너지고 만
다."164)
　그러므로 설법이 없다[無說]이란 침묵을 지키고 말하지
않는 것이 아니라 무릇 무소주심(無所住心)으로 설하는 것
인 줄 알아야 한다. 그런 설법은 천하에 두루해도 법이 무
너지는 허물이 없다.
　안회가 말한다.
"종일 밥을 먹었지만 일찍이 한 톨의 쌀도 씹지 않았다.
종일 옷을 입고 있었지만 일찍이 한 올의 실도 걸치지 않
았다."165)

---

164)『楞伽阿跋多羅寶經』卷4, (大正藏16, p.506下)
165)『圓悟佛果禪師語錄』卷7, (大正藏48, p.745中-下) 참조.

이로써 '나 부처는 49년 동안 횡설직설(橫說直說)하면서도 일찍이 한 글자도 설한 적이 없었다.'는 말과 관련하여, '만약 여래에게 설법이 있다고 말한다면 그것은 곧 내가 설한 것을 이해하지 못한 것이다.'는 것은 설령 하늘꽃이 어지럽게 내리는 것처럼 설한다고 하더라도 그것은 또한 제이의제(第二義諦)에 떨어지고 만다. 오직 그 자리에서 바로 시방을 단절하고 타성일편하여 언어로 도달할 수 없는 경지가 되어야만 그것을 진정한 설법이라고 말한다.

공자가 말한다.

"나는 무언(無言)코자 한다."

노자가 말한다.

"아는 자는 불언(不言)한다."

요컨대 무언(無言)과 불언(不言)을 아는 그것이 바로 말[言]을 하는 까닭이다. 그러므로 곧 무설의 도리를 아는 것이야말로 그것이 바로 설법[說]하는 까닭이다.

爾時。慧命須菩提白佛言。世尊。頗有眾生。於未來世。聞說是法。生信心不。佛言。須菩提。彼非眾生。非不眾生。何以故。須菩提。眾生眾生者。如來說非眾生。是名眾生。

【경문】 50.

그때 혜명수보리가 부처님께 사뢰어 말했다.

"세존이시여, 많은 중생이 미래세에 이 법을 듣고 신심을 내겠습니까."

부처님께서 말씀하셨다.

"수보리야, 그는 중생(眾生)도 아니고 부중생(不眾生)도 아니다. 왜냐하면 수보리야, 중생 중생에 대하여 여래는 그것은 중생이 아니라고 설하였는데 그것을 중생이라고 말한다."

慧命者。善現達佛智海。入深悟門。慧悟無生。覺本原之命。非去非來。故曰慧命。

'혜명'은 부처님의 지해(智海)에 통달함을 잘 드러내고, 깊이 깨침의 문에 들어가 지혜롭게 무생을 깨치며, 본원(本原)의 운수[命]를 깨쳐서 가고 옴이 없는 까닭에 혜명이라고 말한다.

生信心。則著佛見。故曰非眾生。不信。則著凡夫見。故曰非不眾生。此二見者。皆須掃除。聖凡同盡。不隔二界。故曰眾生眾生者。如來說非眾生。是名眾生。

신심을 내는 것은 곧 불견에 집착하는 것이기 때문에 중생이 아니라고 말하고, 불신하는 것은 곧 범부견에 집착하는 것이기 때문에 부중생(不眾生)도 아니라고 말한다. 이 두 가지 견해는 모두 없애야 한다. 이에 성(聖)과 범(凡)이 모두 없어져 성계(聖界)와 범계(凡界)의 간격이 없는 까닭에 '중생·중생'이라고 말한다. 여래는 중생이 아니라고 설하는데 그것을 곧 중생이라고 말한다.

有人問。如何是大地眾生同成佛。西影曰。他見得眾生是佛。纏是自信自佛。你若不信。還是眾生。

　어떤 사람이 묻는다.

"대지의 중생이 함께 성불한다는 것은 무슨 뜻입니까."

　서영(西影)은 말한다.

"그대가 중생은 곧 부처라고 본다면 바로 그 자신이 그대로 부처이다. 그러나 만약 그대가 믿지 않는다면 다시 그대로 중생이 되고 만다."[166]

道德經云。絶聖棄智。民利百倍。又云。常使民無知無欲。孔子曰。民可使由之。此眾生本來面目。三教聖人。別無法門。

　『도덕경』에서 말한다.

"성(聖)을 단절하고 지(智)를 버리면 백성의 이익은 백 배가 된다."

　또 말한다.

"항상 백성으로 하여금 분별지(分別知)가 없게 하고 분별욕(分別欲)이 없게 한다."

　공자는 말한다.

"백성이 가능하다면 스스로 그것을 말미암을 수 있게 하라."

　이것이 중생의 본래면목이다. 삼교의 성인에게도 특별한 법문은 없다.

---

166) 『黃蘗無念禪師復問』卷4, (嘉興藏20, p.518中) "問 如何又說大地眾生同成佛 師曰 他見得眾生是佛 你若不信還是眾生" 참조. 西影은 無念禪師 深有의 별호이다. 그 行狀은 『黃蘗無念禪師復問』卷6, (嘉興藏20, p.526上) "吾師名深有字無念別號西影楚黃麻邑人也父熊母黃氏生于嘉靖甲辰二月十七…." 참조.

○無法可得分第二十二
[解20]¹⁶⁷⁾
須菩提白佛言。世尊。佛得阿耨多羅三藐三菩提。為無所得
耶。佛言如是。如是。須菩提。我於阿耨多羅三藐三菩提乃至
無有少法可得。是名阿耨多羅三藐三菩提。

23. 제이십이 무법가득분

[주해20 : 제7분에서는 그것을 반언(反言)한 것인데, 여기
무법가득분에서는 그것을 정언(正言)한 것이다]

【경문】 51.
　수보리가 부처님께 사뢰어 말씀드렸다.
"세존이시여, 부처님께서 얻은 아뇩다라삼먁삼보리는 무소
득입니까."
　부처님께서 말씀하셨다.
"그래, 그렇다. 수보리야, 나는 아뇩다라삼먁삼보리에 대하
여 내지 조금의 법도 얻은 것이 없는데 그것을 아뇩다라삼
먁삼보리라고 말한다.

須菩提恐聽法者雖屢聞無得。尚未能生實信之心。或仍謂如來
於菩提為有所得。故復問以決明之。佛言如是如是。則無復可
言矣。又申言。無有少法可得。此不但空有二法不可得也。即
中道亦不可得。故隨說是法平等。三諦俱圓矣。

---

167) 第七分反言之此分正言之

수보리는 청법자가 누누이 무득법(無得法)임을 들어왔지만, 오히려 진실한 신심을 일으키지 못할 것을 염려하였다. 이에 거듭하여 여래는 아뇩다라삼먁삼보리를 얻은 것이 있느냐고 물었다. 그 때문에 다시 질문으로써 그것을 결론적으로 설명하였다.

부처님께서 '그래, 그렇다'고 말씀하신 것은 곧 다시는 말할 필요가 없다는 것이다.

또한 '아뇩다라삼먁삼보리에 대하여 내지 조금의 법도 얻은 것이 없다.'는 것은 공(空)과 유(有)의 두 법은 불가득일 뿐만 아니라 곧 중도(中道)도 또한 불가득하다는 것이다. 그 때문에 때때로 '이 법은 평등하다'고 말한 것은 삼제가 모두 원융하다는 것이다.

阿難問迦葉尊者云。世尊傳金襴袈裟外。別傳個甚麼。迦葉云。倒却門前刹竿著。阿難言下大悟。方知此道。只在當人分上。本無傳受。

아난(선종의 제이조)이 가섭존자(摩訶迦葉, 선종의 초초)에게 물었다.
"세존께서 전한 금란가사 외에 따로 전한 것이 있습니까."
가섭이 말했다.
"문 앞에 있는 찰간대를 부러뜨려라."
아난이 언하에 대오하였다.[168]
바야흐로 그 도(道)는 단지 당사자에게 달려있는 것이지 본래 전수한 것은 없다는 것을 알아야 한다.

---

[168] 『碧巖錄』 卷2, (大正藏48, p.155下) 참조.

西影示衆云。學道求明白的心。是最痛的病根。世人貪愛情
境。便落苦海。你今貪戀佛法。亦名苦海。

　　서영(西影)이 다음과 같이 시중설법하였다.
"유학도(有學道)로써 명백(明白)을 추구하는 마음이 가장
통렬한 병근(病根)이다. 세인은 탐애(貪愛)와 정경(情境)
으로 인하여 곧 고해에 빠진다. 그대들이 지금 불법을 탐
연(貪戀)하는 것도 또한 고해라고 말한다."169)

---

169) 『黃檗無念禪師復問』 卷4, (嘉興藏20, p.519下) "唯有學道求明白是
　　你心中最痛的恐怕捨了便落生死皆是自生恐怖世人貪愛情境　便是苦海你
　　今貪戀佛法　知見亦名苦海" 참조.

○淨心行善分第二十三
復次。須菩提。是法平等。無有高下。是名阿耨多羅三藐三菩
提。以無我. 無人. 無眾生. 無壽者。修一切善法。則得阿耨
多羅三藐三菩提。須菩提。所言善法者。如來說即非善法。是
名善法。

24. 제이십삼 정심행선분

【경문】52.
　또한 수보리야, 이 법은 평등하여 고하(高下)가 없는데
그것을 아뇩다라삼먁삼보리라고 말한다. 아(我)도 없고 인
(人)도 없으며 중생(衆生)도 없고 수자(壽者)도 없는 것으
로써 일체의 선법(善法)을 닦으면 곧 아뇩다라삼먁삼보리
를 터득한다. 수보리야, 소위 선법에 대하여 여래는 선법
이 아니라고 설하는데 그것을 선법이라고 말한다.

如是本體。在六道中心亦不減。在諸佛中心亦不增。是名平
等。報父母恩重經云。物不能平物。惟水不動則可以平物。物
不能等物。惟權衡則可以等物。平則無高無下。等則無重無
輕。此可謂法之至善者矣。雖然佛凡同是一法。豈有所謂善法
者為佛偏得哉。故曰。即非善法。因上言無少法可得。此即言
是法平等。則得與無得。總平等也。

　여시(如是)의 본체는 육도의 중심에 있어도 또한 감소하
지 않고 제불의 중심에 있어도 또한 증가하지 않는데 그것
을 평등이라고 말한다. 『보부모은중경』에서 말한다.

"사물은 사물 자체를 평평하게 할 수가 없다. 오직 물이 부동해야 곧 사물을 평평하게 할 수가 있다. 사물은 사물 자체를 등등(等等)하게 할 수가 없다. 오직 저울만이 사물을 등등하게 할 수가 있다. 평(平)은 곧 높음도 없고 낮음도 없다. 등(等)은 곧 무거움도 없고 가벼움도 없다."170)

　이것은 가히 법이 지선(至善)임을 말한 것이다. 비록 그렇지만 부처와 범부가 모두 동일한 법인데 어찌 '소위 선법은 부처님의 편득(偏得)이다.'는 것이 있겠는가. 그 때문에 '곧 선법이 아니다.'고 말한다. 이것은 위에서 말한 '조금의 법도 터득한 법이 없다.'는 것을 인유한 것이다. 이것은 '이 법은 평등하다.'는 말에 계합되는데 곧 득과 무득이 모두 평등하다는 것이다.

平等者。正覺本體。若一切聖賢。皆以無爲法而有差別。如何得平等。故所謂善法者即非善法。葢求佛. 求菩提涅槃。便屬貪病。故曰。佛病最難治。

　'평등'이란 정각의 본체이다. 만약 일체현성이 모두 무위법의 차원에서 차별이 있다면 어찌 평등할 수 있겠는가. 그 때문에 소위 선법은 곧 선법이 아니다. 무릇 부처를 추구하는 것과 보리열반을 추구하는 것은 곧 탐병(貪病)에 속한다. 그 때문에 불병(佛病)이야말로 가장 치유하기가 어렵다.

---

170) 『金剛經註解』 卷4, (卍新續藏24, p.807上) : "真武說報父母恩重經云。物不能平物。惟水不動。則可以平物。物不能等物。惟權衡之公。則可以等物。平則無高無下。等則無重無輕" 참조.

○福智無比分第二十四
[解21]171)
須菩提。若三千大千世界中所有諸須彌山王。如是等七寶聚。
有人持用布施。若人以此般若波羅蜜經。乃至四句偈等。受持
讀誦。爲他人說。於前福德百分不及一。百千萬億分。乃至算
數譬喩所不能及。

25. 제이십사 복지무비분

[주해21 : 제11분 및 제15분의 의미와 동일하다. 제11분
및 제15분에서는 하사(河沙)로써, 그리고 여기에서는 산세
(山勢)로써 각각 그 현현을 비유한 것이다]

【경문】53.
　수보리야, 만약 삼천대천세계에 있는 모든 수미산왕 여
시등(如是等)의 칠보의 무더기를 가지고 보시한다고 하자.
어떤 사람이 이『반야바라밀경』내지 사구게 등으로써 수
지하고 독송하며 남을 위해 설해준다고 하자. 앞의 복덕은
(뒤의 복덕에 비하여) 백분의 일에도 미치지 못하고, 백천
만분의 일에도 미치지 못하며, 내지 산수 및 비유로도 미
치지 못한다.

此示修一切善法者。勿離無我等觀。而墮有漏之因也。佛以性
上福德爲最上。以身中七寶爲希有。須彌雖大。七寶雖多。若
誦眞經幷四句偈。說與他人。是修自性上福德。煩惱生死。各

---

171) 與十一分十五分意同彼以河沙此以山勢各喩其顯者

人自了。是何等觀照。何等持行。故曰算數譬喻所不能及。

이 대목은 '일체선법을 닦아야 한다.'는 것이 무아 등의 관념을 벗어나서도 안 되고 유루인에 떨어져서도 안 된다는 것을 보여준다. 부처님은 자성의 복덕을 최상으로 간주하고, 수미산왕만큼[身中]의 칠보로 보시하는 것이 희유하다고 간주한다. 비록 칠보보시의 복덕이 많을지라도 만약 진경 내지 사구게를 독송하거나 타인에게 설해주는 그것이야말로 자성의 복덕을 닦는 것으로서 번뇌와 생사에 대하여 각자 스스로 요해하는 것인데, 이것을 어찌 관조할 수가 있고 어찌 행지할 수가 있겠는가. 그 때문에 산수 및 비유로도 미치지 못한다고 말한다.

六祖曰。乘船永世求珠。不知身是七寶。

육조혜능은 말한다.
"배에 올라타 있으면서 영세(永世)토록 구슬을 구하지만, 몸이 곧 칠보인 줄을 모른다."172)

湯若望曰。欲明地球之廣。當論經緯一度為幾何里。今約二百五十里為一度。乘以周地之數得九萬里。佛氏乃云。須彌山<王+?>上至忉利天。下至崑崙際。又云。四天下皆有一須彌山。則塞滿地球不能容也。此理極是。然儒曰。共工氏頭觸不周山。又曰女媧補天。釋與儒皆寓言耳。未偏廢也。

---

172)『金剛經註解』卷4,（卍新續藏24, p.808中）

탕약망(湯若望)은 말한다.

"지구의 넓이를 설명하려면 반드시 경위(經緯)의 일도가 몇 리인지 논의해야 한다. 이제 250리를 일도(一度)로 간주하여 곱해보면 지구의 둘레는 숫자로 9만 리가 된다."173)

부처님[佛氏]은 말한다.

"수미산왕은 위로 도리천에 이르고 아래로 곤륜제에 이른다."174)

또한 말한다.

"사천하에는 모두 하나의 수미산이 있다. 그런즉 가득 차 있는 지구로는 그것을 수용할 수가 없다."

이 도리는 지극히 옳다. 그러나 유가에서는 "공공씨(共工氏)175)의 머리는 부주산(不周山)에 닿았다."고 말한다.

또 말한다.

"여왜(女媧)176)가 하늘을 보수했다."

이것들은 불교와 유교에서 말하는 우화일 뿐이지만, 어느 한쪽도 버릴 수는 없다.

---

173) 湯若望은 독일의 선교사 샬폰벨 곧 아담샬(1591-1666)의 한자식 이름이다. 250리 곱하기 360도는 9만 리 정도의 계산이 된다.
174) 『金剛經註解』 卷4, (卍新續藏24, p.808上)
175) 共工氏는 중국 고대 신화에 나오는 인물이다.
176) 女媧(여왜)는 중국 신화에서 인간을 창조한 것으로 알려진 여신이다. 복희와 남매로 구전된다. 뱀 모습의 복희와 여와가 서로의 꼬리를 틀고 있는 모습이 畵像石 등에 새겨져 있다. 女媧라는 단어는 女神을 나타내는 단어이기도 하다.

○化無所化分第二十五

[解22]177)

須菩提。於意云何。汝等勿謂如來作是念。我當度衆生。須菩
提。莫作是念。何以故。實無有衆生如來度者。若有衆生如來
度者。如來則有我人衆生壽者。

　26. 제이십오 화무소화분

[주해22 : 제3분에서 진실로 무중생득멸도(無衆生得滅度)
임을 이미 말했다. 여기에서는 위에서 했던 작념(作念)을
거듭 내놓은 것이다]

【경문】 54.
　수보리야, 어떻게 생각하느냐. 그대들은 여래가 '나는 중
생을 제도하겠다'라는 생각을 한다고 말하지 말라. 수보리
야, 그런 생각도 하지 말라. 왜냐하면 실로 여래가 제도한
중생은 없기 때문이다. 만약 여래가 제도한 중생이 있다면
여래에게 아 · 인 · 중생 · 수자가 있는 것이다.

實無衆生得滅度。前已兩見。皆在菩薩分上說。至此。專在如
來分上說。所以示菩薩也。衆生本來寂滅。實無有待如來滅
度。若如來欲滅度衆生。是於本寂滅之衆生上。添出我人等
相。而曰我當度衆生。豈其然乎。

　'실로 중생으로서 멸도된 자는 없다.'는 것은 앞에서 이

---

177) 第三分已言寔無衆生得滅度此重在作念上

미 두 번의 견해를 보였는데,178) 그것은 모두 보살의 분상
에서 설한 것이었다. 이제 여기에서는 오로지 여래의 분상
에서만 설한다. 그 때문에 보살에게 내보인 것이다. 중생
은 본래 적멸하므로 실로 여래가 멸도해주는 것을 기다릴
필요가 없다.

만약 여래가 중생을 멸도하려고 한다면 그것은 본래적멸
한 중생에다 다시 아상·인상·중생상·수자상을 일으켜
서 '나는 장차 중생을 멸도하겠다.'고 말하는 것과 같다.
그런데 어찌 그럴 수 있겠는가.

作念字。最是病根。墨子曰。兼者大利之所生也。別者大害之
所生也。有利兼愛之心。便是作念度眾生處。此未達一間之
論。世儒不知。以墨爲佛。取笑孟軻氏矣。

'분별을 한다'는 말이야말로 곧 첫째가는 병의 뿌리이다.
묵자는 말한다.
"겸손은 대리(大利)를 만들어낸다. 차별은 대해(大害)를
만들어낸다."
이익을 주는 겸애의 마음이야말로 바로 중생을 멸도하려
는 방법을 생각하는 것에 해당한다. 이것은 미달일간(未達
一間)179)의 논리로서, 세속의 유자가 알지도 못하면서 묵
자를 부처로 삼은 것인데, 맹자가 보면 비웃을 일이다.

須菩提。如來說。有我者。即非有我。而凡夫之人以爲有我。

---

178) 제3분과 제17분의 경우를 가리킨다.
179) 未達一間은 모든 일에 다 밝고 익숙해도 한 부분만은 서투른 것을
　　말한다.

須菩提。凡夫者。如來說即非凡夫。是名凡夫。

【경문】 55.
　수보리야, 여래가 설한 유아(有我)라는 것은 곧 유아(有我)가 아니다. 그러나 범부는 유아(有我)로 간주한다.
수보리야, 범부(凡夫)에 대하여 여래는 범부가 아니라고 설하는데 그것을 범부라고 말한다.

如來既無我人等相。云何有時稱我。又有時稱凡夫。此所謂隨
擧隨掃也。上言我與凡夫。是謂擧。下言我與凡夫。是謂掃。
與其掃之。曷若不擧。蓋不擧。則無以明其理。譬如過渡而不
用筏者也。不掃。則恐人泥其說。譬如到岸而不登。乃住於筏
上者也。此所以必擧之。而又必掃之。凡夫著我相故有我。如
來不著我相故無我。著四相即是凡夫。離四相即非凡夫。

　여래에게는 이미 무아상·무인상·무중생상·무수자상
인데 어째서 어떤 때는 아(我)라 칭하고 어떤 때는 범부
(凡夫)라 칭하는 것인가.
　그것은 소위 수거수소(隨擧隨掃)180)이다. 앞에서 언급한
아와 범부의 경우는 일시긍정[擧]을 가리키고, 뒤에서 언
급한 아와 범부는 부정[掃]을 가리킨다.181) 따라서 그것을
소(掃)하는 것이 어찌 불거(不擧)와 같겠는가. 무릇 불거
(不擧)란 곧 그 도리를 설명하는 것조차 없는 것이다. 비

---

180) 隨擧隨掃는 일단 어떤 사실을 긍정적으로 거론해놓고, 이후에 다시
　　그것을 바로 부정하는 논법이다.
181) 앞에서 언급한 아와 범부란 '여래가 설한 有我라는 것'의 대목이고
　　뒤에서 언급한 아와 범부란 '곧 有我가 아니다'는 대목이다.

유하면 물을 건너는데 뗏목을 활용하지 않는 경우와 같다.

그렇다고해서 불소(不掃)하면 곧 사람들이 그 설법에 빠져버리고 만다. 비유하면 언덕에 도달했는데도 오르지 않고 이에 뗏목에 그대로 머물러 있는 경우와 같다. 이런 까닭에 반드시 그것을 거(擧)하였지만 또한 그것을 반드시 소(掃)하는 것이다.

범부는 아상에 집착하는 까닭에 유아(有我)이지만 여래는 아상에 집착하지 않는 까닭에 무아(無我)이다. 사상에 집착하면 곧 범부이지만 사상을 벗어나면 곧 범부가 아니다.

孔子得力曰毋我。釋氏得力亦曰無我。我之爲病。不特以色聲求者爲有我。卽說斷滅者亦爲有我。比之孟子求在我者。深矣。

공자는 득력을 하고 '무아'라고 말했고, 석가도 득력을 하고 또한 '무아'라고 말했다. 아(我)는 병이 된다. 특별히 색과 소리의 추구만을 유아(有我)라고 간주하는 것이 아니라 곧 단멸이라고 설하는 것도 유아(有我)라 간주하는 것이다. 이것을 맹자가 추구하고 있는 재아(在我)와 비교해 보면 그보다 더욱 심오하다.

○法身非相分第二十六

須菩提。於意云何。可以三十二相觀如來不。須菩提言。如
是。如是。以三十二相觀如來。佛言。須菩提。若以三十二相
觀如來者。轉輪聖王即是如來。須菩提白佛言。世尊。如我解
佛所說義。不應以三十二相觀如來。

27. 제이십육 법신비상분

【경문】56.

　수보리야, 어떻게 생각하느냐. 가히 32상을 통해서 여래
를 관찰할 수 있겠느냐."

　수보리가 말씀드렸다.

"그렇습니다. 바로 그렇습니다. 32상을 통해서 여래를 관
찰할 수가 있습니다."

　부처님께서 말씀하셨다.

"수보리야, 만약 32상을 통해서 여래를 관찰할 수가 있다
면 전륜성왕도 마땅히 여래여야 할 것이다."

　수보리가 부처님께 사뢰어 말하였다.

"세존이시여, 제가 부처님께서 설하신 뜻을 이해하고 보니
결코 32상을 통해서는 여래를 관찰할 수가 없습니다."

第五分已言此意矣。恐須菩提執相之病未除。故又作此問。且
欲明無斷滅相。先從有相者徵之。空生疑謂肉相非真。固不可
以三十二相見如來。然法. 化非二。似欲觀如來者。亦不必離
三十二相也。以無實無虛。即如是之心。如是之法。此固大阿
羅漢之解也。佛恐眾生不達空生之解。但執應身相好以觀如

來。故又以轉輪聖王即是如來難之。而空生即悟復云。不可以
三十二相觀如來也。

　제5분에서 이미 이 뜻에 대하여 말하였다. 그러나 수보
리가 상에 집착하는 병을 제거하지 못할 것을 염려한 까닭
에 다시 이와 같이 질문한 것이다. 또한 단멸상이 없다는
것을 설명하려고 우선 상(相)이 있다고 하는 것에 대하여
그것을 따진다. 이에 공생이 의구심에서 肉相은 진상이 아
니므로 32상을 통해서는 여래를 친견할 수가 없다고 말한
다. 그렇지만 법신과 화신은 둘이 아니다. 그러므로 짐짓
여래를 관찰하려는 사람은 또한 반드시 32상을 떠나서는
안 된다. 그것은 실도 없고 허도 없는 것이야말로 곧 여시
의 심이고 여시의 법인데, 이것은 본디 대아라한의 견해
[解]이다.
　그러나 부처님께서는 중생이 공생의 견해에 통달하지 못
하고 단지 응신의 상호에만 집착하여 여래라고 관찰할 것
을 염려하는 까닭에 다시 전륜성왕을 들어서 그것이 여래
인가를 따지는 것이다. 그러자 공생이 곧 깨치고는 다시
'32상을 통해서는 여래를 관찰할 수가 없습니다.'라고 말했
다.

轉輪者。如輪之轉。以照四天下。故名轉輪聖王。其色身亦具
足三十二相。雖修好眾相。即是心有生滅。生滅心多。終不是
清淨本心。佛乃說偈以證之。

　'전륜'이란 저 수레바퀴처럼 굴림으로써 사천하는 비추어

보기 때문에 전륜성왕이라고 말한다. 전륜성왕의 색신에도
또한 32상이 구족되어 있다. 그러나 수호중상(修好眾
相)182)이지만 곧 그 마음에는 생멸이 있다. 생멸심이 많으
면 그것은 끝내 청정한 본심이 되지 못한다. 그 때문에 부
처님께서는 게송을 설하여 그것을 증명하고 있다.

爾時。世尊而說偈言。若以色見我。以音聲求我。是人行邪
道。不能見如來。

【경문】 57.
　이때 세존께서 게송을 설하여 말씀하셨다.
만약 색으로 나를 보려 하거나
음성을 통해 나를 찾으려 하면
곧 잘못된 도를 행하는 것으로
여래의 참 모습을 보지 못하네

音聲色相。本自心生。分別之心。皆落邪道。若能見無所見。
聞無所聞。知無所知。證無所證。邪正都冥。方見如來。上言
有我者即非有我。而凡夫之人以為有我。故我相者不可著也。
我相每從色聲而入。即是邪道。非觀自在菩薩之道也。故曰。
不能見如來。華嚴經云。色相<身?>非是佛。音聲亦復然。
亦不離色聲。見佛神通力。佛法不離處。便是不即處。若離却
色聲。又于何地覓如來。

　음성과 색상은 본디 자심에서 발생하지만 분별하는 마음

---

182) 修好眾相은 善行을 쌓아 형성된 상을 말한다.

은 모두 사도에 떨어지고 만다. 만약 보아도 본 것이 없고 들어도 들은 것이 없으며 알아도 안 것이 없고 증득해도 증득한 것이 없으면 사(邪)와 정(正)이 모두 사라지고 바야흐로 여래를 친견한다. 앞에서 말한 '유아(有我)라는 것은 곧 유아(有我)가 아니다.'는 것은 범부인이 유아라고 간주한 것이기 때문에 그 아상에 집착해서는 안된다. 아상은 항상 색과 소리를 통해서 들어오는데 그것은 곧 사도(邪道)이지 관자재보살의 도가 아니다. 그 때문에 '여래의 참 모습을 보지 못하네'라고 말한다.

『화엄경』에서 말한다.
"색신은 결코 부처님이 아니다
 음성의 경우도 또 그러하므로
 또한 색성을 벗어나지 않아야
 이에 부처님의 신통력을 본다"[183]

불법이란 불리(不離)의 도리인데 곧 그것은 부즉(不卽)의 도리이기도 하다. 그러므로 만약 색과 소리를 벗어난다면 또한 어느 곳에서 여래를 찾을 수 있겠는가.

此偈不能見如來。與後偈作如是觀同意。陰符經曰。心生於物死於物。機在於目。

이 게송에서 말한 '여래의 참 모습을 보지 못하네'라는 것과 이하 제32분의 게송에서 말하는 '마땅히 이와 같은 줄 관찰해야 한다.'는 것과 같은 뜻이다.
『음부경(陰符經)』에서 말한다.

---

183)『大方廣佛華嚴經』卷23, (大正藏10, p.121下)

"마음은 만물로 말미암아 발생하고 만물로 인해 흩어지는데, 심기(心機)는 눈에 있다."

老子曰。不見可欲。孔子答回問仁。以視爲首。朱氏云。求於心須目在。佛氏之學。以觀門爲最。故屢及之。

　노자는 "바라는 것을 드러내지 않는다."고 말했고, 공자는 인(仁)에 대하여 질문한 안회에게 (예가 아니면 보지말라)고 하여 시(視)를 맨 처음에 내놓았으며, 주자는 '마음을 되찾는 것은 모름지기 눈에 있다.'고 말했고, 불교에서는 관문(觀門)을 가지고 으뜸으로 간주하였다. 그 때문에 누누이 그것에 대하여 언급한 것이다.

此偈反言以見性。蓋道之微妙者。非言說可及。佛之所謂禪。即儒之所謂仁。道之所謂丹。皆不可說也。

　이 게송은 견성에 대하여 반언(反言)하고 있다. 무릇 도란 미묘한 것으로서 언설로 미칠 수가 없다. 불교에서 말한 선(禪)은 곧 유교에서 말한 인(仁)에 해당하고, 도교에서 말한 단(丹)에 해당하는데, 무두 불가설이다.

孔子終日言仁。曰爲仁。曰不違仁。曰好仁。曰近仁。曰鮮矣仁。終未言仁是何物。故曰。子罕言仁。道家玄牝守中。終未言丹是何物。此偈曰。以色見。以音聲求。不能見如來。終不能言如來在何處。後偈言。有爲法如夢幻泡影。終不能言無爲是何法。微乎。微乎。非顏回. 莊周. 須菩提。不能解此。

공자는 종일토록 인(仁)에 대하여 말했는데, 소위 인이 되어야 한다는 것이고, 인을 어겨서는 안 된다는 것이며, 인을 좋아해야 한다는 것이고, 인을 가까이해야 한다는 것이며, 인은 드물다는 것이었지, 종일토록 인이 무엇인가에 대해서는 말하지 않았다. 그러므로 공자는 인에 대하여 말한 적이 드물다고 말한다. 도가의 현빈(玄牝)에서도 중도를 지켰을 뿐이지 끝내 단(丹)이 무엇인지에 대해서는 말하지 않았다.

이 게송에서는 색으로써 보려고 하거나 음성으로써 추구하려고 해서는 여래를 친견하지 못한다고 말한 것이지, 끝내 여래가 어디에 있는지에 대해서는 말하지 않았다. 이하 제32분에서 '일체의 화합으로 이루어진 유위법은 꿈 허깨비 물거품 그림자와 같다.'고 말한 것이지, 끝내 무위법이 어떤 것인지에 대해서는 말하지 않았다. 미묘하고 참 미묘하다. 그래서 안회와 장주와 수보리가 아니라면 그것을 이해할 수가 없다.

○無斷無滅分第二十七

[解23]184)

須菩提。汝若作是念。如來不以具足相故。得阿耨多羅三藐三
菩提。須菩提。莫作是念。如來不以具足相故。得阿耨多羅三
藐三菩提。須菩提。汝若作是念。發阿耨多羅三藐三菩提心
者。說諸法斷滅。莫作是念。何以故。發阿耨多羅三藐三菩提
心者。於法不說斷滅相。

28. 제이십칠 무단무멸분

[주해23 : 이 分은 (제20분과) 가장 관계가 깊다]

【경문】58.

  수보리야, 그대가 만약 '여래는 상(相)을 구족하지 않았
기 때문에 아뇩다라삼먁삼보리를 터득하였다.'고 생각한다
면 수보리야, 그렇게 '여래는 상을 구족하지 않았기 때문에
아뇩다라삼먁삼보리를 얻은 것이다.'고 생각해서는 안 된
다.

  수보리야, 그대가 만약 '아뇩다라삼먁삼보리심을 일으킨
자는 제법의 단멸을 설한다.'고 생각한다면 그런 생각을 해
서는 안 된다. 왜냐하면 아뇩다라삼먁삼보리심을 일으킨
자는 법에 대하여 단멸상을 설하지 않기 때문이다.

二十分中。言如來不應以具足色身見。恐人過執。反墮頑空。
故又深一層。說如來雖不著色身。然不可作離色身一念。若作

---

184) 此分最關係

是念。便落斷滅之見。斷滅者。槁木死灰。豈有相。但作是
念。則有是念。故作有相觀。固是一邊見。不作有相觀。即是
斷滅見。真如法性。不是有。不是無。湛然不動。觀與不觀。
皆是生滅。故云莫作是念也。學者不可墮於常見。亦不可墮於
斷見。常見。則即相見佛。緣相發心。非也。斷見。則離相覓
佛。相外發心。亦非也。

제20분에서 말한 '여래는 결코 색신의 구족을 통해서 친
견하지 못한다.'는 것은 사람들이 지나치게 집착하여 도리
어 완공에 떨어질 것을 염려한 것이었다. 그 때문에 다시
더한층 깊이 들어가서 '여래가 비록 색신에 집착하지 않을
지라도 일념이라도 색신을 벗어나서는 안 된다. 만약 그런
생각을 한다면 곧 단멸견에 떨어지고 만다.'고 설한다.

'단멸이란 마른 나무와 식은 재와 같은 상태인데 어찌
유상이겠는가.'라고 무릇 그와 같이 생각한다면 곧 '시념'
이 있는 것이다. 그 때문에 유아관(有相觀)을 짓는 것은
본디 그것이 일변견(一邊見)이고, 유상관을 짓지 않는 것
은 곧 그것이 단멸견(斷滅見)이다. 진여법성은 유도 아니
고 무도 아닌 것으로 담연부동하다. 관(觀)과 불관(不觀)
은 모두 저 생멸이다. 그 때문에 '그런 생각을 해서는 안
된다.'고 말한다.

납자라면 상견에 떨어져서도 안 되고 또한 단견에 떨어
져서도 안 된다. 상견은 곧 상에 즉(卽)하여 부처를 친견
하는 것으로 상을 인연하여 발심하는 것이므로 그르다. 단
견은 곧 상을 떠나서 부처를 찾는 것으로 상을 벗어나서
발심하는 것이므로 또한 그르다.

昔張拙秀才。參西堂藏禪師。問。三世諸佛。是有是無。藏答
云。有。拙不解。藏云。曾參見什麼人來。拙云。參見徑山
來。某甲問徑山。皆言無。藏云。居士有何骨肉。曰。有一妻
二僕。藏云。徑山有何骨肉。曰。無。藏云。待先輩得似徑山
時。便可一切皆無。大凡未見性人。如何便說一切皆無。

　옛적에　장졸수재(張拙秀才)[185]가　서당지장(西堂智藏 ：
735-814)에게　참문하여　물었다.
"삼세제불은　유입니까　무입니까."
　지장이　답했다.
"유(有)입니다"
　그러나　장졸이　이해하지　못하자, 지장이　말했다.
"일찍이　어떤　사람을　참견(參見)했습니까."
　장졸이　말했다.
"경산법흠(徑山法欽 ： 714-792)을　참견했습니다. 제가　경
산선사에게　물었는데, 매번　무(無)라고만　답해주셨습니다."
　지장이　물었다.
"거사께서는　가족이　어찌　됩니까."
　장졸이　답했다.
"한　명의　처와　두　명의　자식이　있습니다."
　지장이　물었다.
"경산선사는　가족이　어찌　됩니까."
　장졸이　답했다.
"무(無)입니다."

---

185) 張拙秀才에서　張拙은　이름이고　秀才는　서생을　지칭하는　말이다.

　지장이 말했다.
"선배께서 경산스님과 같은 상황이 된다면 그때 가서 '일
체가 모두 무(無)이다.'고 말하십시오."186)
　무릇 견성하지 못한 사람에게 어찌 '일체가 모두 무(無)
이다.'고 말해주겠는가.

此一分。是全經中鐵門限。前後俱以無相．無得．無說．無法
為宗。非此一分定執空矣。

　제20분은 경문 전체 가운데서 철문한(鐵門限)에 해당한
다. 이 전후에서 모두 무상과 무득과 무설과 무법으로써
종지를 삼았다. 여기 제20분이 없었다면 정히 공에 집착하
고 말았을 것이다.

往訪黃檗。經卓吾中郎參禪處。得壁上無念和尚偈云。三十年
來不住功。窮來窮去却無蹤。而今窮得無依倚。不是真空定執
空。無念不識文字。經師王瓜茄子一語點破。遂大悟。

　황벽을 참방하여 탁오중랑187)이 참선하는 곳을 들러보
니, 벽에 황벽무념 화상의 게송이 걸려 있었다.
"평생에 걸쳐서 공훈을 탐닉하지 않고
　궁구하고 또 궁구하며 자취를 감췄네

---

186)『碧巖錄』卷4, (大正藏48, p.170下) 참조.
187) 卓吾 李贄(1527-1602)는 중국 명대의 사상가이자 문학가이다. 호는
　　탁오·굉보이고, 천주 晉江 출신이다. 雲南省 姚安의 지부를 지냈지만
　　54세에 관직을 떠났으며, 중년 이후에 양명학과 선학의 영향을 받았
　　다. 만년의 저서와 가르침에서 당시의 도학을 비판했기 때문에 여러
　　차례 박해를 받았다. 결국 장문달의 탄핵으로 옥중에서 자살했다.

이제 의지할 것 없음을 궁구하고나니
진공마저도 정히 국집할 공이 아니네"

황벽무념 화상은 문자도 몰랐다지만 경사(經師)로서 참
외[王瓜]이고 가지[茄子]라는 한마디로 점파(點破)해버렸
다.[188] 그러자 마침내 탁오중랑이 대오하였다.

按。佛氏以無相為宗。忽出無斷無滅一分。以救空虛之障。後
儒何得以寂滅病之。試看顏氏仰鑽瞻忽卓立末由。與佛氏夢幻
泡影何異。倘非有博文約禮二語。後儒亦將以異端非之矣。微
乎。微乎。如通此解。乃知喟然而歎。即所謂凡所有相皆是虛
妄也。循循善誘。即所謂諸相非相。即見如來也。欲從末由。
即所謂如來于法實無所得也。聖門第一學問人。自然如是。

살펴보니 불교는 무상으로 종지를 삼고 있는데, 홀연히
제20분의 무단무멸을 내세워서 공허에 빠지는 장애를 구
해주었다. 그런데 후유(後儒)에서 어찌 그것을 적멸의 병
통이라 치부할 수가 있겠는가. 한번 살펴보자면 안회의 앙
(仰)・찬(鑽)・첨(瞻)・홀(忽)[189]과 탁(卓)・립(立)・

---

188) 『錦江禪燈』卷9, (卍新續藏85, p.164下) "益都賈氏子。依郡之石佛
薙髮。寓成都北寺為典座。出街挑水。忽地忘行。頭撞壅壁有省。作偈
曰。大地山河體性空。那分南北與西東。偶然撞著無私句。萬水千山總
一同。就河南乾明寺無盡室中盤桓。針芥相投。印以偈曰。道高不假
修。德重事理周。一枝正法眼。付與隆大休。住後。架瓜次。僧問。如
何是西來意。師指茄曰。王瓜茄子。僧不契下山。別參一尊宿。宿曰。
你從何處來。僧曰。尖峰來。曰大休有何言句。僧舉前話。尊宿合掌
曰。真大慈悲。嘉靖二十一年十一月八日。集眾書偈曰。三際握來為拄
杖。十方原是舊袈裟。泥牛石虎知消息。踏破虛空便到家。置筆端坐而
逝" 참조.
189) 仰鑽瞻忽에 대해서는 『논어』「子罕」에서 안연의 말에 "夫子의 도는
우러러 보면[仰] 더욱 높고, 뚫으려 하면[鑽] 더욱 견고하며, 바라봄에

말(末)·유(由)190)라는 말이 불교의 몽(夢)·환(幻)·포(泡)·영(影)이라는 말과 어찌 다르겠는가. 혹 박문(博文)과 약례(約禮)191)의 두 마디가 없었다면 후유(後儒)도 또한 이단으로서 배척되었을 것이다.

미묘하고 참 미묘하다. 이와 같은 견해에 통하는 것으로 보아 이에 크게 감탄한[喟然而歎] 까닭을 알겠다. 곧 소위 '무릇 모든 형상은 다 허망하다'는 것은 '차근차근 잘 타일러서 가르치는 것'에 해당하고, 곧 소위 '모든 형상은 실상이 아닌 줄 보면 곧 여래를 친견한다.'는 것은 '따르고자 하나 길이 없다'는 것에 해당하며, 곧 소위 '여래는 실로 터득한 법이 없습니다.'는 것은 '성문(聖門)을 제일의(第一義)로 삼는 것이 학문을 하는 사람의 본분이다.'는 것에 해당한다는 것이야말로 자연히 여시(如是)하다.

[瞻] 앞에 있더니, 갑자기[忽] 뒤에 있다"는 표현이 있다.
190) 卓立末由에 대해서는 『논어』 「子罕」에서 안연의 말에 "마치 夫子의 도가 서 있음[立]이 우뚝한[卓] 것 같다. 비록 그것을 따르려 해도 근거[由] 삼을 게 없구나.[末]"라는 표현이 있다.
191) 博文 및 約禮는 학문을 넓히고 예법에 따라 행동을 바르게 한다는 뜻으로 『논어』 「雍也」에 나오는 말이다.

○不受不貪分第二十八

須菩提。若菩薩以滿恒河沙等世界七寶。持用布施。若[192]復
有人知一切法無我。得成於忍。此菩薩勝前菩薩所得功德。何
以故。須菩提。以諸菩薩不受福德故。須菩提白佛言。世尊。
云何菩薩不受福德。須菩提。菩薩所作福德。不應貪著。是故
說不受福德。

29. 제이십팔 불수불탐분

【경문】 59.

수보리야, 만약 보살이 항하의 모래 수만큼의 세계에 칠
보를 가득 채워서 그것으로 보시한다고 하자. 그리고 만약
에 또 어떤 사람이 일체법이 무아[193]임을 알아 인(忍)[194]
을 성취한다고 하자. 그러면 후자의 보살이 전자의 보살이
얻은 공덕보다 뛰어나다. 왜냐하면 수보리야, 제보살은 복
덕을 받지 않기 때문이다."

수보리가 부처님께 사뢰어 말씀드렸다.

"세존이시여, 어째서 보살은 복덕을 받지 않습니까."

---

192) 提出忍為無我之要

193) 無我에 대하여 『金剛經正解』, (卍新續藏25, p.623中) 및 『金剛經石
注』, (卍新續藏25, p.604中)에서는 '이기심[我]이 없다' 내지 '我相이
없다'는 정도의 의미로 해석하고 있다. 그래서 知一切法無我는 일체법
에 대하여 般若無相의 이치를 이해한다는 의미로 해석된다.

194) 忍은 ① 육바라밀 가운데 하나인 忍辱波羅蜜로서 모든 侮辱과 惱害
를 忍受하여 恚恨이 없음, ② 사물에 흔들림이 없는 마음의 安穩, ③
見道의 聖位에 이르기 이전에 닦는 4종수행으로 煖·頂·忍·世第一의 法
四善根 가운데 忍 등 세 가지 의미가 있다. 참고로 대한불교조계종에
서 편찬한 조계종 표준 『금강반야바라밀경』(2009년 1월, p.81)에서는
'忍辱'으로 해석하고 있다. 본 『석주』에서도 인욕의 의미를 부분적으
로 가미하여 해석하고 있다.

"수보리야, 보살은 복덕을 지어도 결코 탐착하지 않는다. 이런 까닭에 복덕을 받지 않는다고 말한다.

通達一切法。無能所心。是名為忍。大般若有安受忍. 觀察忍。修此二忍。便得無生法忍。此處知字。便是觀察忍。成字。便是安受忍。合之便得無生法忍。菩薩了悟真性。同於太虛。不曾生滅。凡夫隨六塵轉。即有生滅。故塵起即心起。塵滅即心滅。不知所起滅心。皆非心也。若見起滅不生。功德有何著處。

일체법에 통달하여 능소심이 없는 것을 인(忍)이라고 말한다. 『대반야경』에는 안수인(安受忍)과 관찰인(觀察忍)이 있는데,195) 이 두 가지 인을 닦으면 곧 무생법인을 터득한다. 여기에서 (일체법이 무아임을) '안다[知]'는 글자는 곧 관찰인(觀察忍)이고, (법인을) '성취한다[成]'는 글자는 곧 안수인(安受忍)인데, 이것을 합하면 곧 무생법인을 터득한다.

보살은 진성이 태허와 같아서 일찍이 생멸이 없는 줄을 깨닫지만[了悟], 범부는 육진의 변함을 따르므로 곧 생멸이 있다. 그 때문에 번뇌가 일어나면 곧 마음이 일어나고 번뇌가 소멸하면 곧 마음이 소멸한다. 그런데 일어나고 소멸하는 줄을 모르는 마음은 모두 진심이 아님[非心]이다. 만약 일어나고 소멸하는 것이 본래 불생인 줄을 본다면 공덕인들 어찌 집착할 곳이 있겠는가.

---

195)『大般若波羅蜜多經』卷378, (大正藏6, p.953中-下) 참조.

天親菩薩云。無我即無作者。無作者亦無受者。諸法清淨。是名順忍。由一事以至事事。忍力成就。自得無生樂。故云得成於忍。福德自然隨之。如人行日中。本不為日影。而日影自然隨之。非為作福德而度眾生也。雖受而不貪著其受。故說不受。不是說斷滅相。取於非法。不修諸度也。

천친(天親, 世親 : 316-369)보살이 말한다.
"무아인즉 작자(作者)가 없다. 작자가 없은즉 또한 수자(受者)가 없다. 법성은 청정하고 여실하며 상주한다. 그러나 이와 같이 관찰해도 아직 구경은 아닌데, 이것을 순인이라고 말한다."[196]

忍字。刃在心上。非大力不能。

'인(忍)'이란 글자는 칼날[刃]이 마음 위에 있는 것이다. 그러므로 대력이 아니라면 불가능하다.

老子曰。勇於敢則殺。勇於不敢則活。

노자는 말한다.
"과감함에 용감하면 죽고 과감하지 않음에 용감하면 산다."

孔子云。小不忍則亂大謀。然非徒恃忍力也。

---

196)『發菩提心經論』卷2, (大正藏32, p.516下)"無我即無作者 無作者亦無受者 法性清淨 如實常住 如是觀察 未能究竟 是名順忍"참조.

공자는 말한다.
"작은 것을 참지 못하면 큰 계책을 어지럽힌다."
따라서 오직 인력(忍力)만 믿을 뿐이다.

淮南子曰。萬物有所生。而知守。其根。藏于不敢。行於不
能。

회남자는 말한다.
"만물이 소생하는 것은 그 뿌리를 지킬 줄 알기 때문이다."
감히 감출 수가 없고 능히 행할 수가 없다.

唯知無我法。則觀察所至。不忍者誰。忍者又誰。此佛所以為
大雄氏也。

오직 무아상과 무법상을 알아야 곧 관찰인(觀察忍)에 도
달한다. 그것을 불인(不忍)하는 자는 누구이고, 인(忍)하
는 자는 또 누구인가. 그런 까닭에 부처님만이 대웅씨가
되었다.

○威儀寂靜分第二十九

須菩提。若有人言。如來若來若去。若坐若臥。是人不解我所
說義。何以故。如來者。無所從來。亦無所去。故名如來。

30. 제이십구 위의적정분

【경문】 60.

　수보리야, 만약 어떤 사람이 '여래는 오기도 하고 가기도
하며 앉기도 하고 눕기도 한다.' 고 말한다면, 그 사람은
내가 설한 뜻을 이해하지 못한 것이다. 왜냐하면 여래는
오는 것도 없고 또한 가는 것도 없기 때문에 여래라고 말
한다.

妙性中。原無來去坐臥。眾生亦如是。如來亦如是。行住坐臥
四威儀中。非動非靜。上合諸佛。下等群生。一性平等。故號
如來。此分三言如來。皆謂真性佛也。無所從來者不生也。亦
無所去者不滅也。色聲起時從何而起。色聲滅時從何而滅。色
聲自有起滅。我心湛然。豈有來去。寂而常照。照而常寂。行
住坐臥。無不清淨也。

　미묘한 자성에는 원래 오고 가며 앉고 누움이 없는데,
중생도 또한 여시(如是)하고, 여래도 또한 여시(如是)하
다. 행·주·좌·와의 사위의에서 움직임도 없고 고요함
도 없어서 위로는 제불과 계합하고 아래로는 중생[群生]과
평등하기 때문에 여래라고 부른다.
　여기 제29분에서는 세 차례에 걸쳐서 여래라고 말하는

데 모두 진성불을 가리킨다.

'오는 것도 없다'는 것은 불생이고, '또한 가는 것도 없다'는 것은 불멸이다.

색과 소리가 일어날 때 어디에서 일어나고, 색과 소리가 소멸될 때 어디로 소멸되는가. 그것은 색과 소리는 본래 일어나고 소멸하는 것으로 나의 마음은 담연하다. 그런데 어찌 가고 옴이 있겠는가. 고요하면서 항상 비추고 비추면서 항상 고요하며, 행·주·좌·와에서 청정하지 않음이 없다.

昔肅宗皇帝詔國一禪師入內道場。師見帝起身。帝曰。禪師何必見寡人起身。師曰。檀越何得於四威儀中見貧道。

옛적에 숙종황제가 경산국일(徑山國一, 徑山法欽 : 714-792) 선사에게 조칙을 내려서 내도량에 들어오게 하였다. 선사가 황제를 보자 몸을 일으켰다. 그러자 황제가 말했다.
"선사께서는 어째서 과인을 보고 몸을 일으키는 것입니까."
선사가 말했다.
"황제께서는 어째서 사위의를 통해서 빈도를 보는 것입니까."[197]

要知來去坐臥中。無不是如來。

요컨대 오고 가며 앉고 누움 가운데 그것이 여래 아님이

---

197) 『金剛經註解』卷4, (卍新續藏24, p.813上-中)

없는 줄을 알아야 한다.

○一合理相分第三十
須菩提。若善男子. 善女人。以三千大千世界碎為微塵。於意
云何。是微塵眾寧為多不。甚多。世尊。何以故。若是微塵眾
實有者。佛即不說是微塵眾。所以者何。佛說。微塵眾。即非
微塵眾。是名微塵眾。世尊。如來所說三千大千世界。即非世
界。是名世界。

31. 제삼십 일합이상분

【경문】 61.

수보리야, 만약 선남자 선여인이 삼천대천세계를 부수어
미진을 만든다고 하자. 어떻게 생각하느냐. 그 미진중은
얼마나 많겠느냐.”
“대단히 많습니다. 세존이시여, 왜냐하면 만약 그 미진중이
실로 있다면 부처님께서는 그것을 미진중이라 설하지 않으
셨을 것입니다. 왜냐하면 부처님께서 설한 미진중은 곧 미
진중이 아이기 때문에 미진중이라고 말합니다.

세존이시여, 여래께서 설한 삼천대천세계는 곧 세계가
아니기 때문에 세계라고 말합니다.

世界碎而為微塵。微塵積而為世界。皆是因果相生。愈出愈
多。自己真性。非因非果。能與六道眾生為因果。故世界起於
微塵。輪迴由於一念。因果原是妄心。自作自受。一念悟來。
即無微塵。世界何有。空生因佛問塵界二字。深悟佛旨。遂發
明塵界俱非實有。佛亦不煩再示。故言一合相不可說以答之。

세계를 부수면 미진이 되고 미진을 쌓으면 세계가 되는데, 그것은 모두 인과(因果)가 상생한 것으로 만들어낼수록 많아진다. 자기의 진성은 인(因)도 아니고 과(果)도 아니지만 육도중생과 더불어 인과(因果)가 된다. 그 때문에 세계는 미진에서 일어나고 윤회는 일념을 말미암는다. 인과(因果)는 원래 망심으로 스스로 인을 짓고 스스로 과를 받는다. 그러나 일념을 깨치면 곧 미진이 없는데 세계인들 어찌 있겠는가.

공생은 부처님이 질문한 미진과 세계[塵界]의 두 글자를 인하여 깊이 부처님의 뜻[旨]을 깨치고는 마침내 미진과 세계는 모두 실유가 아님을 발명하였고, 부처님도 또한 번거롭게 다시는 지시하지 않았다. 그 때문에 일합상이란 설할 수가 없다고 말함으로써 그에 답변한 것이다.

何以故。若世界實有者。即是一合相。如來說。一合相。則非一合相。是名一合相。須菩提。一合相者。即是不可說。但凡夫之人貪著其事。

【경문】 62.
왜냐하면 만약 세계가 실로 있다면 곧 그것은 일합상일 것입니다. 그러나 여래가 설한 일합상은 곧 일합상이 아니므로 일합상이라고 말합니다."
"수보리야, 일합상이란 곧 설할 수가 없는 것이다. 단지 범부인이 그것에 탐착할 뿐이다.

真形徧虛空。世界又無形相。故一而不可分之以為二。合而不可析之以為離。非有相也。但強名為一合相而已。

진여의 형상은 허공에 편만한데 세계도 또한 형상이 없다. 그 때문에 일(一)이므로 그것을 나누어 이(二)로 만들수가 없고, 합(合)이므로 그것을 분석하여 떼놓을[離] 수도 없다. 그래서 유상(有相)이 아니지만 무릇 억지로 일합상이라 할 뿐이다.

六祖云。一合相者。眼見色愛色。即與色合。耳聞聲愛聲。即與聲合。至於六塵皆然。合即是凡夫。散即非凡夫。凡夫之人。於一切法皆合相。若菩薩於一切法皆不合而散。何以故。合即是繫縛生滅處。即是凡夫。所以經云。貪著其事。

육조혜능(六祖慧能 : 638-713)는 말한다.
"일합상이란 눈으로 색을 보면 색을 애착하여 곧 색과 합치되고, 귀로 소리를 들으면 소리를 애착하여 곧 소리와 합치되며, 내지 육진의 경우가 모두 그렇다. 합치된즉 곧 범부이고, 흩어진즉 곧 범부가 아니다. 범부인은 일체법에 대하여 모두 합상(合相)이다. 그러나 만약 보살이라면 일체법에 대하여 모두 不合하여 흩어진다. 왜냐하면 합치된즉 곧 생멸의 도리에 계박되는데 그것이 곧 범부이다. 그 때문에 경문에서 '그것에 탐착할 뿐이다.'고 말한다."[198]

---

[198] 『金剛經註解』卷4, (卍新續藏24, p.418下) "六祖曰。一合相者。眼見色愛色。即與色合。耳聞聲愛聲。即與聲合。至於六塵若散。即是真世界。合即是凡夫。散即非凡夫。凡夫之人。於一切法皆合相。若菩薩於一切法皆不合而散。何以故。合即繫縛起生滅。散即解脫亦不生。亦不滅。若有繫縛生滅者。即是凡夫。所以經云。但凡夫之人。貪著其事" 참조.

顏曰。微塵雖多。未足為多。世界幻成。終無實義。若說實有
微塵。實有世界。即是彼此著相。彼既是相。我又著相。兩相
相合。謂一合相。

여여거사(如如居士) 안병(顏丙)[199]은 말한다.
"비록 미진이 많지만 많다고 하기에는 부족하고, 세계가
허깨비로 성취되어 끝내 실유의 뜻이 없다. 만약 실유로서
미진이 있고 실유로서 세계가 있다면 곧 그것은 피차 상에
집착하는 것이다. 피(彼)가 이미 그 상이라면 아(我) 또한
상에 집착하는 것으로 두 상(相)이 서로 합치된 것이므로
일합상이라고 말한다."[200]

圓悟禪師云。你但上不見有諸佛。下不見有眾生。外不見有山
河大地。內不見有見聞覺知。<如大死底人却活相似+?>　好
惡長短<長短好惡?>。打成一片。一一拈出。更無異見。

원오극근(圓悟克勤 : 1062-1135) 선사는 말한다.
"그대들은 무릇 위로는 제불이 있음을 보지 않고, 아래로
는 중생이 있음을 보지 않으며, 밖으로는 산하 · 대지가
있음을 보지 않고, 안으로는 보고[見] · 들으며[聞] · 느끼
고[覺] · 아는[知] 것이 있음을 보지 않아야 한다. (그래
서 마치 죽었던 사람이 다시 살아난 것과 같아서) 길고
[長] · 짧으며[短] · 좋아하고[好] · 미워하는[惡] 것을 한

---

199) 如如居士 顏丙은 『十七家解註金剛經』 가운데 한 명으로 언급되는
　　인물이다.
200) 『金剛經註解』 卷4, (卍新續藏24, p.418下)

조각으로 만들어서 낱낱이 뽑아내어야만 다시는 다른 견해
가 없게 된다."201)

地藏問修山主。近日南方佛法如何。爭如我這裏種田博
<摶?>飯喫。修云。如三界何。藏云。你喚甚麼處作三界。
微塵世界。亦如是觀。

　지장계침(地藏桂琛, 羅漢桂琛)이 수산주(修山主, 龍濟紹
修)에게 물었다.
"요즘 남방의 불법은 어떤가. 아무리 그래도 내가 여기에
서 씨를 뿌리고 밥 먹는 것만 할까보냐."
　그러자 수산주가 물었다.
"저 삼계의 경우는 어떻습니까."
　지장이 되물었다.
"그대가 말하는 삼계란 무슨 도리를 일컫는 것인가."202)
　미진과 세계의 경우도 또한 여시(如是)하게 관찰해야 한
다.

---

201)『金剛經註解』卷4, (卍新續藏24, p.418下) ;『碧巖錄』卷1, (大正藏
　　48, p.146下)
202)『宏智禪師廣錄』卷2, (大正藏48, p.19中-下) "擧地藏問修山主。甚
　　處來。修云。南方來。藏云。南方近日佛法如何。修云。商量浩浩地。
　　藏云。爭如我這裡種田博飯喫。修云。爭奈三界何。藏云。爾喚什麼作
　　三界"참조.

○知見不生分第三十一

須菩提。若人言。佛說我見. 人見. 衆生見. 壽者見。須菩
提。於意云何。是人解我所說義不。不也世尊。是人不解如來
所說義。何以故。世尊說。我見. 人見. 衆生見. 壽者見。即
非我見. 人見. 衆生見. 壽者見。是名我見. 人見. 衆生見.
壽者見。

32. 제삼십일 지견불생분

【경문】 63.

  수보리야, 만약 어떤 사람이 '부처님께서 아견 · 인견 ·
중생견 · 수자견을 설하였다.'고 말한다고 하자. 수보리야,
어떻게 생각하느냐. 그 사람은 내가 설한 뜻을 이해한 것
인가."
"아닙니다, 세존이시여. 그 사람은 여래께서 설한 뜻을 이
해하지 못한 것입니다. 왜냐하면 세존께서 설한 아견 · 인
견 · 중생견 · 수자견은 곧 아견 · 인견 · 중생견 · 수자견
이 아니기 때문에 아견 · 인견 · 중생견 · 수자견이라고 말
합니다."

心生則種種法生。相之為病。皆起於見也。佛言此四相。只見
其性。不見其相。疊前三遍再說者。是佛分別棄身見性之義
也。始即令諸學人先除粗重四相。如大乘正宗分所說也。次即
令見自性之後。復除微細四相。如究竟無我分中說也。此二分
中。即皆顯出理中淸淨四相。若於自心無求無得。湛然常住。
是淸淨我見。若見自性本自具足。是淸淨人見。於自心中無煩

惱可斷。是淸淨衆生見。自性無變無異。不生不滅。是淸淨壽
者見。

　마음이 발생하면 갖가지 법이 발생한다는 것은 상(相)이
병이 되는 경우인데, 그것은 모두 견(見)에서 일어나기 때
문이다. 부처님이 말씀하신 이 사상은 무릇 그 성을 보아
야지 그 상을 보아서는 안 된다는 것이다. 앞에서 세 차례
에 걸쳤지만, 여기에서 거듭 설명한 것은 곧 부처님이 신
(身)을 버리고 성(性)을 보라는 뜻을 분별해준 것이다.
　첫째는 모든 학인들로 하여금 먼저 조중(粗重)의 사상
(四相)을 제거하도록 한 것인데, 저 대승정종분에서 설하
였다. 둘째는 자성을 존 이후에는 다시 미세(微細)한 사
상)四相)을 제거토록 한 것인데 저 구경무아분에서 설하였
다. 이 이분(二分: 대승정종분과 구경무아분)에서는 모두
이(理) 가운데의 청정사상(淸淨四相)을 현출한 것이다. 만
약 자심이 무구무득(無求無得)하여 담연상주하면 곧 청정
아견이고, 만약 자성이 본래 구족되어 있음을 보면 곧 청
정인견이며, 자심에 단절해야 할 번뇌가 없으면 곧 청정중
생견이고, 자성이 무변무이하여 불생불멸하면 곧 청정수자
상이다.

須菩提。發阿耨多羅三藐三菩提心者。於一切法。應如是知。
如是見。如是信解。不生法相。須菩提。所言法相者。如來說
卽非法相。是名法相。

【경문】 64.

"수보리야, 아뇩다라삼먁삼보리심을 일으킨 사람은 일체법에 대하여 마땅히 여시(如是)하게 알고 여시(如是)하게 보며 여시(如是)하게 믿고 이해하여 법상을 내지 말아야 한다.

수보리야, 말한 바 법상에 대하여 여래는 곧 법상이 아니라고 설하였는데 그것을 법상이라고 말한다.

如是二字。直指法身實際。以所見之妄相既空。則能見之妄見亦泯。知見信解。總應如是。此真實般若。究竟極則。不必另求法相。然初入道時。不假法相。故無入頭處。既見性了。亦當遠離此相。所謂得魚忘却筌。到岸不須船之說。所以末後為汝剗却云。即非法相。是名法相。學佛者不但形相不可著。法相亦不可著也。

'여시'라는 두 글자는 법신의 실제(實際)를 직지한 것이다. 이로써 소견(所見)의 망상(妄相)이 이미 공인 즉 능견(能見)의 망견(妄見)도 또한 없다. 그리하여 알고 보며 믿고 이해하는 모든 것이 여시(如是)와 상응한다. 바로 그것이 진실한 반야이고 구경의 극칙이므로 결코 별도로 법상을 추구해서는 안 된다. 그리하여 처음 입도(入道)할 때부터 법상에 의지하지 않는 까닭에 들어갈 여지[入頭處]가 없다. 이미 견성을 마치고 나서도 또한 반드시 그에 대한 상을 떠나 있어야 한다.

말하자면 물고기를 잡고 나면 통발을 잊어야 한다는 것이고, 언덕에 도달하면 배가 필요 없다는 설과 같다. 그 때문에 최후[末後]에 그대들의 버려야 할 것을 위하여 말

해둔 것이 '곧 법상이 아닌데 그것을 법상이라고 말한다.'
는 것이다. 그러므로 불교를 수행하는 사람이라면 비단 형
상에 집착해서는 안 될 뿐만 아니라 법상에도 또한 집착해
서는 안 된다.

百丈禪師云。法身即虛空。虛空即法身。虛空與法身無異相。
佛與眾生無異相。生死與涅槃無異相。煩惱與菩提無異相。離
一切相即是佛。

　백장회해(百丈懷海 : 720-814) 선사는 말한다.
"법신이 곧 허공이고 허공이 곧 법신이다. 허공과 법신이
무이상(無異相)이고, 부처와 중생이 무이상(無異相)이며,
생사와 열반이 무이상(無異相)이고, 번뇌와 보리가 무이상
(無異相)이다. 일체상을 벗어나면 그것이 곧 부처이다
."203)

---

203) 『指月錄』 卷10, (卍新續藏83, p.513上) "不知法身即虛空。虛空即法
　　身也。若定言有虛空。虛空不是法身。若定言有法身。法身不是虛空。
　　但莫作虛空解。虛空即法身。莫作法身解。法身即虛空。虛空與法身無
　　異相。佛與眾生無異相。生死與涅槃無異相。煩惱與菩提無異相。離一
　　切相即是佛" 참조.

○應化非真分第三十二

須菩提。若有人以滿無量阿僧祇世界七寶持用布施。若有善男
子. 善女人。發菩提心者。持於此經。乃至四句偈等。受持讀
誦。為人演說。其福勝彼。

33. 제삼십이 응화비진분

【경문】 65.

수보리야 만약 어떤 사람이 무량아승지 세계에 칠보를
가득 채워 그것을 활용하여 보시한다고 하자. 만약 어떤
선남자 선여인으로서 보리심을 일으킨 사람이 이 경전을
지니고 내지 사구게 등을 수 · 지 · 독 · 송(受·持·讀·
誦)204)하며 남을 위해 연설해 준다고 하자. 그러면 후자의
복이 전자의 복보다 뛰어나다.

前言恒河沙等世界七寶。尚屬有量。此則言無量阿僧祇世界七
寶。是極言其多也。以是布施。尚不及受持演說得福為多。蓋
發菩提心者。是大乘最上乘人也。凡夫四大色身。豈能說法聽
法。是他本來孤明。通徹十方的解說解聽。如此持經。其心自
是不生不滅。無掛無礙。其福可知。

앞에서 언급한 '항하의 모래수 만큼의 세계에 칠보로 보
시하는 것'은 오히려 유량(有量)에 속한 것이었다. 여기에
서 언급한 '무량아승지 세계에 칠보로 보시하는 것'은 그

---

204) 受·持·讀·誦은 부처님의 설법을 받아들이고[受]·지니며[持]·눈으로 읽
고[讀]·입으로 외우는 [誦] 것을 말한다.

많음을 극언한 것이다. 그러나 그것으로 보시하는 것도 오히려 수지연설로 얻는 복덕의 많음에는 미치지 못한다.

무릇 보리심을 일으킨 사람은 곧 대승인이고 최상승인인데, 범부의 사대색신으로 어찌 그 법을 설하고 들을 수 있겠는가. 곧 저 대승법 내지 최상승법은 본래 고명하여 시방에 통철하도록 설할 수가 있고 들을 수가 있다.

이와 같이 경전을 수지하면 그 마음은 저절로 불생불멸(不生不滅)하고 무가무애(無掛無礙)하므로 그 복덕이야 가히 알 수가 있을 것이다.

云何爲人演說。不取於相。如如不動。何以故。一切有爲法。如夢幻泡影。如露亦如電。應作如是觀。

【경문】66.
그렇다면 남을 위해 어떻게 연설해야 하겠는가. 상에 집착하지 않고 여여하게 움직임이 없어야 한다. 그 까닭은 다음과 같다.
일체의 화합으로 이루어진 유위법은
꿈자리와 허깨비와 물거품과 그림자
아침나절의 이슬과 반짝거리는 번개
마땅히 여시하게 관찰해보아야 한다

[解23]205)
如何爲人演說。可見不是口吻邊話說。不取於相。如如不動。心體本空。相亦是空。人法俱空。是眞演說也。眞如之性。不

---
205) 演說只此一句盡之

生不滅。不斷不常。不來不去。無顚倒。無變異。是眞如如。
上如字是體。下如字是用。心境一如。本無動搖。譬如鏡中現
影。無如不可。有爲法者。一落于法。皆有爲也。經云。一切
法皆是佛法。佛豈離法者哉。但著于法。則爲法所泥。故有夢
幻泡影露電之喩。以見所謂佛法者。即非佛法也。

[주해24 : 이 한 게송[一句]만 연설해도 설법을 마친 것과
같다]

　'남을 위해 어떻게 연설해야 하겠는가.'에 대해서는 입술
로 설할 수 있는 것이 아닌 불을 볼 수가 있다.
　'상에 집착하지 않고 여여하게 움직임이 없어야 한다.'는
것은 심의 체(體)가 본래 공하고 심의 상(相)도 또한 공하
여 인(人)과 법(法)이 모두 공해야만 진정한 연설이다.
　진여의 자성은 불생불멸하고 불단불상하며 불래불거하고
전도가 없고 변이가 없는 그것이 곧 진정한 여여(如如)이
다. 앞의 '여(如)'자는 곧 체(體)이고, 뒤의 '여(如)'자는
곧 용(用)으로서 심(心)과 경(境)이 일여로서 본래 동요가
없다. 비유하면 거울에 드러난 영상은 가히 구할 수가 없
는 것과 같다.
　'유위법'은 일단 법에 떨어지면 모두 유위이다. 경문에서
말하고 있듯이 "일체법이 모두 불법이다."206)는 것인데 부
처인들 어찌 법을 벗어난 사람이겠는가.
　무릇 법에 집착하면 곧 법에 구속된다. 그 때문에 꿈·
허깨비·물거품·그림자·아침이슬·번개의 비유를 내

---

206) 『大般若波羅蜜多經』卷574, (大正藏7, p.966上)

세운 것으로써 보자면 소위 불법은 곧 불법이 아니다.

如夢者。心之所想。而非本心也。如幻者。謂假此以設教。非
可挑燈更覓火也。如泡者。水聚成泡。泡散復為水。如影者。
形生影見。形消即影滅。如露者。滋潤草木之長。草木自有性
也。如電者。光燭陰黑之際。光去還成空也。夢幻泡影四喻。
喻法本空。露電二喻。喻法無常。本空則無常。無常則歸空。
故法法本無法也。如是觀者。不動不靜。不生不滅。無為無不
為。定觀止觀。更無異法。

　‘꿈과 같다’는 것은 마음의 분별상으로 본심이 아니다.
　‘허깨비와 같다’는 것은 말하자면 그것에 의지하여 교를
시설하는 것인데, 가히 심지를 돋운다고해도 또 불을 찾을
수 있는 것은 아니다.
　‘물거품과 같다’는 것은 물이 모이면 물거품이 되지만 물
거품이 흩어지면 다시 물이 되고 만다.
　‘그림자와 같다’는 것은 형체가 생겨나면 그림자가 보이
지만 형체가 사라지면 그림자도 소멸한다.
　‘아침이슬과 같다’는 것은 초목을 적셔서 자라나게 하지
만 초목은 본래 그 자성이 있다.
　‘번개와 같다’는 것은 빛에 노출되면 응달과 어둠의 경계
가 나타나지만, 빛이 사라지면 다시 공이 된다.
　꿈과 허깨비와 물거품과 그림자의 네 가지 비유는 법이
본래 공임을 비유한 것이고, 아침이슬과 번개의 두 가지
비유는 법이 무상함을 비유한 것이다.
　본래 공이면 곧 무상하고 무상하면 곧 공으로 돌아간다.

그 때문에 법이고 말하는 법도 본래 법이라고 말할 것이 없다.

'여시(如是)하게 관찰해보아야 한다'는 것은 움직임도 없고 고요함도 없으며, 발생도 없고 소멸도 없으며, 유위(有爲)도 없고 불위(不爲)도 없이, 사마타로 관찰[定觀]하고 위빠사나로 관찰[止觀]해야지 달리 다른 법이란 없다.

佛鑑和尚示眾。舉僧問法眼。不取於相。如如不動。如何。法眼云。日出東方夜落西。其僧有省。若也於此見得。方知道旋風偃岳。本來常靜。江河競注。元自不流。

불감혜근(佛鑑慧勤 : 1059-1117) 화상이 시중설법에서 다음과 같은 이야기를 들었다.
[한 승이 법안문익(法眼文益 : 885-958)에게 물었다.
"'상에 집착하지 않고 여여하게 움직임이 없어야 한다.'는 것은 무엇입니까."
법안이 말했다.
"해는 동쪽에서 떠올라 밤이 되면 서쪽으로 진다."
그러자 그 승이 깨쳤다. 만약 여기에서 알아차린다면 바야흐로 '돌개바람이 태산을 무너뜨리지만, 본래는 항상 고요하고, 강물이 앞을 다투어 흐르지만, 원래는 흐르지 않는다.'고 말할 줄 알게 된다.][207]

憨山曰。琴瑟雖有妙音。非妙指不能發。眾生雖具妙心。非妙觀不能顯。故示三觀門。曰空觀。曰不空觀。曰中道觀。觀至

---

207) 『續傳燈錄』 卷25, (大正藏51, p.636中)

中道。非寂非照。如如平等。

감산덕청(憨山德淸 : 1546-1623)은 말한다.
"비록 금슬에서 미묘한 소리가 날지라도 미묘한 손가락이 없으면 소리가 나지 않는다. 비록 중생에게 미묘한 마음이 갖추어져 있을지라도 미묘한 관찰이 없으면 드러나지 않는다. 그 때문에 공관·불공관·중도관의 삼관문을 제시한 것이다."208)
관(觀)이 중도에 이르면 적(寂)도 아니고 조(照)도 아닌 여여하고 평등의 경지가 된다.

佛說是經已。長老須菩提及諸比丘. 比丘尼. 優婆塞. 優婆夷. 一切世間. 天. 人. 阿修羅。聞佛所說。皆大歡喜。信受奉行。

【경문】67.
부처님께서 이 경전의 설법을 마치자, 장로 수보리 및 모든 비구·비구니·우바새·우바이·일체세간의 천·인·아수라 등이 부처님의 설법을 듣고서 모두 크게 환희하여 믿고 받아들이며 받들고 실천하였다.

僧謂之比丘。尼姑謂之比丘尼。居士謂之優婆塞。道姑謂之優婆夷。一切世間之人。及天上之人。阿修羅神。乃六道中之三道也。此照應首章與大比丘眾等語。聞佛所說。具聞慧也。皆大歡喜。具思慧也。信受奉行。具修慧也。至理無言。真空無

208)『楞嚴經懸鏡』, (卍新續藏12, p.511上-下) 참조.

- 257 -

相。說是經已。仍歸無言。諸色天人。終歸無相。金剛之義盡
矣。

　승(僧)은 비구라고 말하고, 니고(尼姑)는 비구니라고 말
하며, 거사는 우바새라고 말하고, 도고(道姑)는 우바이라
고 말하며, 일체세간의 인간과 천상의 인간과 아수라신은
육도 가운데 삼선도(三善道)에 속한다. 이 대목은 제일장
의 '여대비구중(與大比丘衆)' 등과 호응되어야[照應] 한다.
　'부처님의 설법을 듣고'라는 것은 문혜(聞慧)를 갖춘 것
이고, '모두 크게 환희하였다'는 것은 사혜(思慧)를 갖춘
것이며, '믿고 받으며 받들고 실천하였다.'는 것은 수혜(修
慧)를 갖춘 것이다. 지극한 도리는 언설이 없고, 진공은
형상이 없다.
　'이 경전의 설법을 마쳤다'는 것은 이에 언설이 없는 경
지로 돌아간 것이다. 모든 색계의 천인이 끝내 형상이 없
는 경지로 돌아갔다는 것인데, 이로써 『금강경』의 뜻을 다
하였다.

皆大歡喜。是佛法普度廣大結願處。凡人有得則歡喜。佛法無
得故為大歡喜。凡人具足則歡喜。佛法具足非具足故為大歡
喜。皆大歡喜。則人人菩提。人人彼岸。人人涅槃也。不獨摩
頂受記為歡喜。即為人輕賤亦歡喜。不獨福德不可思量為歡
喜。即割截身體亦歡喜。道川頌曰。如客歸鄉。如子見孃。是
為如是大道場。

　'모두 크게 환희하였다'는 것은 곧 불법으로 중생을 제도

하여 광대하게 소원을 들어준다는 도리이다. 그래서 범인
의 경우는 유득인즉 환희하지만 불법의 경우는 무득인즉
대환희하고, 범인의 경우는 구족한즉 환희하지만, 불법의
경우는 구족이지만 비구족인즉 대환희한다.

모두 크게 환희한다는 것은 곧 사람들이 바로 보리이고,
사람들이 바로 피안이며, 사람들이 바로 열반이다. 그리하
여 유독 마정수기(摩頂授記)209)를 받은 사람들만 환희하
는 것이 아닌즉 남에게 천대받는[輕賤] 것도 또한 환희이
고, 유독 복덕이 불가사량한 것만 환희하는 것이 아닌즉
신체가 잘려도 또한 환희한다.

야보도천(冶父道川)은 게송으로 말한다.
"마치 나그네가 고향에 돌아온 것과 같고,
마치 자식이 어머니를 만난 것과 같다네."210)
이것이야말로 여시의 대도량이다.

按。是經開首。便說如是兩字。中間節節。皆詮如是義。故總
結全經。則曰作如是觀。如是觀者。比如是知. 如是見. 如是
信解。更為了徹。禪之正諦不過觀照而已。心經開首。即曰觀
自在菩薩。易曰。觀盥而不薦。道德經曰。內觀其心。心無其
心。陰符經曰。觀天之道。又曰。機在於目。孔曰。觀其所
由。顏曰。瞻之在前。孟曰。莫良於眸子。莊曰。冥冥之中能
見曉焉。觀之一法。原為入禪機竅。故木<本?>經人我等見
皆曰見。佛法等眼皆曰眼。如是觀則以不觀為觀而無不觀。如

209) 摩頂授記는 경전에 나오는 말인데, 부처님이나 보살이 제자에 대하
여 정수리를 쓰다듬으며 미래의 증과를 예언하는 행위이다.
210)『金剛經註』卷3, (卍新續藏24, p.565中) "貧人遇寶嬰子見娘 飄舟到
岸孤客皈鄉" 참조.

如不動。諸法如義。即其所爲觀也。故曰作如是觀。乃妙智正
覺。

　　살펴보면 이 경전을 시작하는 첫머리에서 곧 여시(如是)
라는 두 글자를 설하였고, 중간에서 구구절절이 모두 여시
(如是)의 뜻을 설명하였다. 그 때문에 경전 전체를 총결하
여 말하자면 '여시(如是)하게 관찰해보아야 한다.'는 것이
다.211)

　　'여시(如是)하게 관찰해보아야 한다'는 것은 여시(如是)
하게 알고, 여시(如是)하게 보며, 여시(如是)하게 믿고 이
해하는 것과 비교하여 더욱더 철저하게 깨친 것을 말한다.
선의 핵심[正諦]은 관(觀)과 조(照)를 벗어나지 않는다.

　　그것에 대하여 『반야심경』에서는 첫머리에서 "관자재보
살"이라고 말했고, 『주역』에서는 "관(觀)이란 손은 이미 씻
었지만 아직 제물을 올리지 않은 것이다."고 말했으며, 『도
덕경』에서는 "안으로 그 마음을 보면 마음에는 그 마음이
라고 할 것이 없다."고 말했고, 『음부경』에서는 "하늘이 도
를 본다."고 말했고, 또한 "심기(心機)는 눈에 있다."고 말
했으며, 공자는 "그 종사(從事)하는 바를 관찰한다."고 말
했고, 안회는 "바라보면 앞에 계신다."라고 말했으며, 맹자
는 "사람을 알려면 눈을 쳐다봐야 한다."고 말했고, 장주는
"깜깜한 어둠 속에서도 밝게 본다."고 말했다.

　　관찰한다[觀]는 한 가지 방법은 원래 선(禪)에 들어가는
기관(機關)212)의 구멍이었다. 그 때문에 본 경전(『금강경

---

211) 경문에는 如是가 총 41회 나온다.
212) 機關은 본래 어떤 일을 도모하기 위한 장치를 말한다. 이것이 선
　　종에서는 납자를 지도하는 교화의 수단을 가리킨다. 또한 기관에 상

』)의 인견과 아견과 중생견과 수자견 등의 견해를 모두 '見'이라고 말했고, 불안 · 법안 · 혜안 · 천안 · 육안 등의 안목을 모두 '안(眼)'이라고 말했다. 그래서 '여시(如是)하게 관찰한다'는 것은 곧 관찰함이 없이 관찰하지만 관찰하지 못할 것이 없다는 것이다.

'여여하게 움직임이 없어야 한다.'는 것은 '제법에 여여(如如)하다는 뜻'인데, 곧 그 행위는 바르게 관찰하는[觀] 것이다. 그 때문에 '여시(如是)하게 관찰해보아야 한다'고 말한 것은 이에 미묘한 지혜로 제대로 깨치는 것을 가리킨다.

金剛般若全經之宗旨也。每見詮道之書。皆以起首為結證。如中庸天命之謂性。末則曰上天之載。上論曰時習。末則曰時哉時哉。大學曰明德。通篇總是明德於天下。孟軻曰仁義而已矣。通篇皆是仁義。又何疑此經如是起首。不如是結束乎。由此言之。則四句偈。即以此當之。何嘗不是自此偈出。佛再無言。阿難再不問。皆大歡喜。佛與凡夫。皆如是人。全經皆如是說。

'금강반야'는 『금강경』 전체의 종지이다. 그에 대하여 도를 설명하는[詮道] 책을 볼 때마다 모두 첫머리에 내놓는 것으로써 결증(結證)을 삼는다.

마치 『중용』에서 천명을 '성(性)'이라고 일컬은 것을 끝에서는 '상제(上帝)가 하는 일[上天之載]'이라고 말한 경우와 같고, 『논어』에서 서두에서 말한 '시습(時習)' 그리고

응하여 시설한 關門을 가리키기도 한다.

끝대목에서 말한 '좋구나! 좋아![時哉時哉]'라는 경우와 같으며, 『대학』에서 말한 '명덕(明德)'을 가지고 전편을 통하여 '모든 것은 명덕을 천하에 펼치려는 것[總是明德於天下]'라고 말한 경우와 같고, 맹자[孟軻]가 말한 '인과 의가 있을 뿐이다[仁義而已矣]'는 것도 전편을 통하여 '모든 것이 바로 인과 의이다[皆是仁義]'라고 말한 경우와 같다.

그러니 또한 이 『금강경』에서 '여시(如是)'를 첫머리에 제기했다고 해서 '여시(如是)'로 결속(結束)하지 못하리라고 어찌 의심하겠는가.

이로 말미암아 그것을 말해보면, 경전의 사구게(四句偈)의 경우도 곧 여시(如是)로써 그것에 해당시킬 수가 있다. 그러므로 일찍이 게송도 '여시(如是)'로부터 나온 것이 어찌 아니겠는가. 그래서 부처님도 거듭 언설이 없었고, 아난도 거듭 질문하지 않았기에 모두 크게 환희하였다. 왜냐하면 부처님과 범부가 모두 여시인(如是人)이고, 경전 전체도 모두 여시설(如是說)이기 때문이다.

金剛經如是解(終)

『금강경여시해』를 마치다.

제3장

李化熙偈213)
長白山樵李化熙閱註經即說偈曰
瞥爾無明 惑業蔓延 于真空中 諸法熾然
轉大法輪 塵霾盡掃 妙高峰頭 紅日杲杲
釋迦饒舌 甜絮空生 此大居士 再添葛藤
蛇足婆心 原無文字 不住法門 如是如是

1. 이화희의 「게」

장백산214)의 초부 이화희가 경전의 주해를 열람하고서
곧 게송을 설하여 말했다.

홀연히 발생한 무명으로 인하여
번뇌의 업풍이 드넓게 퍼졌지만
진공의 본래모습은 끊어짐 없이
제법의 현상에 치연히 작용하네
항상 대법륜을 널리 굴림으로써
번뇌의 티끌 남김없이 쓸어내고
세간의 가운데 묘고산 봉우리에215)
붉은 태양의 지혜를 걸어두었네
불타 석가모니의 현란한 말씀이

---

213) '李化熙偈'는 번역자가 편의상 보입하였다.
214) 長白山은 중국에서 白頭山을 일컫는 말이다.
215) 妙高峰頭는 四天下의 중앙에 자리한 수미산의 봉우리를 가리키는
    데, 一世界海의 중심에 해당한다.

공생의 마음 흡족하게 적셨다네
이에 또한 무시도인은 간절하게
친절한 분별의 말씀을 더하였네
행여 노파심에 사족을 붙이자면
원래는 하나의 문자조차 없기에
법문에도 결단코 집착이 없어야
여시여시하게 이해할 수 있다네

一齋和尙頌讚
言之似有究來無 眞個金剛髓裡居 迷時憑燈光曉夜 會承願力
示神珠

2. 일제화상의 「송찬」
일제화상이 게송으로 찬하였다.

언설로 있는 듯해도 궁극에는 없으니
진정한 금강이 언설 가운데 들어있네
미혹할 때는 등불로 밤을 밝혀내면서
일찍이 원력으로 신주를 밝게 보였네[216]

蘧菴道人金之俊頌
如是如是。三藏十二部。無不如是。一千七百則公案。無不如

---

[216] 神珠는 여의주로서 모든 사람이 본래부터 지니고 있는 청정한 마음
을 가리킨다.

是。雖然認作如是。無有是處。無是道人。何故絮絮。咄。不
聞晨市雞聲擾。萬戶千門處處曉。

3. 거암도인 김지준의 「송」
거암도인 김지준[217]이 다음과 같이 찬송하였다.

여시이고 또 여시라네
삼장 십이부여 이 또한 여시 아님이 없다네[218]
일천 칠백 칙의 공안도 여시 아님이 없다네
그러할지라도 여시가 되는 것을 인정한다면
그런 경우는 결단코 있을 수 없는 일이라네
그러나 무시도인은 어째서 수다를 떨었을까
돌!!

---

217) 金之俊(1593-1670)은 강남 吳江 출신이다. 명나라 때 관리로서 兵
部右侍郎을 지냈다. 청나라 때에도 병부우시랑을 지냈고, 병부상서 및
대학사를 지냈다.

218) 三藏十二部에서 삼장과 십이부경을 말한다. 세존의 經藏과 律藏
그리고 논사들의 論藏을 三藏이라고 한다. 十二部經은 부처님의 교설
을 그 성격과 형식에 따라 12부로 분류한 것이다. ① 修多羅는 經·契
經·法本인데 산문체의 경전. ② 祇夜는 重頌인데 산문체의 뒤에 韻文
으로 노래한 경전. ③ 和伽羅那는 授記인데 경의 말뜻을 문답 형식으
로 해석하고, 또 제자들의 다음 세상에서 날 곳을 예언한 것. ④ 伽陀
는 諷頌·孤起頌인데 운문으로 구성된 것. ⑤ 優陀那는 無問自說인데
남이 묻지 않는데도 석가모니가 스스로 이야기한 말. ⑥ 尼陀那는 緣
起·因線인데 경에서 부처님을 만나서 들은 인연 등을 설한 것. ⑦ 阿
波陀那는 譬喩인데 비유로써 교리를 명백하게 풀이한 부분. ⑧ 伊帝
曰多伽는 本事인데 부처님이나 제자들의 지난 세상에서의 인연을 말
한 부분. ⑨ 闍陀伽는 本生인데 부차님 자신의 전생에서의 보살행을
말한 부분. ⑩ 毘佛略은 方廣·方等인데 광대한 진리를 말한 부분. ⑪
阿浮陀達摩는 未曾有·希有法인데 부처님이 보인 여러 가지 신통력을
말한 부분. ⑫ 優波提舍는 論議인데 교법의 이치를 논하고 문답한 경
문.

새벽시장 요란한 닭울음도 듣지도 못했는데
만호천문의 모든 집집마다 먼동이 터온다네

又偈
若說有法則謗法　若說有佛則謗佛　若說無法併無佛　無是道人
又叫屈

4. 거암도인 김지준의 「게」
또 게송으로 말했다.

만약 법이 있다고 말한다면 곧 법을 비방하는 것이 되고
만약 부처가 있다고 말한다면 부처를 비방하는 것이라네
만약에 법도 있지 않고 또 부처도 있지 않다고 설한다면
무시도인의 경우에 그 또한 억울하다고 불평을 호소하네

跋語
萬曆間。紫栢尊者以藏冊梵本繁重。難以流通。更於攜李楞嚴
禪刹。創置側理輕編。使佛祖慧命。得緇白交參。其功並於日
月。(琮)謬膺衆推。不揣綿力。擔荷此重寄者。三十餘載於茲
矣。所見金剛經註釋種類非一。中有釋論三卷。乃天親得之無
著。無著得十行偈於日光定中。出定而授者。嗣後謝靈運. 曇
琛. 慧淨。以至圭峯. 中峯各有發明。未有現宰官身。作如是
解。朗同懸鏡。辯解連環。能令義虎禪龍。揮塵高談者。且拱
手韜翰。如此其希有奇特者。從今附藏而行。將天壤有盡。利

益無窮。豈止排眾苦。永福壽而已哉。主般若堂八十三歲老僧
性琮和南 謹識

5. 성종의 「발문」

만력 연간(1573-1620)에 자백진가(紫柏眞可: 1543 -
1603) 존자는 장책(藏冊)과 범본(梵本)으로는 대단히 많
고 무거워서 그것을 유통하기 어렵게 되자, 다시 휴리(攜
李)의 능엄선찰(楞嚴禪刹)에서 처음으로 태지(苔紙, 側理
紙)로 가볍게 편집함으로써 불조의 혜명을 출가인 및 재가
인이 다 같이 따르도록 하였는데, 그 공(功)이 일월(日月)
과 같았다. (나 性琮이) 외람되게도 대중의 추천을 받았는
데, 당돌하게도 미약한 힘으로 그 무게를 감당해온 것이
지금까지 30여 년이었다.

그동안 열람한 『금강경』 주석서의 종류만 해도 한둘이
아니다. 그 가운데 『석론』(천친의 『금강반야론』) 3권은 곧
천친이 무착에게서 얻은 것인데, 무착은 10행의 게송을 일
광정(日光定)에 들어가 (미륵보살에게서 해답을) 얻고 출
정하여 천친에게 전해준 것이다.219) 이어서 사령운(謝靈
運) · 담침(曇琛) · 혜정(慧淨)220)의 뒤에 규봉(圭峯)221)
· 중봉(中峯)222)에 이르러서 각각 발명한 것이 있었다.

219)『金剛般若經疏論纂要』卷上, (大正藏33, p.155中) "此卷時主前後六
譯。一後秦羅什。二後魏菩提流支。三陳朝真諦。四隋朝笈多。五唐初
玄奘。六大周義淨。上六人皆三藏。今所傳者即羅什。弘始四年於長安
草堂寺所譯。天竺有無著菩薩。入日光定上昇兜率。親詣彌勒稟受八十
行偈。又將此偈轉授天親。天親作長行解釋成三卷。論約斷疑執以釋。
無著又造兩卷論。約顯行位以釋"
220)『廣弘明集』卷22, (大正藏52, p.260上) "兼有秦世羅什晉室謝靈運隋
代曇琛皇朝慧淨法師等"
221)『金剛般若經疏論纂要』2卷, (大正藏33, pp.154下-169下)

(無是道人은) 재관(宰官)의 신분을 드러내지도 않고 『여시해』를 지었는데, 밝기는 허공에 걸린 거울과 같고, 언변은 쇠사슬을 풀어준 것과 같았다. 그리하여 교학자[義虎]와 납자[禪龍] 곧 고담(高談)과 휘주(揮麈)223)하는 사람까지도 또한 팔짱을 끼고 붓을 놓지 않을 수 없게 만들었으니[拱手韜翰],224) 이야말로 희유하고 기특한 사람이었다. 지금부터 이 경장을 의지하여 다닌다면 오히려 하늘과 땅은 끝이 있더라도 그 이익은 끝이 없다. 그러니 어찌 갖가지 고통을 없애는 것에 그치겠는가. 영원한 복(福)과 수(壽)를 누릴 것이다.

반야당의 주인으로 83세의 노승 성종(性琮)이 합장하고 삼가 기록하다.

序

說佛法者。動借提唱影響焉。伸指屈拳以為盡西來意。噫教宗一而已。瞖師避柱疾觸拭不㝹㝹 舉十二部付一炬乎。予見坦公金剛經註。始無齟齬不合也。金剛乃為佛根基。堅定不壞。虛實有無相圓。即至涅槃。亦無首尾。豈非眾經之軌則。而必以伸指屈拳頑空雲霧兒說悶結。不又數重須彌山數重流沙鱷水耶。故觀其分次。法忍總歸妙有。不倚八正。譬諸月自皎虛羣

---

222) 『天目中峰廣錄』 卷15 「金剛般若略義」, (大藏經補編25, pp.864中 -873上)
223) 揮麈는 麈尾를 휘두른다는 말이다. 麈尾는 고라니 꼬리의 털로 만든 불자를 이르는데, 고승이 설법할 때 번뇌와 어리석음을 떨어내는 표지로 쓰였다. 晉나라 때 淸談을 하는 사람들도 언제나 이것을 들고 청담을 나누었다. 이 때문에 揮麈는 곧 談論의 뜻으로 쓰인다.
224) 韜翰에서 韜은 隱蔽이고 翰은 筆로서, 韜翰은 擱筆의 뜻이다.

峰寂然不住。究竟如如不動。謂之正法象教。三明十力。不在
斯編耶。馬鳴悟道寶光手中華。非落思搆組撰之藩。認取太
無。坦公有焉。諸公刻此。覺律論儀。則評唱宗鏡。下以此燈
照之。今後珊瑚池諸大衆。聞十三昧。始知西來意。神幢在此
金剛定耳。予論與坦公合。不涉于子影孫響二譁。何分宗教眞
詮。若謂十二部不基于此。吾不信矣。順治庚寅冬眷年社弟王
鐸撰

6. 왕탁의 「서문」

불법을 설하는 사람들이 점차 제창(提唱)225)의 영향에
의지하는 것으로 변해갔다. 따라서 손을 펴고 주먹을 쥐는
것을 모두 조사서래의(祖師西來意)226)로 간주하였다.

오호라. 교학과 선종은 하나인데도 어리석은 사람은 심
중한 질병은 피하고 위태롭지 않은 질병만 치료하니, 마치
십이부경을 들어서 하나의 횃불에 던져버리는 것과 같다.

---

225) 提唱은 提要, 提綱이라고도 하는데, 선종에서 宗旨의 大要를 提起
하여 演法하는 것을 말한다. 특히 조사의 어록 내지 公案을 강의하
는 것을 가리키기도 한다.
226) 祖師西來意는 달마조사가 서방 곧 인도로부터 중국에 도래한 대의
를 말한다. 선종에서 대표적인 공안으로 언급되는 말인데, 중국선종
의 조사로서 달마대사가 西天에서 東土로 渡來한 意義와 目的 곧 불
법의 奧義 및 선의 眞髓를 가리킨다. 어록에서는 佛法的的大意와 함
께 이 문답이 공안으로 대표적으로 채용되었지만, 혹시 조사가 서래
하지 않았어도 불법의 端的은 모든 사람에게 구족되어 있음을 가리
킨다. 곧 祖師西來意의 질문에 대한 역대 禪師들의 응답은 時·處·機
에 따라서 다양하지만, 그 응답의 本意는 모두 궤가 동일하다. 坦然
과 南嶽懷讓이 慧安國師에게 질문한 것으로부터 유래하였다. 『景德
傳燈錄』 卷4, (大正藏51, p.231下) "有坦然懷讓二人來參。問曰。如何
是祖師西來意。師曰。何不問自己意。曰如何是自己意。師曰。當觀密
作用。曰如何是密作用。師以目開合示之。然言下知歸更不他適。讓機
緣不逗辭往曹谿"

내(王鐸)가 장탄공(張坦公, 無是道人 張坦翁)의 『금강경
주』를 살펴보니, 처음부터 어긋남도 없고 합치됨도 없었
다. 금강은 이에 부처의 바탕[根基]으로서 굳건하여 무너
짐이 없고, 허와 실과 유와 무가 서로 원만하여 곧 열반에
이르며, 또한 머리도 없고 꼬리도 없다. 이 어찌 뭇 경전
의 궤칙으로서 반드시 손을 펴고 주먹을 쥐는 것까지도 완
공의 운무와 같은 설명이라고 폐지해버리지 않을 수 있겠
는가. 또한 여러 겹의 수미산과 여러 겹의 사막과 거친 물
이겠는가. 그 때문에 그가 분과(分科)한 차제를 관찰해보
면 법인은 모두 묘유로 돌아가서 팔정도(八正道)에도 의지
하지 않는다.

비유하면, 모든 달은 본래부터 허공의 온갖 봉우리에 밝
게 빛나면서도 고요하여 머물지 않지만, 구경에 '여여하게
움직임이 없는' 것과 같다. 그것을 정법(正法)의 상교(象
敎)로서 삼명(三明)과 십력(十力)이라고 말하는데, 그런
것은 이 『금강경여시해』에는 없다. 마명이 오도(悟道)하자
보광(寶光)이 손안에서 꽃피어났는데, 그것은 생각을 엮어
서 책을 짓는 번잡함에 떨어진 것이 아니라, 곧 태허(太
虛, 太無)를 이해하였기 때문이다. 장탄공(張坦公)이 『금
강경여시해』를 남겨놓자, 여러 사람이 이것을 판각에 새겨
서 율(律)을 이해하고 의범(儀範)을 논하였는데, 그것이
곧 평창이 되고 종경이 되어 이후로 이것을 등불로 삼아 『
금강경』을 조명해볼 수가 있게 되었다.

금후로 산호지(珊瑚池)227)의 모든 대중이 10가지 삼매

---

227) 사바세계를 의미한다. 『悲華經』 卷10, (大正藏3, p.229上) "善男
子！復過無量無邊阿僧祇劫, 此界轉名珊瑚池, 劫名華手, 是時無佛,
其世五濁。我於是中作釋提桓因, 名善日光明, 觀閻浮提, 見諸眾生轉

를 듣고서야 비로소 조사서래의(祖師西來意)228)를 알게
되었으니, 신령스러운 당기[神幢]도 바로 이 금강정(金剛
定)에 들어있는 꼴이다. 내가 장탄공(張坦公, 無是道人)과
함께 토론하였는데, 황자 영(影)과 황손 향(響)의 두 분의
휘(諱)를 거스르지도 않았으니, 어찌 종교(宗教)229)의 참
다운 설명을 나눌 필요가 있겠는가. 만약 십이부경전(十二
部經典)이라고 해도 이 『금강경여시해』에 기반을 두지 않
았다고 한다면 나는 그 말을 믿지 못하겠다.

　순치 6년(1649) 경인년 겨울에 한 해를 돌아보며 법제
[社弟]인 왕탁230)이 찬술하다.

跋

如是道人註金剛經。成函一帙示余。且命序之。余平昔未讀佛
氏書。闇昧其理。烏能妄置一辭。然因是而有感也。奚感乎。
蓋感夫道人生平履變。而乃卒歸於如是也。憶道人初當釋褐。
余與觀政同曹。晨夕晤對。靜如處女。及至揚扢古今。則洋洋
灑灑。鈎玄聆要。如列眉如指掌。吾知其為多聞。出尹荒徼。

　　行惡法，我時即化為夜叉像，其形可畏，下閻浮提住諸人前"
228) 祖師西來意는 달마조사가 서쪽에서 온 까닭을 묻는 것으로 불법의
　　궁극적인 문제를 의미한다. 이에 대하여 선문답의 공안으로 최초로 등
　　장한 것은 탄연선사의 문답에 보인다. 『宗鏡錄』 卷97, (大正藏48,
　　p.940下) "嵩山安和尚。昔讓和尚與坦然禪師。在荊州玉泉聽律。二人
　　共相謂言。我聞禪宗。最上佛乘。何必局此小宗。而失大理。遂乃雲
　　遊。博問先知。至嵩山宗和尚處。問。如何是祖師西來意旨。師云。何
　　不問自家意旨。問他別人意旨。作什麼。問。如何是坦然意旨。師云。
　　汝須密作用。問。如何是密作用。伏請指示。師舉視之。二人當時大悟"
229) 宗教는 여기에서는 불교의 핵심적인 가르침[宗旨]이라는 의미에 해
　　당한다.
230) 王鐸(1592-1652)은 하남성 맹진 출신으로 명대 말기·청대 초기의
　　서예가이고 화가로서 자는 覺斯·覺之이며, 호는 崇樵·癡庵이고, 시호
　　는 文安이다.

戈鋌滿地。道人茹雪餐氷。半菽不飽。日與鶉結之民。扶傷弔死。共相存活。吾知其為廉慈。入佐度支。尋遷翰苑。繼掌樞垣。條畫之疏。日凡數上。及守制歸里。時事大非。猝俾重任。甫及兩月。柄臣議論紛紜。諸豎罔主作姦。讀道人絕賊一疏。猶堪髮立。吾知其為忠藎。身為賊執。欲挾而西。計脫間走。馳身西南。號召草澤。血口而盟者數萬人。冀得逆賊而甘心焉。此何異橋下劍．博浪槌。吾知其為俠烈。至大慈就殲。天命有定。道人散徒黨。解靮鞲。布袍芒履。投首轅門。僑居轂下。蕭然四壁。口不言貧。日尋黃冠師。商確服餌吐納之術。又取佛氏經。以儒者名理分章闡釋。超超玄著。有如郭之註莊。讀者止知其真實如義。而不知舉世間一切聲華。勳伐名根。理障糾結。而不可解者。咸歸於是。而破除焉。世宙有壞。金剛不壞。金剛不壞。此註亦不壞。以如是理。說如是法。吾今而後不能知道人也。北海老人書

7. 북해노인[231]의 「발문」

여시도인이 『금강경』을 주석하여 한 질로 만들어서 나한테 보내주면서 거기에 「서문」을 부탁하였다. 나는 평소에 불전을 읽지 못하여 그 도리에 대하여 알지도 못하는데 어찌 한마디를 붙이겠는가. 그러나 책으로 인하여 느낀 점이 있었다. 어디 느낌뿐이었겠는가. 무릇 무시도인의 평소의 삶도 마침내 여시(如是)에 귀결되는 느낌을 풍겨주고 있

---

231) 王覺一(1821-1886) 이름은 王希孟이고, 호는 北海老人이며, 道號는 覺一이다. 산동성 靑州 출신으로 一貫道의 창시자인데, 일관도에서는 제15대 조사로 되어 있다. 일관도는 중국에서 만들어진 도교의 하나로, 불교와 유교가 융합된 것이 특징이다. 一貫은 『논어』에 실린 공자의 一以貫之라는 말에서 유래한 것으로, 여러 종교를 관철하는 하나의 절대적인 진리가 있음을 뜻한다.

다.

생각해보면 무시도인이 처음 관복을 입었을 때부터 나와 같은 업무를 맡았기 때문에 아침부터 저녁까지 함께 지냈는데, 마치 처녀처럼 고요하였다. 그러면서도 고금에 대하여 허심탄회하게 담론하는 경우에는 거침없이 유려하였고, 필요한 요점을 파악하여 명쾌하고 쉽게 해주었기 때문에 그가 다문(多聞)했음을 내가 알게 되었다. 그는 창과 칼이 가득한 변방으로 벼슬을 나가서도 눈과 얼음을 먹고 채소마저 배불리 먹지 못하면서도, 매일 누더기를 걸친 백성과 어울리면서 상처를 보듬고 초상을 조문하였으며 더불어 생활을 하였다. 그래서 나는 그의 사람됨을 알 수가 있었다.

재정의 업무를 맡다가 한림원으로 옮겼으며, 이어서 추밀원의 일을 맡아서는 교서의 글을 매일 수차례 상주하였고, 부모의 상을 당하여[守制]232) 고향에 돌아왔지만, 시절이 수상하여 갑자기 중임을 맡은 지 두 달이 되자, 권신[柄臣]들의 의론(議論)이 분분하였다. 이에 수많은 내시가 무고를 하여 무시도인을 죄인으로 취급하라는 소를 올렸는데, 그 내용은 머리가 쭈뼛할 정도였다. 그러나 나는 그가 충심을 다한 줄을 알게 되었다.

죄인의 몸이 되자 서쪽으로 끌려갈 때 도망치려고 도모하여 몸을 서남쪽으로 치달렸기 때문에 호(號)를 소초택(召草澤)이라고 하였다. 입에 피를 머금고 동맹을 맺은 사람이 만 명이었는데, 역적이 되더라도 달게 받을 각오였다. 그러니 이 어찌 교하(橋下)의 검(劍)과 박랑(博浪)의

---

232) 守制는 자식이 부모상을 당하여, 만 27개월 동안 근신하며 모든 교제를 끊는 것을 말한다.

추(槌)233)와 다르겠는가. 그러니 나는 그가 의협[俠烈]한 줄을 알 수가 있었다.

　그러다가 자신의 큰 잘못에 대하여 참회하기에 이르렀다. 천명(天命)이 정해져 있었던지, 무시도인은 무리들을 해산하고, 창칼을 내려놓으며, 베옷을 입고, 미투리를 신고서 군문[轅門]에 나아가서 왕도에 임시적으로 머물렀다. 사방[四壁]이 쓸쓸하였지만, 입으로는 빈한(貧寒)을 말하지 않았다. 그러는 도중에도 매일 도사를 찾아가서 도교의 복이법(服餌法)과 토납법(吐納法)의 묘술에 대하여 토론하였다.[商確] 또한 불교경전을 가지고 유자들의 이론[名理]과 문장[分章]을 자세하게 해석하여 매우 뛰어나서 범속하지 않았는데, 마치 성곽과 같이 대단히 방대하였다.

　이에 독자들은 그 진실여의(眞實如意)는 아는 데 그쳤을 뿐이지 세간의 일체 성화(聲華)는 알지 못하였다. 공적[勳伐]과 명리[名根]와 장애[理障]가 새끼줄처럼 꼬여서 『금강경』의 내용을 이해하지 못한 사람은 모두 무시도인에게 귀의함으로써 그것을 해결하였다. 세간은 무너짐이 있지만 금강은 무너지지 않는다. 금강은 무너지지 않는다는 그것에 대한 주석도 또한 무너지지 않는데, 그것은 곧 여시(如是)의 도리로써 여시법(如是法)을 설하였기 때문이다. 나는 이제 이후로도 무시도인과 같은 사람이 있을지 잘 모르겠다.

　북해노인이 쓰다.

---

233) 중국 하남성 武陽縣에 있는 지명으로 張良이 韓의 원수를 갚기 위하여 창해 力士와 함께 鐵槌로 진시황을 저격했다가 실패한 곳이다.

북해노인의 「발문」

금강경여시해

1판 1쇄 인쇄 / 2023년 6월 20일
1판 1쇄 발행 / 2023년 6월 20일

옮긴이 / 김호귀
발행인 / 향덕성

발행처 / 인쇄출판 토파민
주 소 / 서울 중랑구 용마산로 118길 109

등 록 / 제 18 - 63호

ISBN : 978-89-88131-85-5(03220)

값   18,000원